中央引导地方科技计划和云南标准化研究专项支持
云南省科技发展战略与政策研究专项资助
云南省中青年学术和技术带头人后备人才项目支持

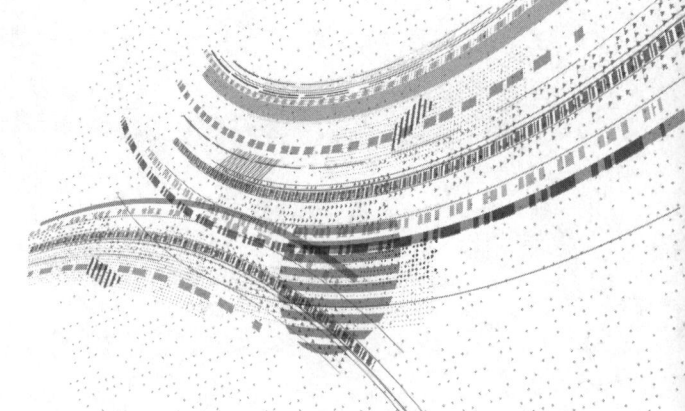

张维 | 余东波 | 甘祖兵 | 姜大昌 编著

云南科技成果转移转化示范区发展研究

上海社会科学院出版社
SHANGHAI ACADEMY OF SOCIAL SCIENCES PRESS

编著说明

本书由张维组织编著,各位作者编写了初稿,各章的编写情况如下:

第一章　张　维

第二章　张　维

第三章　余东波

第四章　余东波

第五章　余东波

第六章　姜大昌

第七章　甘祖兵

第八章　甘祖兵

第九章　姜大昌

第十章　甘祖兵

第十一章　张维(第一节、第二节)、甘祖兵(第三节)

第十二章　张　维

第十三章　张　维

第十四章　余东波

张维提出初稿修改意见,各位作者分别对初稿进行补充和完善,最后全书由张维定稿。

另外,叶琳、陈莉、胡哲语、李昊霖、常冬、王鹏林参加了相关研究讨论,段玉珠参加部分初稿排版等,特此说明。

前　言

　　科技创新已经成为当今经济发展的主要"承压区",增强区域竞争力和建设现代产业体系,迫切要求科技创新发挥更强劲的支撑和引领作用。当前区域创新的空间和载体,不仅是行政区划和地理区位概念,而且表现在互联互通的关联程度和方式上,体现在产业发展水平、创新能力和可持续性上。大型企业搭建开放式科技创新众包平台,在促进各类中小企业创新发展的同时,也实现自己的成长。创新所需要的要素和相关能力在发展层级不同的区域之间分布,创新的群体性特征越来越明显,形成去中心化的分布式区域创新的产业集成模式。在此背景下,通过融通区域创新、企业发展和产业升级,促进科技成果转移转化,提升区域创新能力,辐射带动区域经济社会高质量发展的科技成果转移转化示范区应运而生。

　　自2017年国家科技成果转移转化示范区建设启动以来,目前已批复12家示范区,其中东部地区7家、中部地区2家、东北地区1家、西部地区2家。各示范区正在成为区域培育发展新动能的重要抓手,为推进创新驱动发展积累了很多经验,但也存在空间承载不够丰富、功能布局有待优化、机制创新偏弱、发展方向和路径趋同等问题。因此,在未来西部地区开发力度加强趋势下,结合不同区域发展实际,创建科技成果转移转化示范区、探索特色科技成果转化机制与模式需要根据省域特色进一步研究。

云南具备资源、气候和毗邻南亚东南亚的优势，但区域创新能力排名处于中下游水平，在政策落实、机制探索、企业发展和面向南亚东南亚创新合作方面存在不同程度的问题。区域创新能力排名靠前的北京、广东、江苏、上海等地，伴随京津冀一体化、粤港澳大湾区、长三角一体化相继上升为国家战略，相应的科技成果转移转化示范区对全国创新资源的流动吸引力增强，虹吸效应日渐明显。同时，随着产业园区蛮荒建设时代结束，曾经依赖的土地政策、税收优惠、财政补贴等已不具备竞争力，创新浪潮下涌现出的新技术、新理念、新模式冲击和颠覆着传统产业。如何发挥优势，建设科技成果转移转化示范区，充分吸收创新发展带来的多样化要素并将其纳入既成的产业集群网络中，是当前云南科技创新，经济社会高质量跨越式发展，融入和服务国家面向南亚东南亚开放过程中迫切需要解决的问题。

另外，云南省科技成果转化存在固有的问题。

从高校院所端看，近5年云南省96家高校院所以转让、许可、作价投资、技术开发、咨询和服务等6种方式转化的科技成果共有13 219项。其中，2021年科技成果转化2 222项，以转让、许可、作价投资等直接方式转化的平均每项约40万元，以技术开发、咨询、服务等间接方式完成转化的平均每项约30万元。而同期邻省贵州省共48家高校院所（只有云南的一半），科技成果转化2 733项，对应数据近似。究其原因：主观方面，虽然国家有相关政策扶持，但云南高校院所科技成果管理沿用固定资产管理模式，存在资产划转、成果定价、投资收益等的限制，对国有资产流失等的顾虑仍旧严重；科研人员绩效评价、职称晋升等评价体系中缺少以转化为导向的政策。客观方面，一些成果主要源于科学问题的自由探索，与真实需求缺少对接，未经技术熟化，很难直接应用于企业生产；一些科研人员缺乏市场、法务和科技成果运营等专业知识，在缺少专业服务时不会对科技成果进行转化。

从企业端看，近5年云南规模以上企业新产品开发投入产出比较低，四川和重庆分别约是云南的1.6倍和1.2倍，2021年贵州以云南70%的研发投入创造了1.3倍的研发产出。究其原因：一方面是云南大型企业大多是国有企业，科研人员兼职做研究工作，科研目的是职级或职称晋升，且过多关注技术前沿，因而取得的新技术、新组件替代既有产品的成本高，生产应用时稳定性差，同时，成果转化中业务部门、管理部门、计划部门和物资采购部门等协同推进不畅通。另一方面，中小企业过分关注当前市场红利带来的短期收益，技术创新更多体现在工艺改良或产品升级方面，忽视技术与市场交互的未来走向，对创新需求和科技成果转化的认识不足，将财政引导资金视为企业生产的账外收益，不太愿意承担科技成果转化中试熟化的风险。

本书正是基于上述情况，以问题为导向研究云南科技成果转移转化示范区建设，探讨在云南省全域推动落实和创新科技成果转化政策不畅通情况下，如何构建一个较小区域范围的科技特区。在此区域内实现在东中部省区可以落实而在云南无法落实的部分科技成果转化政策；解决云南相关高校没有进入国家职务成果赋权改革试点，而现实中云南需要本地化探索工作的问题；尝试引进云南没有的创新要素进行本地化集成，然后面向南亚东南亚创新开放。该特区首先聚焦职务科技成果赋权改革，区内大胆实践深化职务科技成果赋权改革，赋予科研人员科技成果所有权或长期使用权，建立科技成果转移转化示范企业制度和科技成果转化顾问制度；然后聚焦企业培育、提升行业话语权，区内强化市场主体引进培育，推动实施高新技术企业倍增、高成长性企业引进培育和科技型领军企业培育工程，参与国际标准、国家标准和行业标准制定，提升行业话语权；同时聚焦全生命周期服务，区内营造科技创新的良好氛围，催生原创成果、健全知识产权管理制度、建立投融资机构联动新模式，为科技企业提供全生命周期服务；另外还聚焦与周边国家共建基地、面向东南亚创新合作，区内从重大成果供给、重要载体平台建设、重大专项转化等方面探索与周边国家共建基地，以技术并购、股权收购等模式加快引进一批国际先进技术成果，鼓励科技企业"出海"，服务和融入面向南亚东亚创新。

　　本书共分五个部分，第一部分是理论与经验，包括区域经济、区域创新、技术转移和科技成果转化的理论回顾，国际典型区域创新的经验归纳；第二部分是政策分析，对国家科技成果转移转化政策、国家科技成果转移转化示范区政策和云南科技成果转移转化政策进行分析；第三部分是实践启示，主要研究国家和省级科技成果转移转化示范区建设现状及其启示；第四部分是区域基础研究，包括对云南省科技成果、高校院所和企业科技成果转化的特征研究；第五部分是对云南科技成果转移转化示范区建设模式、路径、政策和先期试点的思考探索。本书兼具一定学术性和实务性，在科技成果转移转化示范区建设、创新驱动相关研究、区域创新体系构建等方面具有一定的参考价值。

  本书的主题确定和写作，得到了云南省科技发展战略与政策研究专项项目（云南科技成果转移转化示范区发展研究）、中央引导地方科技发展专项（云南省技术转移人才培养公益服务平台建设）、云南省标准化财政资金专项（中国—南亚东南亚国际技术转移交易平台流程和服务标准化研究）与云南省中青年学术和技术带头人后备人才项目经费支持，在此表示感谢。

张　维

目 录

编著说明 / 1
前　言 / I

理论经验篇

第一章　相关理论概述 / 002
　　一、区域经济 / 002
　　　　（一）区域和经济区域 / 002
　　　　（二）区位理论 / 005
　　　　（三）区域经济 / 008
　　二、区域创新 / 013
　　　　（一）创新理论 / 013
　　　　（二）区域创新 / 016
　　　　（三）区域创新系统 / 019
　　三、技术转移和科技成果转化 / 021
　　　　（一）非均衡理论基础 / 021
　　　　（二）技术转移 / 025
　　　　（三）科技成果转化 / 029

第二章　国际区域创新的典型经验 / 033
　　一、市场主导的区域创新 / 033

（一）创新郊区代表 / 033
　　（二）创新城区代表 / 036
二、外力推动的区域创新 / 039
　　（一）奥斯汀发展简史 / 039
　　（二）奥斯汀发展经验 / 042
三、新加坡的区域创新 / 044
　　（一）多层次区域规划 / 045
　　（二）纬壹科技城与产城融合 / 048
　　（三）榜鹅数码园与产教融合 / 050

政策分析篇

第三章　相关政策分析 / 054

一、政策研究文献分析 / 054
　　（一）科技成果转化和技术转移政策 / 054
　　（二）科技成果转移转化示范区政策 / 060
二、政策研究回顾 / 061
　　（一）国家层面 / 062
　　（二）地方层面 / 064
　　（三）高校院所和企业层面 / 067
　　（四）示范区层面 / 069

第四章　国家科技成果转移转化示范区政策分析 / 071

一、政策总体概况 / 071
　　（一）战略规划 / 072

（二）工作部署 / 073
　　（三）建设推进 / 074
二、政策内容分析 / 075
　　（一）战略规划视角 / 076
　　（二）工作部署视角 / 077
　　（三）建设推进视角 / 079
三、政策效果分析 / 082
　　（一）科技创新政策 / 082
　　（二）科技成果转化政策 / 084
　　（三）示范区政策 / 086

第五章　云南省科技成果转移转化相关政策 / 090

一、云南省科技成果转移转化现有政策概况 / 090
　　（一）地方法规和综合性政策 / 090
　　（二）专项措施和财政支持 / 092
二、区域政策集成的设想和探索 / 094
　　（一）区域政策集成的设想 / 094
　　（二）区域政策集成的探索 / 097

实践启示篇

第六章　国家级科技成果转移转化示范区现状 / 102

一、国家级科技成果转移转化示范区概况 / 102
　　（一）总体建设背景和概况 / 103
　　（二）东部地区示范区 / 106
　　（三）东北和中西部地区示范区 / 121

二、国家科技成果转移转化示范区建设成效 / 132
（一）以行政区域为主体的示范区 / 132
（二）跨行政区域示范区 / 135

第七章　省级科技成果转移转化示范区建设现状 / 139
一、省级科技成果转移转化示范区建设概况 / 139
（一）总体建设背景和概况 / 140
（二）代表性省区情况 / 140
二、省级科技成果转移转化示范区建设成效 / 144
（一）四川省省级示范区建设成效 / 145
（二）甘肃省省级示范区建设成效 / 146

第八章　示范区建设经验及对云南的启示 / 148
一、科技成果转移转化示范区建设模式 / 149
（一）市场导向模式 / 149
（二）区位拉动模式 / 152
（三）供给推动模式 / 155
二、对云南的启示 / 156
（一）有关规划设计的启示 / 156
（二）有关环境保障的启示 / 157

区域基础篇

第九章　云南省科技成果情况分析及影响 / 160
一、2020—2022年云南省科技成果登记概况 / 160
（一）基本情况 / 160

（二）评价、来源、知识产权和完成人 / 163

　二、2020—2022 年云南省应用技术类成果情况 / 168

　　（一）属性和水平评价统计 / 168

　　（二）所处阶段和所属领域统计 / 170

　三、2020—2022 年云南省科技成果应用情况分析 / 172

　　（一）研发投入和推广应用行业情况 / 172

　　（二）推广应用的效果 / 173

　四、科技成果登记的影响及建议 / 177

　　（一）科技成果登记对技术转移的影响 / 177

　　（二）科技成果登记折射出的关注重点 / 178

第十章　云南省高校院所科技成果转化现状及影响 / 181

　一、2020—2022 年云南省高校院所科技成果转化现状 / 181

　　（一）科技成果转化概况 / 181

　　（二）科技成果转化方式分析 / 184

　　（三）资金、平台和人员情况分析 / 200

　　（四）科技成果转化收益及奖酬情况 / 204

　二、促进高校院所科技成果转化做法 / 211

　　（一）特色做法 / 211

　　（二）云南省高校院所科技成果转化案例 / 218

　三、云南高校院所科技成果转化与示范区建设 / 221

　　（一）高校院所科技成果转化对示范区建设的影响 / 221

　　（二）示范区建设对高校院所科技成果转化的提升 / 222

第十一章　云南企业科技成果转化的情况 / 225

　一、云南企业基本情况 / 225

（一）企业总体情况 / 225

（二）与其他省区比较 / 227

二、云南企业科技成果转化 / 228

（一）科技成果转化情况 / 228

（二）特征分析 / 231

三、助力企业科技成果转化的做法和案例 / 233

（一）发布需求助力企业创新 / 233

（二）企业科技成果转化的案例 / 235

思考探索篇

第十二章 云南省科技成果转移转化示范区建设的模式和路径 / 240

一、需求分析和战略导向 / 240

（一）现状分析 / 241

（二）需求分析 / 243

（三）战略导向 / 244

二、建设模式和路径 / 246

（一）模式选择 / 247

（二）实现路径 / 251

三、实施步骤和方向 / 252

（一）实施步骤 / 253

（二）实施方向 / 256

第十三章 关于相关政策的建议与思考 / 258

一、创新政策机制 / 258

（一）政策创新 / 258

（二）机制创新 / 259

二、主体融通发展 / 260

（一）夯实创新基础 / 260

（二）创新主体共生 / 261

（三）强化专业服务 / 262

三、技术资金联动 / 263

（一）科技金融结合 / 264

（二）单列财政预算 / 265

第十四章 楚雄科技成果转移转化示范区建设思考 / 267

一、提出的背景和基础条件 / 267

（一）提出的背景 / 268

（二）条件分析 / 269

二、建设定位与发展方向 / 275

（一）建设定位 / 275

（二）建设方向 / 277

三、实施建议 / 283

（一）强化组织领导 / 283

（二）探索转化模式 / 284

（三）深化开放协同 / 284

（四）加强监督评价 / 285

（五）做好宣传引导 / 286

参考文献 / 287

理论经验篇

第一章 相关理论概述

理论是一切有价值研究的起点，创新是基于前人的成果得出的。科技成果转移转化示范区属于区域创新的范畴，因此本章主要述评现有的区域经济、区域创新、技术转移和科技成果转化理论。

一、区域经济

区域经济是国民经济的缩影，其本质是在社会经济活动中，由于历史、地理、政治等因素作用，在经济方面关联密切的区域形成的经济区域。科技成果转移转化示范区也是区域经济的组成部分。因此，理论述评从区域和经济区域开始。

（一）区域和经济区域

区域概念因学科不同而异，经济区域是区域在经济学上的表现。

1. 区域和经济区域

区域是研究区域经济、区域创新首先遇到的概念，日常提到的西部地区、沿海地区、澜沧江-湄公河地区等都是这里所说的区域。区域概念因学科不同而不同，地理学根据自然地理特征，将区域定义为地球表面的地域单元；社会学将区域定义为相同语言信仰和民族特征的人类社会聚落；政治学根据行政权力覆盖面将区域定义为国家管理的行政单元。区域通常指具有一定范围，内部表现出明显的相似性和连续性的地域空间。区域之间有明显的差异性，但又具有一定的联系。

经济学上，区域表现为经济区域。1922年全俄经济区划分委员会最早从经济学角度对区域进行定义，认为区域是国家的一个特殊的经济上尽可能完整的地区，这种地区由于自然特色、以往的文化积累和居民及其生产活动能力结合而成为国民经济总链中的一个环节。1970年美国经济学家胡佛在研究经济"何事在何地、为何以及应该如何"的问题时，发现传统经济学在解释"何事、为何以及应该如何"方面很成功，但却忽略"何地"问题；认为"何事"涉及每一项经济活动，"何地"是与该活动有关的区位，两者密切关联。因此给出至今影响较大的对区域的定义，即区域是基于描述分析、管理、计划或制定政策等目的而作为一个应用性整体加以考虑的一片地区，可以按照内部的同质性或功能一体化原理划分。一般而言，经济区域是人类经济活动的地域空间，是通常由地质构造、气候条件、历史基础和现实条件等因素共同形成的地球上的一个特定范围。

中国学者对经济学上的区域也有不同表述。张敦富认为区域是经济活动相对独立，内部联系紧密而较为完整，具备特定功能的地域空间。杜肯堂认为经济区域是一国之内具有特定地域构成要素和自主权益，在专业化分工中担负一定职能、经济上尽可能完整的地区。郝寿义和安虎森认为区域是指便于组织、计划、协调、控制经济活动而以整体加以考虑的，同时在考虑行政区划基础上划分的一定的空间范围，具有组织区内经济活动和区外经济联系的能力，常由一个以上以高级循环占重要比重的中心城市、一定数量的中小城镇以及广大乡村地区所组成。孙久文和叶裕民认为区域是指拥有多种类型的资源，可以进行各种生产性和非生产性社会经济活动的一片相对较大的空间范围。这样的区域小至县、乡、村，大到省和国家以及由若干国家共同开发的某些跨国界的区域。

2. 经济区域的内涵

经济区域是一定范围的地域空间，是整体中的局部，是人类经济活动及其必需的生产要素存在和运动所依赖的"载体"。所有的经济活动，不论发展处于何种阶段，不论物质生产还是非物质的信息生产，最终都落在一定空间维度内。从空间角度研究经济现象，是考虑"何事在何地为何"的问题。

经济区域可以独立存在和发展，是区内各经济主体在经济上紧密联系，社会、文化趋于或融合为一体的地域空间。不仅区域内部经济主体具有独立性，而且任何一个区域与其他区域之间也有较为明显的功能差异或界面分割，各区域相对独立，具有能够组织和协调内部经济活动和区际经济联系的能力。如果不具备这种能力，则不可能组成一个区域。

经济区域可以参加更大范围区域系统中的专业化分工。一个独立的经济区域不是封闭的，而是不断与外界进行物质与能量交换，优化调整自身组织结构，发挥自身比较优势和独特功能。由于不同经济区域所秉承的自然资源、劳动力、资金等要素不同，这种区内同质性与区际差异性表现为一种区际的分工与专业化。不同经济区域间以分工为基础结成的经济联系，又构建了更大范围的区域经济体系。

（二）区位理论

区域经济学这一概念最早源于 1826 年德国经济学家杜能提出的农业区位论，至今已有近 200 年的历史。作为一门独立学科的区域经济学形成于 20 世纪 50 年代。自 20 世纪 60 年代以来，随着区位研究由微观向宏观领域不断扩展，以及世界各国为解决区域问题而加强对区域经济活动的干预，各种区域规划工作开始大规模开展起来，区域经济学也迅速地发展起来。

1. 农业区位论

农业区位论最早由德国农业经济学家杜能提出。杜能根据在德国北部麦克伦堡平原长期经营农场的经验得出，以城市为中心，由内向外呈同心圆状分布的农业地带，因其与中心城市的距离不同而引起生产基础和利润收入的地区差异。即在中心城市周围，在自然、交通、技术条件相同的情况下，不同地方对中心城市距离远近所带来的运费差，决定不同地方农产品纯收益（经济地租）的大小。纯收益为市场距离的函数。在这一理论指导下，以城市为中心，形成由内向外呈同心圆状的 6 个农业地带：第一圈称自由农业地带，生产易腐的蔬菜及鲜奶等食品；第二圈为林业带，为城市提供木柴及木料；第三至五圈都是以生产谷物为主但集约化程度逐渐降低的农耕带；第六圈为粗放畜牧业带，最外侧为未耕的荒野。杜能学说的意义不仅在于阐明市场距离对于农业生产集约程度和土地利用类型（农业类型）的影响，更重要的是首次确立了土地利用方式（或农业类型）的区位存在着客观规律性和优势区位的相对性。

杜能理论只考虑市场距离对农业布局的影响，而现代农业布局还需考虑自然、技术、社会、行为、政策因素，同时还要额外注意农业区域的优化组合，以便为农业决策提供科学依据。杜能之后，大批农业经济学家先后多次论证、应用和修订杜能的农业区位学说，如劳尔应用杜能原则，把全世界农业经营类型按集约程度排列为七大农业经营地带，并以西北欧工业区域为世界农业集约化中心。

2. 工业区位论

工业区位论是由德国著名工业布局学者韦伯提出的。韦伯在研究工业区时，采取了与杜能相类似的方法，从简单的假设开始，在假定其他地形、气候、种族、技术、政治制度、政策等条件都相同的情况下，抽象地分析生产分配过程，以推导出纯区位规则。他认为影响生产布局的区位因素主要有原料、燃料费用、劳动成本、运费以及生产集聚等。理想的工业区位和企业厂址，应当处在生产费用最低的地点。其中，运费起着决定性作用，工资影响可以引起运费定向区位产生第一次"偏离"。集聚作用又可使运费、工资地位产生第二次"偏离"，即综合运费、工资和集聚三者关系，寻求最佳区位，并以此为基础，联系其他因素对区位产生影响。

韦伯工业区位论虽然是区位理论研究史上的第一个重大成就，但也具有明显的缺陷和局限性。该理论只就生产过程本身来讨论，着眼于生产成本，缺少一般经济理论作为基础。而且假定条件太多，在现实生产中几乎不存在这样的情形，因而无法解决实际问题。同时，该理论只关注单个生产企业的区位布局，而经济发展的趋势要求对整体经济及其地域组织进行探讨。

自 20 世纪 50 年代以来，伊萨德对工业区位论提出了大量的新观点，主张从"空间经济论"出发研究区位论，利用比较成本分析和投入产出分析等综合分析方法进行工业区位分析，把工业区位论作为"区域科学"的核心。70 年代开始，工业区位论的研究重心是对行为因素的研究，重视信息因素对工业区位决策的影响。行为地理和感应地理的发展，把区位论的理论水平向前推进了一步。

3. 中心地理论

随着经济社会的发展，城市作用日益增强，城市的空间利用和等候问题越来越受到重视。人们急需了解城市系统间城市规模的变化规律，以便合理规划和布局城市。中心地理论在 1933 年和 1940 年分别由德国城市地理学家克里斯塔勒和德国经济学家廖士提出。它被认为是 20 世纪人文地理学最重要的贡献之一，是研究城市群和城市化的基础理论之一。中心地理论认为城市和城市、城市和周围地区是相互依赖、相互服务、有着紧密联系的，而且它们之间的关系有着客观规律。一定量的生产地必将产生一个适当的城镇，这个城镇是周围农村地区的中心地，并且提供周围地区需要的物资和服务；城镇也是与外部存在密切联系的地方性商业集散地。

城市按规模分级。最低级的城镇数目最多，城镇规模越大，它的数目也就越少。属于最高级规模的城市通常只有一个，往往是该国的首都。城市等级规模的阶层性表现在每个高级中心地都附属有几个中级中心地和更多的低级中心地。不同规模中心地之间的合理分布，以及其分布规律是中心地理论研究的重点。

受到市场因素、交通因素、行政因素的影响，各区域内形成不同的城市空间分布系统。任何城市要想发挥应有的作用，必须与其他城市组成一定的等级系统。在开放、便于通行的地区，市场经济的原则可能是主要的；在山间盆地地区，客观上与外界隔绝，行政管理更为重要；年轻的国家与新开发的地区，交通因素更重要。在三个原则共同作用下，一个地区或国家，应当形成如下的城市等级体系：A 级城市一个，B 级城市 2 个，C 级城市 6—12 个，D 级城市 42—54 个，E 级城市 118 个。

中心地理论研究的是城市等级规模及空间分布规律，为城镇体系规划提供了理论依据，对新时期的城市群规划、市域总体规划、城市带规划等也有着重要的影响。

（三）区域经济

区域经济是指在一定的地域空间内，由经济中心和经济域面组成，并通过经济网络连接、产业发展和布局区别于周边地区的经济有机体。和谐的区域经济指的就是各城市在分工基础上实现经济发展协调一致，区域专业化程度提升和资源配置效率提高的状态。

1. 区域经济的特点

在区域经济中，地理因素是基本要素，一个国家的地理区位、自然资源会对国家的发展、国家经济行为产生重要影响。区域经济主要关注经济发展的时空关系、分布状况及其运行机制和运行轨迹，经济现象与地理关系、地缘区位之间的相互作用及其规律，地缘关系与社会经济文化的互动作用和影响。分析区域经济不但需要关注区域的自然资源属性、依托的经济圈层和融入的产业链条，更要考虑大范围经济圈层内补链是否助力区域经济发展，是否能够为区域周边资源条件比较优势的独特性创造机遇场景。

区域经济首先具有地域性。区域经济是基于空间区域的地域经济，具有一个特定的地理空间：或以省、市、县级行政区划为地理空间，或以区域城市为中心、以乡镇为纽带、以农村为腹地，区域界线明确。其次，区域经济具有独特性。在宏观经济政策指导下，通过充分利用地域特色，地理区位优势、特定的历史人文、矿物资源和农副产品，区域经济被赋予独特性。最后，区域经济具有独立性。由于区域经济是国民经济的基本单元，有基层调控主体，在一定范围内起到宏观调控的作用；有功能完备的综合性经济体系，注重发挥比较优势，突出重点产业，因此具有相对的独立性。

2. **区域经济学**

区域经济学是研究区域内社会生产区域组织规律、区域经济运行发展规律，揭示区域与经济相互作用规律的一门科学，能够为制定区域经济发展规划提供理论依据。

区域经济学研究范围包括城市化与城市经济问题、农村经济、区域生产力布局、资源合理开发利用、区域投融资等，可以归纳为三个主要方面：一是区域经济层面的理论，包括区域经济发展的地域比例、区域经济的形成和发展、经济区划和经济区综合发展、国民经济整体发展与区域经济发展的关系、区域经济发展的预测和模型等。二是生产力方面的布局，包括市场经济条件下生产力的空间分布及发展规律，探索促进特定区域而不是某一企业经济增长的途径和措施,以及如何在发挥各地区优势的基础上实现资源优化配置和提高区域整体经济效益,为政府的公共决策提供理论依据和科学指导。研究内容包括科技进步在区域经济中的作用、区域社会问题、地区自然资源开发利用和地域生产的组织形式等。三是区域经济发展中的细节性问题,包括区域特征分析,目标系统与政策、手段、产业结构演进、人口增长与移动、城市建设与布局、区域国土规划,区域联合与区际利益的协调,区域比例关系。也包括区域经济调节机制,如各地区经济结构的建立和法则,区域劳动生产率的增长、国民收入的分配、固定基金的利用、价格的地区差异等。

3. 区域产业结构

根据区域各产业间的关联程度和方式,以及其在区域产业系统中的地位、作用和功能,区域产业可以分为主导产业、辅助产业和基础性产业三类。区域产业组织就是促进区域资源要素优化配置、提高区域资源要素综合利用的产业空间组织形态,而区域产业结构是指区域经济中各类产业之间的内在联系和比例关系。

决定区域产业结构的内部条件包括:区域自然资源状况、人力资源状况、资金供给状况、科学技术水平、原有产业基础和生产传统等。影响区域产业结构的外部环境包括:社会消费(生产消费和生活消费)需求、国家产业布局规划和产业政策、区域间经济联系与区际分工、国际经济技术交流等。

区域产业结构配置是指为使区域经济效益和社会效益最大化,各种产业循着一定规律和比例进行的动态空间组合。配置区域产业结构的实质是通过主导产业的确立,围绕主导产业的产前服务、协作配套和产后深度加工、资源综合利用等发展辅助产业，构筑结构紧凑、各具特色、相互依存、相互促进的高效区域经济有机体。

区域产业结构优化策略可以从三个方面入手：准确选择、优先发展主导产业；协调主导产业与非主导产业的关系；积极扶持潜在主导产业，促进区域产业结构及时合理转换。

区域产业链是在一定地域范围内由同一产业内所有具有连续追加价值关系的活动构成的价值链，产业链可由若干产品链构成，但本质和基础是价值链。区域产业链具有吸聚投资、彰显竞争优势、促进经济稳健发展和舒缓产业冲突的功能。

区域产业集群是一组区域内相互联系的公司和关联的机构，同处于或相关于一个特定的产业领域，由于具有共性和互补性而联系在一起的。这种联系方式包括弹性生产组织、中间性体制组织、网络型组织、创新型组织。按照迈克尔·波特的理论，产业是研究区域竞争优势的基本单位，区域的成功并非来源于某一产业的成功，而是来自产业集群。产业集群虽然包含了钻石体系中的一个方面，但最能体现钻石体系四个方面之间的相互作用。

4. 区域经济空间结构

区域经济空间结构是指在一定时期内人类各种经济活动在特定区域内的空间分布状态及空间组合形式，其地域构成单元是指构成空间结构的实体，一般是城市、乡村或者其他经济活动的发生地域。如果点、线、面要素在一定的区域空间呈有机结合状态，在功能上就完全融合为空间一体化系统，表现为节点相互依存、域面协调发展、通道配套运行、各种空间经济实体的联系交错密集，这就是理想化的空间结构要素组合模式，是能够形成经济高度发达阶段的空间结构模式。

从资源空间配置的角度看，区域经济开发目标大体可分为：效率或增长目标，后者也称为均衡目标。前者是为了提高资源空间配置效率，促进经济的高速增长；后者是为了逐步缩小区际差距，实现空间均衡和经济一体化。与之相适应的区域经济空间开发模式则有增长极开发模式、点轴开发模式、网络开发模式三种。

增长极开发模式是率先在一个或数个增长中心集聚一些主导产业或创新能力较强的企业，利用自身影响力吸引更多企业聚集，从而产生经济增长中心，以此引领有关产业和区域经济总体增长。

点轴开发模式是基于增长极理论发展起来的，"点"即增长极，是中心城市（镇）、各级居民点和聚集点等各种生产要素聚集的区域，"轴"是指各区域之间的各种交通线路。其实质是在特定区域范围中，将大部分生产要素在"点"上集聚，然后通过"轴"，逐步在若干增长极中形成一个有机的空间结构体系。

网络开发模式是指当区域经济逐渐发展起来时，地区会产生各种增长极和发展轴，可凭借建立的点轴等级体系，在一个更大的区域范围内形成各种要素资源贯通的网络系统，贯穿连接各个地区，一步步完成地区内的经济一体化。

总体而言，在经济发展落后或者工业化的初期阶段，一般采取增长极开发模式；在经济发展已有一定基础或者工业化的中期阶段，一般采取点轴开发模式；而在经济发展基础较好或者工业化的中后期阶段，则通常采取网络开发模式。

二、区域创新

区域创新包括创新环境、创新主体、创新网络、创新活动几个方面的内容，因此需要对创新理论、区域创新、区域创新系统等进行述评。

（一）创新理论

1. 熊彼特创新理论及其发展

约瑟夫·熊彼特最早从技术与经济相结合的角度阐释了创新在经济发展过程中的作用。熊彼特认为创新是将原始生产要素重新排列组合为新的生产方式，以求提高效率、降低成本的一个经济过程。能够成功创新的便能够摆脱利润递减的困境而生存下来，那些不能够重新组合生产要素的则会被市场淘汰。

因此，熊彼特定义了创新的五种情况：一是采用一种新的产品，亦即消费者还不熟悉的产品或某种产品的一种新的品质；二是采用一种新的生产方法，亦即有关的制造部门在实践中尚未知悉的生产方法，这种新的方法未必需要建立在新的科学发现的基础之上，也可以存在于商业上，对一种商品进行新的处理；三是开辟一个新的市场，也就是有关国家的某一制造部门以前不曾进入的市场，不管这个市场以前是否存在过；四是获得原材料或半制成品的一种新的供应来源，不管这种供应来源是否已经存在；五是实现任何一种工业的新的组织，比如形成一种垄断地位（如托拉斯化），或打破一种垄断地位。这五种创新，依次对应着产品创新、工艺创新、市场创新、资源配置创新和组织（制度）创新，揭示了创新是企业家对于生产要素的新的组合，企业家是创新的主体,创新能够引起经济周期性增长,持续的创新将促成社会的进步。

之后,索洛等人运用生产函数原理,区分出经济增长来源于要素数量增加的"增长效应"和要素技术水平提高的"水平效应",提出新思想来源和后阶段实现发展是创新成立的两个条件。以曼斯菲尔德、卡曼、施瓦茨为代表的新熊彼特理论,将技术创新视为一个相互作用的复杂过程加以考虑,先后提出了新技术推广、技术创新与市场结构的关系、企业规模与技术创新的关系等技术创新模型。戴维斯、诺斯等将"创新"理论与"制度"理论相结合,研究了制度安排对经济增长的影响,发展了技术创新的制度安排思想。

2. 国家创新系统理论

弗里曼、纳尔逊等建立的国家创新系统理论认为创新不仅是企业家和单个企业的孤立行为,有时也是由国家创新系统推动的。其中,国家创新系统是指参与和影响创新资源配置及利用效率的行为主体、关系网络和运行机制综合体系。在此系统中,企业和其他组织等创新主体通过国家制度的安排及主体间的相互作用,推动知识的创新、引进、扩散和应用,使整个国家的技术创新取得更好的效果。弗里曼在《技术和经济运行:来自日本的经验》中提出,日本经济的发展是国家创新系统理论最好的注脚,纳尔逊在《国家创新系统》中论述的美国案例则体现了国家创新系统理论中国家支持技术进步的一般制度结构。

弗里曼和纳尔逊建立的国家创新系统理论,指出了国家创新体系在优化创新资源配置上的重要作用,可以用于指导政府如何通过制定计划和颁布政策，引导和激励企业、科研机构、大学和中介机构相互合作和影响，进而加快科技知识的生产、传播、扩散和应用。但两者的研究都只是集中研究了一个国家的创新体系结构中各组成部分的效率和结合方式，没有对各个国家的创新体系进行比较研究，因而不能解释不同国家之间支持技术创新的组织和机制的异同和形成机理，以及这些差别能在何种程度上以什么方式贡献于经济发展。

3. 开放创新理论

创新理论一直是发展的，进入 21 世纪，技术的指数级发展和产品的快速迭代改变了原有的创新方式，企业必须缩短产品研发周期，持续迭代产品，才能提升用户体验。在此背景下，人们进一步反思知识社会的形成及其对创新的影响，以及技术创新。一方面，创新被理解为是在各创新主体、创新要素交互复杂作用下，即创新生态下技术进步与应用创新"双螺旋结构"共同演进而催生的产物，是科技、经济一体化的过程。另一方面，关注价值实现、关注用户参与的以人为本、以需求为导向的创新 2.0 模式得到进一步关注。创新 2.0 强调以用户参与、大众创新、共同创新为基础的开放式创新。它能够完善科技创新体系，构建以用户为中心、以需求为驱动、以社会实践为舞台的共同创新、开放创新式应用创新平台，通过在创新领域的呼应与互动，形成有利于创新涌现的生态，并发挥至关重要的作用。

开放式创新最早源于大型高科技企业软件开发，技术型人才以众包形式加入研发项目中，提高了研发效率。之后这种创新模式扩展到了生物制药、汽车制造和服务业，成为头部企业提升创新能力和创新成果的一种主流。如某日化公司设立了"联合+发展"项目，与政府和企业等合作伙伴分享研发技术和消费者心理、营销等相关知识，共同改进现有产品配方和推出新产品。某电气工程企业明确表示开放式创新作为重要的企业战略，可以帮助企业利用全球资源、削减成本、提升创新能力和保持竞争力。

开放式创新源于知识经济时代，企业仅依靠自身内部资源进行高成本的创新活动，已经难以适应快速发展的市场需求以及日益激烈的企业竞争。在这种背景下，"开放式创新"正在逐渐成为企业创新的主导模式。开放式创新是将企业传统封闭的创新模式打开，引入外部的创新能力，使其在进行技术创新和产品研发时，能够像使用内部研发能力和自身渠道一样，借用外部的研发能力和外部渠道来共同拓展市场，均衡协调内部和外部的资源进行创新。这种模式不仅把创新的目标寄托在传统的产品经营上，还积极寻找外部的技术特许、委托研究、技术合伙、战略联盟或者风险投资等，将创新思想变为现实产品与利润。

（二）区域创新

区域创新是在一定区域范围内发生的创新活动，是通过在生产体系中引入新要素，或者实现要素的新组合而形成的促进资源有效配置等的创新手段、创新能力。区域创新包括区域技术性创新及非技术性的组织创新。

1. 区域创新功能要素分类

通常区域创新按照其功能要素分为制度创新、技术创新、管理创新和服务创新。

区域制度是区域主体为实现区域发展的既定目标和实现区域

内部资源与外部环境的动态协调,在财产关系、组织结构、运行机制和管理规范等方面的一系列制度安排。区域制度主要包括产权制度、运行制度和管理制度三个不同方面及层次的内容。区域制度创新就是要实现区域制度的变革与转型,通过调整区域主体之间的关系,使得区域内各方面的权利与收益得到最为充分的体现,实现区域资源配置的最优化与效益最大化。

从经济学看,技术创新不仅是技术系统本身的创新,更主要是把科技成果引入生产过程所获得的生产要素的重新组合,并将其市场化和商品化的过程。科学技术是知识形态的生产力,是潜在的生产力,只有通过技术创新及将其引入生产过程,才会转化为现实的生产力。因此,技术创新是现代经济社会可持续发展的主要动力。

区域管理是对区域内外各种资源的整合,管理创新就是指创造一种新的、更为有效的资源配置范式,这种范式既可以是新的有效整合资源以达到区域目标的全过程管理,也可以是新的具体资源整合及区域目标制定等细节方面的管理。文化、组织与战略是区域各主体及职能部门运行的内部环境,三者在时间与空间上共同构建起区域管理的基本结构,故区域管理创新又可以分为区域文化创新、组织结构创新、战略创新等。

从经济学角度看,服务创新就是通过非物质制造手段所进行的增加有形或无形"产品"之附加价值的经济活动。服务创新的目的是创造附加价值,包括社会价值和经济价值,创新过程就是创造附加价值的过程,因此服务经济的增长动力是服务创新。服务创新的本质就是软技术的发明、创新和推广应用过程,或者软技术的新应用。

2. 区域创新能力及其要素

区域创新能力是以技术能力为基础，将知识转化为新产品、新工艺和新服务的能力，是将技术、知识和信息等不断纳入社会生产过程中，在区域内持续产生新技术并使之商业化。区域创新能力的形成不仅需要借助于企业和高校院所的互动，还需要结合社会资本、文化等区域资源，因此区域创新能力也是将经济、文化和社会等进行有效结合和利用的能力。区域创新能力包括创新主体、创新投入和创新环境三大要素。

创新主体包括政府、企业和高校院所。政府作为行政机关，通过立法和执法完善当地知识产权保护等，营造良好的制度环境，促进区域内的创新发展。企业作为创新活动中最为活跃的角色，在政策引导和市场导向作用下，将科技成果转化为现实生产力，从而提升区域创新能力。高校院所虽然没有直接参与社会生产活动，但是作为区域创新系统的中坚力量，通过开展科研活动和培养创新型人才，为区域创新发展提供源源不断的动力。

创新投入包括人力投入、知识投入和资金投入。人力资源是创新活动中的首要因素，能够将生产要素转化为具有持续竞争力的载体。区域创新能力的高低与区域创新型人才的储备量密切相关。知识资源包括技术资源和信息资源，创新主体通过对知识资源的开发利用和合理配置，促进知识资源扩散和衍生，从而提升区域创新能力。另外，科研资金投入同样是创新活动中不可或缺的支撑要素，也是区域内创新活动实现可持续发展的重要物质保障。

创新环境包括政治环境、法律环境、文化环境、经济环境和基础设施。创新环境是由不同要素组成的复杂系统，因此创新环境对于区域创新能力的影响可以理解为各个要素的整合协同作用。区域创新系统的发展根植于该地区的政策、制度、文化和经济发展水平，良好的创新环境能够给区域创新系统提供成长的土壤。同样，区域创新能力的提升会带动当地经济增长，通过改善基础设施、刺激创新活动等途径反作用于创新环境，形成良性循环。

（三）区域创新系统

区域创新体系的概念最早由英国的库克提出，是指一个区域内各创新主体相互联系所组成的知识创造、转移和转化的网络系统，是区域创新的重要支撑。

1. **区域创新系统及其特征**

区域创新系统是能够产生创新的区域性组织，具有地域性、多元性和网络性的特点。区域创新系统是在一定空间范围内出现的产业现象，一定空间范围主要体现出地域性特点。区域创新系统包括多种类型的主体，如企业、高校、科研机构等，这些主体体现出多元性特点。各个主体在创新系统中发挥作用不同，其本身及主体间的关系对区域创新系统的效率起到关键性作用，体现出网络性特点。创新就是区域内创新主体社会协作过程的结果。

在层级上，区域创新系统包含三个层级。第一层级是地域性区域创新网络。在此系统中，基于社会、地理与文化的接近性，企业能通过本地学习进行创新活动，例如区域中的中小企业网络。第二层级是区域网络化创新系统。企业与其他组织位于某一具体区域，但政策干预能加强区域制度基础建设，从而提升系统的组织性。区域网络化创新系统是政策干预以优化创新能力与合作关系的结果,如企业与当地大学或研发机构所形成的合作网络。第三层级是区域化国家创新系统。此系统被整合成国家或跨国创新系统,外来参与者在其中扮演重要角色,如大型企业的研发实验室集群或政府研究机构形成的科技园。

2. 区域创新系统体系

区域创新系统包括两大子系统、两个支撑体系和五个主体系。其中,两大子系统是技术、知识应用开发子系统和技术、知识传播与转化子系统,两个子系统之间通过信息流、资金流、价值流、知识流、物质流和人才流相互作用。两个支撑体系是区域创新环境支撑和区域创新基础支撑。五个主体系包括技术创新体系、知识创新体系、投融资体系、区域宏观调控体系、科技成果传播与转化体系。

技术创新体系是区域内企业通过以竞争合作关系为纽带形成的产业集群基础,以市场为导向,以提高集群内企业竞争力为目标的,包括开发新产品、采用新工艺、研究新方法等在内的,从技术获取到工业化、商业化的生产,直至将产品投入市场的一系列活动的总和。技术创新是区域创新体系的核心和落脚点,知识创新、制度创新归根结底都是为技术创新服务的。

知识创新体系主要依托研究型大学和科研机构,通过开展基础理论研究和应用研究,利用其在理论模型、科技论文及专著、重大发明专利等方面的产出,为区域经济与社会发展提供知识增量储备。

投融资体系主要依托银行、风险投资机构、技术产权交易机构等,以资金投入科技项目为主要活动形式,其主要产出是科技成果的经济效益。该体系的主要功能是通过政府、银行、风险投资机构、技术产权交易所、企业等主体的资金投入,加快创新成果的产业化进程,促进科技竞争力向经济竞争力的转化。

区域宏观调控体系,是指以地方政府科技管理部门和职能部门为主体,相关政策咨询部门为辅助的制度创新联合体,通过制定实施相关政策、法规、计划,将区域创新系统中各个相互作用的组成要素进行有效的整合,以达到提高区域创新系统绩效的目的,形成协调各要素之间关系的制度和政策网络。

科技成果传播与转化体系是围绕创新活动进行的中介服务,以直接帮助技术、知识创新取得成功为目标,并为其实现产业化、规模化而形成的网络化、社会化服务体系。创新活动相关服务机构包括高新技术产业开发区、科技成果转化基地、中小微企业创业基地、科技孵化器、大学科技园、行业协会、商会等。

三、技术转移和科技成果转化

技术转移和科技成果转化是科技成果转移转化示范区的主要创新活动。技术转移和科技成果转化活动因二元经济而存在,二元经济条件下的区域经济发展轨迹必然是非均衡的,随着发展水平的提高,二元经济必然会向更高层次的一元经济即区域经济一体化过渡。故而本节依次对非均衡、技术转移和科技成果转化理论进行述评。

(一)非均衡理论基础

各类非均衡理论分别从不同的角度来论述均衡与增长的替代

关系，各有适用范围。增长极理论、不平衡增长论和梯度推移理论等倾向于认为无论处在经济发展的哪个阶段，进一步的增长总要求打破原有的均衡，而倒"U"形理论则强调经济发展程度较高时期增长对均衡的依赖。

1. 循环累积因果论

该理论由冈纳·缪尔达尔提出，认为经济发展在空间上并不是同时产生和均匀扩散的，而是从一些条件较好的地区开始。一旦这些区域由于初始优势而比其他区域超前发展，则会基于既得优势，通过累积因果过程，不断积累有利因素继续超前发展，从而进一步强化和加剧区域间的不平衡。这种不平衡会导致增长区域和滞后区域之间发生空间相互作用，由此产生两种相反的效应：一是流动效应，表现为各生产要素从不发达区域向发达区域流动，使区域经济差异不断扩大；二是扩散效应，表现为各生产要素从发达区域向不发达区域扩散，使区域发展差异得以缩小。在市场机制的作用下，流动效应远大于扩散效应，导致发达区域更发达，落后区域更落后。基于此，缪尔达尔提出了区域经济发展的政策主张。在经济发展初期，政府应当优先发展条件较好的地区，以寻求较好的投资效率和较快的经济增长速度，通过扩散效应带动其他地区的发展。但当经济发展到一定水平时，也要防止累积循环因果造成贫富差距的无限扩大，所以政府必须制定一系列特殊政策来刺激落后地区的发展，以缩小区域经济差异。

2. 不平衡增长论

该理论由阿尔伯特·赫希曼提出，认为经济进步不会在各处同时出现。经济进步的巨大推动力将使经济增长围绕最初的出发点集中，增长极的出现必然意味着增长在区域间的不平等，是经济增长不可避免的伴生物，是经济发展的前提条件。他提出了与流动效应和扩散效应相对应的"极化效应"和"涓滴效应"。在经济发展的初期阶段，极化效应占主导地位，因此区域差异会逐渐扩大，但从长期看，涓滴效应将缩小区域差异。

3. 增长极理论

增长极理论最初由佩鲁提出，后经布代维尔、弗里德曼、缪尔达尔、赫希曼进一步丰富和发展。该理论认为，经济发展并非均衡地发生在地理空间上，而是以不同的强度在空间上呈点状分布，并按各种传播途径，对整个区域经济发展产生不同的影响，这些点就是具有成长以及空间聚集意义的增长极。一个国家要实现平衡发展只是一种理想，在现实中是不可能的，经济增长通常是从一个或数个"增长中心"逐渐向其他部门或地区传导。因此，应选择特定的地理空间作为增长极，以带动经济发展。增长极对地区经济增长产生的作用巨大。一是形成区位经济效应。区位经济效应是由于从事某项经济活动的若干企业或联系紧密的某几项经济活动集中于同一区位而产生的，其实质是通过地理位置的靠近而获得综合经济效益。二是规模经济效应。规模经济效应是由于经济活动范围的增大而获得内部的节约。三是外部经济效应。外部经济效应是增长极形成的重要原因，也是其重要结果。但增长极理论也有明显的缺陷，如前所述，由于积累性因果循环的作用，增长极的出现对周围地区会产生两方面的影响：一是回波效应。即出现发达地区越来越发达，不发达地区越来越落后，经济不平衡状态越来越突出，甚至形成二元经济局面；二是扩散效应。

即通过建立增长极带动周边落后地区经济迅速发展,从而逐步缩小与先进地区的差距。由于积累性因果循环的关系,回波效应往往大于扩散效应,使地区经济差距扩大,甚至形成独立于周边地区的"飞地"。

4. 中心—外围理论

弗里德曼提出该理论,在考虑区际不平衡较长期的演变趋势基础上,将经济系统空间结构划分为中心和外围两部分,二者共同构成一个完整的二元空间结构。中心区发展条件较优越,经济效益较高,处于支配地位,而外围区发展条件较差,经济效益较低,处于被支配地位。因此,经济发展必然伴随着各生产要素从外围区向中心区的净转移。在经济发展初始阶段,二元结构十分明显,最初表现为一种单核结构,随着经济进入起飞阶段,单核结构逐渐为多核结构替代,当经济进入持续增长阶段,随着政府政策干预,中心和外围界限会逐渐消失,经济在全国范围内实现一体化,各区域优势充分发挥,经济获得全面发展。该理论对制定区域发展政策具有指导意义,但其关于二元区域结构随经济进入持续增长阶段而消失的观点仍旧值得商榷。

5. 区域经济梯度推移理论

弗农等在研究美国跨国企业问题和工业生产生命循环过程中提出该理论,认为工业各部门甚至各种工业产品都处在不同的生命循环阶段上,在发展中必须经历创新、发展、成熟、衰老四个阶段,并且在不同阶段,将由兴旺部门转为停滞部门,最后成为衰退部门。区域经济学者把生命循环论引用到区域经济学中,创造了区域经济梯度转移理论。根据该理论,每个国家或地区都处在一定的经济发展梯度上,世界上出现的每一种新行业、新产品、新技术都会随时间推移由高梯度区向低梯度区传递,威尔伯等人形象地称之为"工业区位向下渗透"现象。非均衡学派虽然正确指出了不同区域间经济增长率的差异,但不能因此而断定区际差异必然会不可逆转地不断扩大。因为各种非均衡增长模型片面地强调了累积性优势的作用,而忽视了空间距离、社会行为和社会经济结构的意义。缪尔达尔和赫希曼的理论动摇了市场机制能自动缩小区域经济差异的传统观念,并引起一场关于经济发展趋同或趋异的大论战。

6. 倒"U"形理论

威廉姆逊把库兹涅茨的收入分配倒"U"形假说应用到分析区域经济发展方面,提出了区域经济差异的倒"U"形理论。他通过实证分析指出,无论是截面分析还是时间序列分析,结果都表明,发展阶段与区域差异之间存在着倒"U"形关系。这一理论将时序问题引入区域空间结构变动分析。由此可见,倒"U"形理论的特征在于均衡与增长之间的替代关系依时间的推移而呈非线性变化。

(二)技术转移

在 1964 年第一届联合国贸易和发展会议上,作为解决南北问题的重要战略,技术转移概念首次被提出并讨论。

1. 技术转移概念的不同视点

联合国贸易和发展会议对技术转移的定义是,为制造某种产品应用某种工艺流程或提供某种服务而进行的系统知识的转移。这个定义可理解为技术转移是为经济目的而发生的关于技术的信息流动过程。

1966年，美国布鲁克斯提出，技术转移是科学和技术通过人类活动被传播的过程，由一些人或机构所开发的系统的合理的知识，被另一些人或机构应用于处理某事物的方法中。学术界认为这是对技术转移概念的最早界定。

联合国《国际技术转移行动守则草案》中把技术转移定义为：关于制造产品、应用生产方法或提供服务的系统知识的转移，但不包括货物的单纯买卖或租赁。该定义明确了技术转移的标的是"软技术"，而单纯的不带有任何"软技术"的"硬转移"不属于"技术转移"的范畴。

随着时代的进步，目前对技术转移的认识形成了八种观点。一是知识的转移、分配说，即技术转移是技术知识的转移和再分配。如日本小林达也的定义："从广义上说，技术转移是人类知识资源的再分配。"二是技术知识应用说，技术转移被看作技术在社会范围内的广泛应用。如弗兰克·晋雷斯博士认为技术转移就是研究成果的社会化，包括其在国内和国外的推广。三是地域、领域转移说，技术转移被认为是地域上的转移和技术所属领域的转移。如美国巴赞凯认为当某一领域中产生和使用的科学技术信息在一个不同的领域中重新改进或被应用时，这一过程就叫技术转移。四是环节转移说，技术转移被认为是技术信息经过一些阶段、一系列环节的发展过程。如林慧岳认为技术转移是技术和知识及其载体在技术活动中的发明、创新和扩散三个环节之间的定向流动。五是技术载体转移说，这种观点认为技术转移就是载体的转移。六是相异主体合作说，这种观点从主体角度认为技术转移是技术要素在不同主体之间的流动过程。七是技术商品流通说，这种观点从技术的商品属性出发，认为技术转移就是技术成果作为一种商品在不同所有者之间的流通过程。八是消化吸收说，这种观点认为技术转移不仅是指技术知识以及随同技术一起转移的机器设备的移动，而且是技术在新的环境中被获得、吸收和掌握三者的有机统一的完整过程。

2. **技术转移理论**

技术差距理论是把技术视为独立于劳动和资本的第三种生产要素，认为世界经济存在着二元结构，技术上也存在着二元结构，技术转移的原因在于区域间存在着技术差距。该理论由波斯纳于1961年提出，认为技术实际上是一种生产要素，并且实际的科技水平一直在提高，但是在各个国家的发展水平不一样，这种技术上的差距可以使技术领先的国家具有技术上的比较优势，从而出口技术密集型产品。随着技术被进口国模仿，这种比较优势消失，由此产生的贸易也就结束了。技术差距论认为工业化国家之间的工业品贸易，有很大一部分实际上是以技术差距的存在为基础进行的。引入模仿时滞的概念可以解释国家之间发生贸易的可能性。在创新国和模仿国的两国模型中，创新国一种新产品成功后，在模仿国掌握这种技术之前，具有技术领先优势，可以向模仿国出口这种技术领先的产品。随着专利权的转让、技术合作、对外投资或国际贸易的发展，创新国的领先技术流传到国外，模仿国开始利用自己的低劳动成本优势，自行生产这种商品并减少进口。创新国逐渐失去该产品的出口市场，因技术差距而产生的国际贸易量逐渐缩小。最终该技术被模仿国掌握，技术差距消失，以技术差距为基础的贸易也随之消失。

产品技术生命周期理论。该理论是南北贸易与技术转移的先驱理论,由弗农于 1966 年提出。他认为大多数新产品和技术都是在发达国家首先被开发并且生产出口的,而只有在标准化生产以后,产品才有可能通过技术的转移真正实现在发展中国家的低成本大规模生产。该理论描述了南北贸易模式与技术转移和新产品、新技术产生、成长、成熟和标准化的动态过程,以及伴随这一过程的比较优势和外国投资在区域间的变化,论述了技术创新、模仿、扩散以及转移在南北贸易格局与对外直接投资中的决定性作用。该理论可以用于解释后进区域与先进区域的技术比较优势的形成和持续时间。后进区域科技产品和技术生命周期一般比先进区域短促,基本上可区分为模仿期、改进成长期、规模成长期、成熟期、衰退期等五个阶段,其时间长度相当于先进区域产品和技术生命周期中的成长期、成熟期与衰退期三个阶段。产品和技术经过改进成长期以后已具有竞争力,进入大规模的成长期。当产品在国际市场进入全面替代的大幅衰退阶段,后进区域产品市场就开始快速衰退,因此衰退期比先进区域短促。

NR 关系假说。斋藤优首先提出"NR 关系假说",该假说认为一个国家的经济发展及其对外经济活动,受该国国民需求 N(needs)与该国的资源 R(resources)关系的制约,需求与资源的关系即 NR 关系。为了满足 N,需要 R,即需要手段、技术、资本、劳动力、原材料等与之相适应。如果 R 不足以满足 N,就会形成"瓶颈",所以必须设法解决,否则就会阻碍经济发展。NR 关系不相适应正是国际技术转移的原因。NR 关系不相适应,就会促进技术革新。因为新技术能够节约资本、劳动，节约原材料甚至发现新的原材料，从而弥补 R 的不足，使 R 适应 N。新技术出现后，原有技术就可以转让给其他国家或地区。发达国家之间，各自无法拥有一切所需要的技术，所以要从对方引进所需要的技术，或者研究开发某种技术的成本较高，也需要对方转让技术。在发达国家与发展中国家之间或发达国家与发达国家、发展中国家与发展中国家相互之间都会产生技术转移，因为有不同的 N 需要不同的 R 与之对应。原有 NR 不相适应的关系得到协调后，又会产生新的瓶颈。NR 关系出现新的不相适应，促进了新一轮技术革新和技术转移。世界经济就在这种不相适应到互相适应再到新的不相适应的循环中发展。

（三）科技成果转化

科技成果转化是一个带有中国特色的概念，目前中国的科研活动，特别是高校院所科研活动的主要资助者，同时又是绝大部分高校院所乃至国有企业的举办者、出资人和管理者，这决定了中国科技成果转化的特殊性。

1. 国内外科技成果转化相关概念对比

按照《中华人民共和国促进科技成果转化法》，科技成果转化是指为提高生产力水平而对科技成果进行的后续试验、开发、应用、推广直至形成新技术、新工艺、新材料、新产品，发展新产业的活动。中国的科技成果转化过程中既有着市场经济条件下政府作为科研项目委托人、科研经费资助者与项目承担者、经费使用者之间的合同义务关系，也有着政府作为相关机构举办者，对科研成果这类无形资产的产权归属问题。

相对应地，国外没有科技成果转化这个概念，与此相近的术语包括：技术转移、研究的商业性转化、学术成果商业性转化、公共资助研究的商业性转化、高校商业性转化活动、高校向商业部门的技术转移、高校—产业部门合作。如前所述，国际通用的技术转移是指技巧、知识、技术、生产方法、生产样品及制造设备在政府、高校及其他机构之间进行转移的过程，旨在确保科技进步能够进一步开发出新的产品、工艺、应用、材料及服务。而研究的商业性转化、学术成果商业性转化、商业性转化活动等都是将科学发现和发明转化为市场化产品和服务的过程。美国、加拿大等国学术研究主要由大学承担，研究的商业性转化在很多场合又等同于高校商业性转化活动或高校向商业部门的技术转移。而德国、法国等，公共资助研究机构也是学术研究的重要承担者，公共资助研究的商业性转化则更能反映这些国家科技成果转化的内涵。

由此可见，科技成果转化大多是围绕公共资助研究如何进行商业性转化展开的，这是市场追求商业利润的内在动机所决定的。对于企业，其任何行为都以实现市场价值和商业利润为终极目标，其研发工作取得的研究成果最终都会以特定形式进行应用和推广，因此基本上不存在转化问题。对于高校院所，其研究工作的直接产出是知识创造，但创造的新知识并不会自动、直接地转化为满足市场需求的产品和服务，为了最大限度开发研究成果的经济社会价值就需要促进其更好地实现商业性转化。

需要特别指出的是，研究成果的商业性转化状况仅仅是高校院所创新能力和工作绩效的具体体现之一，毕竟高校院所的职能定位还包括基础理论研究、社会科学研究和人才培养，这些工作能够带来巨大的经济效益和社会效益，但往往又无法直接用商业价值予以衡量，因此需要理性看待。

2. 公共资助科技成果转化的实践形式

公共资助科技成果转化主要是指高校院所科技成果向需方企业转化，主要有三种形式。一是供方推销型，这种方式是高校院所等技术持有方主动向技术采用方直接推销技术。二是需方寻求型，这种方式是企业主动向高等院校寻求自己所需要的技术。这种技术转移方式比供方推销型更为普遍。近年来，企业特别是科技型中小企业对技术的渴望日益强烈，引进高校院所技术的积极性有增无减。三是供需合作型，需求双方在技术开发阶段就开始合作，双方共同完成技术开发和生产过程，或者是双方建立长期的合作关系，如组建联合技术开发中心或研究所等。更直接的则是共同组建股份制的高技术企业，双方捆绑在一起，利益共享、风险共担，这种合作方式越来越受到企业和高校院所的欢迎。

从高校院所与企业相互作用的微观角度观察科技成果转化，是技术从高校院所向企业、市场的运动，是技术被商业化开发的垂直转化过程。在这一过程中，技术从高校院所实验室基础研究与应用研究的技术成果形式转化为企业蕴于产品中的生产技术形式，技术也逐步与研究机构这一母体剥离开来而嵌入企业组织形式中并与之进一步产生互动。近10年来，随着金融机构、风险投资、孵化器以及各类科技中介组织介入进来，科技成果转化行为主体的结构日趋完善。在科技成果转化过程中，高校院所是知识和技术的产生源，企业是技术应用的主体，企业对技术创新成果的需求是决定转化的关键因素，对技术的需求愈强烈，技术交易的发生率就愈高。政府在科技成果转化过程中，通过提供合理的制度安排，出台相关政策，创造良好的制度环境。科技中介组织通过有效连接政府、企业、高校院所等不同的行为主体，实现技术的持续增值，提高转移的成功率。金融机构为科技成果转化提供了有效的资本供给，通过"技术＋资本"形式，实现二者的有机结合。风险投资机构则为各行为主体解决了资金缺乏问题，并适当地规避了投资风险。

3. 技术转移与科技成果转化的关系

技术转移的主客体比科技成果转化的主客体涉及范围更广。技术转移可以是一项成熟的技术从甲企业转移到乙企业，也可以是从甲企业的母公司转移到其下辖的子公司，而科技成果转化的主体中，供给方特指高校院所、国家实验室等，需求方特指企业或具有相关科研机构的衍生企业，同时，技术转移的客体包含有科技成果、信息、能力（统称技术成果）等。

技术转移的市场化程度高于科技成果转化。市场作为引导和调节技术转移的主要杠杆，主导和支配着成熟实用的技术及新技术、新工艺、新方法在国际或国内进行移动，其更多地表现为一种贸易形式。相比之下，科技成果转化更多地表现为一个国家内部科技成果再分配和转化的活动，它是在一个相对较小的范围内对科技成果进行专业化和实用化提升的过程。

技术转移和科技成果转化两者作用和角色定位也是相互转化的。技术转移的过程中可能需要对科技成果进行转化，"移"是目的，"化"是手段。科技成果转化可能需要通过技术转移来实现，但是"化"是目的，"移"是手段。

第二章　国际区域创新的典型经验

国际上有很多区域创新的成功案例，总结起来这些案例或以市场主导在生产体系中引入新要素，或引入外力实现要素重新组合从而促进资源有效配置，或通过组织创新实现了区域技术性和非技术性变化。本章将对这些区域创新典型经验进行分类总结。

一、市场主导的区域创新

市场主导的区域创新中最具代表性的是美国硅谷创新郊区和当前各国大量出现的创新城区，如纽约硅巷、剑桥肯戴尔广场、波士顿创新区、伦敦肖尔迪奇区等。

（一）创新郊区代表

硅谷是位于美国加利福尼亚州北部圣克拉拉郊区近50公里的一条狭长地带，是美国重要的电子工业基地。硅谷最初是当地政府留住斯坦福留学生的一个地方，现已拥有超过100万的科技人员，年产值超过7 000亿美元，孕育了包括苹果、谷歌、英特尔、惠普、思科、甲骨文、国际商用机器公司（IBM）等在内的大批知名高科技公司，形成微电子产业、信息技术产业、生物医学产业等产业集群。

1. 发展历程

孕育阶段。19世纪末美国开始出现电子工业的萌芽，1891年斯坦福大学建立，进一步催生了相关技术研发企业的发展。斯坦福大学的毕业生埃尔维尔于1909年建立了联邦电报公司，培养了一批硅谷企业家，并培育了硅谷独特的创新文化。1939年惠普公司在硅谷创立并取得成功，此后被很多新兴企业所仿效。

发展阶段。美国介入第二次世界大战后，军事电子技术的迫切需求为硅谷带来了新的发展契机。"阿波罗计划"、"民兵"导弹等项目使硅谷当时的初创企业获得了大量的资金支持，由此，硅谷电子类企业迅速发展。此外，1951年斯坦福大学工业园的设立，吸引了大量技术研发类企业在此聚集，硅谷地区高科技公司网络逐步形成。

成长阶段。20世纪50年代中期，一批半导体物理学家来到了硅谷，改变了硅谷工业发展的路径，快速衍生出大量的半导体公司、风险投资公司和律师机构。企业的衍生、重组培育了硅谷企业广泛联系和开放的风气，创造了硅谷中此起彼伏的创新浪潮。

成熟阶段。半导体技术快速发展，1971年英特尔公司发明了世界上第一个微处理器，开启了个人电脑的发展时代。以苹果公司为首的科技公司进一步使硅谷的影响扩大到全世界。风险投资的广泛介入推动硅谷企业与产值的爆发式增长。同时，随着互联网的出现与快速发展，硅谷不断涌现出谷歌、脸书等国际知名的互联网公司，成为具有国际影响力的创新区域。

2. 典型经验

硅谷的形成与发展，反映出区域创新中制度、技术、管理、生态和服务等功能要素的组合，具有很强的参考价值。

制度层面。美国完善的鼓励创新、保护创新的法律体系在硅谷得到很好的实施。《专利法》《商标法》《版权法》《反不正当竞争法》等，特别是《拜杜法案》使私营企业享有联邦自主科研成果的专利权成为可能，从而产生了促进科研成果转化的强大动力。除联邦政府层面的，加州政府还专门出台政策，推动硅谷的创新发展，如制定人才储备的相关政策，实施学徒制度，发展多个领域的职业培训等。

技术层面。硅谷成为全球最大微电子产业基地，抓住了高新技术尤其是信息技术发展的历史机遇。第二次世界大战后的电子工业技术的创新，即20世纪60年代的半导体技术，80年代的个人电脑，90年代的互联网，均与硅谷密不可分，领导世界科技新潮流，并在人才、资金、市场等方面占据了主动权。

商业层面。硅谷是美国风险投资活动的中心。在斯坦福大学附近的沙丘大街3000号，集中了200多家风险投资公司，吸引的风投资金占美国风投总量的1/3。通过风投，初创企业可以迈出从技术到市场的关键一步。对于高科技企业而言，风投是绝佳的孵化器，为他们带来资金和技术发展意见，推动了技术的快速更新换代。

生态层面。硅谷多数企业规模较小，有业务需要就从供应商网络中购买相应资源，创造了一种非常灵活的公司网络。企业大量的外包需求、强有力的外包支持系统、快速的传播速度、多样的信息交换渠道，使得该地区能够快速将创意变成产品，进行小批量的工业化生产，大中小公司相互配合，共同营造了硅谷生态系统。

文化层面。硅谷文化的精髓就是创业文化和创新精神，它主要表现在硅谷公司生产结构的开放性和人才流动频繁上。硅谷对创业失败的容忍度很高，硅谷文化中把失败作为宝贵的财富，激发了员工大胆尝试、勇于探索的创新热情。同时，硅谷也是一个多元化的社会，不论出身，大家都可以在这里找到一席之地。

（二）创新城区代表

伴随信息技术的发展，区域创新空间的主导类型从郊区型或类郊区化的园区模式逐步向更具"城市特质"的城区模式转变，城市成为区域科技创新活动主体的关键承载体。许多全球特大都市的中心城区自发形成了无明确边界的科技企业集聚区，如纽约硅巷、伦敦肖尔迪奇区等，这些区域集聚了各种企业、初创团队、学校与科研机构，其在空间上具有布局紧凑、功能混合、公交便捷、电子信息网络发达、餐饮休闲设施丰富等特点，既有通过多种方式进行的城市特色区域更新，也有针对传统郊区型产业园区进行的城市化改造。

1. 创新城区的代表

创新城区概念最早由美国布鲁金斯学会提出，是一种新的经济活动和创新生态，通过集聚研发机构、创业企业孵化器及支持机构等宜居宜业的城市空间，实现创新城区居住、办公与服务混合布局。创新城区空间结构紧凑、公共交通发达，线上线下网络共享，促进了人才集聚，有效减轻了城市拥堵，推动了知识共享与技术合作，提高了经济效率。其代表是美国纽约硅巷和剑桥肯戴尔广场。

纽约除了是不夜城、大都会，还是科技企业的大本营，目前已成为与硅谷匹敌的美国第二大科创高地。与硅谷的创新郊区不同，纽约的科创产业在中心城区聚集，以中城南区的熨斗区、切尔西地区、SOHO 区和联合广场为起点，逐渐向曼哈顿下城和布鲁克林拓展，这个无边界的科技产业聚集区被称为"硅巷"。硅巷公司以广告、新媒体、金融科技等领域为主，包括双击（DoubleClick）、国际汽车零部件集团（IAC）、网络交易图库等。纽约生态系比硅谷更为多元，其中有 18% 的女性创业者，创业创新社群迅速壮大，也容易取得资本和人才，且是大型媒体、时尚业与金融业者的聚集处。

另外，硅巷初创公司因彼此位置紧邻，租不起办公楼的创业者能利用创新的合作空间工作，例如课程业者会员大会（General Assembly）提供开会、工作和教育训练的地点。由于公司密集度高，附近也有纽约大学和哥伦比亚大学等名校，创业家容易在餐厅等地碰到潜在合作伙伴、工程师或其他人才。除了拥有新创公司、资金及地理位置等优势，纽约政府投入大量资源，尽力扶持纽约新创公司社群，为硅巷发展提供了莫大助力。

肯戴尔广场创新城区以麻省理工学院为核心，与哈佛大学、麻省总医院和其他研究、医疗机构形成区域协同，其前身是由工业建筑物改造而成的综合园区。麻省理工学院向来重视大学和产业界的合作与技术商业化，1999 年成立剑桥创新中心，发展了联合办公模式，吸引了数十亿美元的种子资金和后期投资，不但造就了重要的生命科学和医药集聚区，还催生出数百家小企业。随着生物技术公司快速集聚，带来了资本和发展机会，肯戴尔广场逐渐开始吸引房地产开发商，与相关方共同推动宜居、繁荣的社区和高科技公司高度集中的区域。由于多方助力，在这里企业更容易接触到同行、麻省理工和哈佛的学生、高技能工程师、风险资本和天使投资。目前，除了初创企业，硅谷的谷歌、亚马逊和微软等顶尖信息技术公司以及生物技术和制药巨头都扩大了在肯戴尔广场的业务，生物制药巨头百健艾迪（Biogen Idec）等也利用该地区的创新活动，推动企业创新与发展。

2. 创新城区的典型经验

在实现路径上。仔细研究纽约硅巷和剑桥肯戴尔广场的发展历程，会发现它们都采取了一条构建创新中心地理区域的路径，首先通过市场机制形成的创新极来主导区域协同，协调城市群多个区域主体，以创新领先"市场的手"来统筹合作，实现成本和利益在各主体之间公平分配。其次是以创新链破解要素市场分割，通过多种形式实现创新要素流动，实现要素市场一体化。最后是以创新途径多样化来实现城市核心利益中的教育、医疗、社保等公共服务的标准化和均衡化，优化支持公共服务的财政资金配置。

在创新模式上。创新城区围绕高密度多元特质，帮助不同行业不同大小的研究机构、跨国公司、服务公司、创业公司共同组成一个多节点、网络化的创新生态。网络化、生态化的区域开放创新系统将过去机构、企业内部的独立创新外化为区域部门之间的协同创新。

在空间特质上。创新城区模糊了以往产业空间与城市空间的分明界限，创新空间与城市其他区块联系更紧密，空间特点呈现出高密度多元复合特质,摒弃了传统简单割裂的分区模式,提倡"工作、生活、娱乐"的混合用地功能,提升人与人之间非正式交流的碰撞率和互动率,创造了创新所需的合作、成长、学习、获得灵感的环境。

在知识链接上,创新城区充分利用了"高校连接"的方式,一方面利用高校院所就位于创新城区之内或周边,依靠教育机构开展活动,有机建立产、学、研的交流协作;另一方面有针对性地建立合作伙伴关系、吸引大学建分校,在创新城区内打造共享空间、孵化器、科学装置等,吸引产、学、研在此发生互动与碰撞。

二、外力推动的区域创新

美国得克萨斯州的首府奥斯汀,目前有戴尔、飞思卡尔半导体、国家仪器、莫兹多(美国版支付宝)等企业总部汇聚于此,苹果、亚马逊、谷歌、脸书、IBM、三星、英特尔等科技公司也在此设置工业区。由于这里以丘陵地形为主,故被称为"硅丘"。如果说硅谷和硅巷是市场主导的区域创新,那么硅丘则是外力推动的区域创新代表,硅丘发展走的是次发达地区如何发展高新技术产业群,进而实现区域创新的道路,这尤其值得借鉴。

(一)奥斯汀发展简史

虽然作为得克萨斯州的首府,奥斯汀在20世纪70年代之前在全美经济版图中并没有什么特别,但经多年发展,该市连续20年被美国《财富》杂志评选为全美最佳商业城市。奥斯汀从默默无闻的小城跃居全美创新城市前列,其发展简史值得一看。

1. 从移民聚落到得克萨斯州首府

17 世纪前，此地就有印第安人亚帕基族部落汤卡瓦斯、科曼奇和利潘阿帕奇等游牧狩猎。到 18 世纪晚期，西班牙人在此区域设立了临时办事处。直到 1830 年前后，第一批盎格鲁人到此定居，并将他们的聚居地称为"滑铁卢"，这是奥斯汀最初得名。1839 年，"滑铁卢"被选为新成立的得克萨斯共和国首都，开始规划发展。为纪念"得克萨斯之父"斯蒂芬·奥斯汀，"滑铁卢"被命名为"奥斯汀"，奥斯汀由此得名。1839 年 10 月，得克萨斯共和国政府全部从休斯敦迁到奥斯汀。1840 年 1 月，奥斯汀人口达到 856 人。

1845 年，得克萨斯并入美国版图，奥斯汀继续成为得克萨斯州的首府。美国内战过后，奥斯汀进入快速发展时期，随着美国中部铁路线贯通，该市成为棉花和牲畜交易的主要集散地。19 世纪 80 年代以来，奥斯汀经多年发展，在政治、教育、经济等事业上取得很大进展。1888 年得克萨斯州州府大厦落成，该建筑至今仍是奥斯汀标志性建筑。1881 年奥斯汀开办公立学校，1883 年得克萨斯大学在奥斯汀设立分校。1893 年大花岗岩（Great Granite）水坝在科罗拉多河上建立起来，当地积极发展水力发电能力，从而吸引制造商到奥斯汀投资。

2. 区域创新发展的历程

经历了 20 世纪 30 年代的经济大萧条，奥斯汀开始制定并实施未来高科技中心计划。自 1950 年起，首先有科研和咨询机构在奥斯汀落地，之后很多企业家和新兴科技公司开始集聚于此。

在"奥斯汀科技教父"乔治·科兹梅斯基的积极推动下，

1967年，IBM首先在这个总人口不过25万人的城市设立了一家打字机工厂和研发中心。1983年美国微电子和计算机技术产业联盟——美国微电子和计算机技术公司在考察全美57个城市后决定将总部落户奥斯汀。次年，戴尔在奥斯汀创办戴尔公司并建立研究中心。美国微电子和计算机技术公司联盟和美国半导体研究联盟也落户奥斯汀，并且吸引来数百家高新技术公司，奠定了该城高新技术产业的基础。1989年，奥斯汀从33个竞争者中胜出，承接全美11家半导体生产商在此成立的美国半导体研究联盟。

1990年以来，奥斯汀高新技术产业进一步发展，一方面制造业与研发创新进一步融合；另一方面大量资金涌入，激发了创业和高技术服务业发展。到20世纪90年代末，该市人口增加了近50%。其中高新技术产业从业人员达10余万人，占总劳动力约15%；高新技术公司近2 200家，近20家雇用超过1 000人。

2014年起，已有数十家湾区的科技公司陆续搬到得克萨斯州，从加利福尼亚州移居得克萨斯州的人数也超过24 000人，其中奥斯汀成为主要目的地。这一时期，全美除华盛顿外，奥斯汀的创业增长速度最快，初创企业增长80%，每20个成年人中就有一个是企业家，成为全美创业密度最高的地区。

2020年之后，硅谷各科技创新巨头普遍认为奥斯汀可能会迎来美国近50年最大的发展潮，谷歌在此有三处办公楼，甲骨文公司将总部迁往该市，苹果正在建造其在此的第二个办公地点，特斯拉拟投资11亿美元在此建设工厂，脸书在此员工数量已经超过1 000名。奥斯汀成为继硅谷后的最佳创业城市。

（二）奥斯汀发展经验

目前奥斯汀已经成为美国高科技重镇，形成了一个接纳世界创新人才、培育多元文化、创造商业机会，集政治、教育和科技为一体的城市。从发展轨迹中可以总结其人为推动的区域创新经验。

1. 合力推动实现同一规划

从1967年IBM项目落地，到1983年美国微电子和计算机技术公司联盟落户奥斯汀，奥斯汀这16年都坚持发展高新技术产业。得克萨斯大学奥斯汀分校商学院院长乔治·科兹梅斯基充分发挥其在商界影响力，协助奥斯汀成功吸引IBM到奥斯汀投资打字机工厂及研发中心，使其成为投资该地的第一家世界著名公司。得州石油大王罗斯·佩罗将其私人飞机提供给宣讲团使用，助力美国微电子和计算机技术联盟落户奥斯汀。城市各界集资2 300万美元为该联盟建设了免费使用的办公楼。大奥斯汀商会从20世纪80年代开始的10多年间，大约组织了30批面向北加州的招商活动，其中每次都有20个左右的自费参加者。到1985年，奥斯汀更是请斯坦福研究所进一步制定了其高新技术产业发展创新战略的升级版并付诸实施。

2. 积极推动创新主体发展

奥斯汀深刻认识到产、学、研合作是推动创新的有效手段，其中高校是创新的源头，而企业是创新的主体。真正有效的创新是以企业为核心，向下延伸市场找到需求，向前连接高校寻求供给，企业负责基于高校理论研究完成产品的开发及量产。奥斯汀的成功经验，一是充分发挥得克萨斯大学奥斯汀分校在生物、信息、纳米医药学科的研究优势，在校区内专门规划建设楼宇供创业企业入驻，使供需深度融合；学校还为入驻企业高端研发人才提供教职，为企业提供阐释需求的平台；二是在产、学、研深度融合的基础上建立具备孵化器功能的技术创新中心，负责创新企业的市场调研、法律、财会、营销、公共关系、融资、上市等服务的外包；三是充分发挥奥斯汀三万名在校学生规模的社区学院作用，为高新技术产业发展培训和培养大量技术工人。

3. 大力推动多元创新融合

奥斯汀基于自身是全美著名的音乐城市之一，同时从业人员平均年龄较轻、极具活力和想象力的现状，积极倡导科技与艺术融合。一方面创造动感城市：在每次市政会之前都有一段现场音乐的演奏，国际机场每天的现场音乐会成为旅者的打卡点，积极打造了深受年轻人喜爱的奥斯汀"城市极限"电视音乐节目。另一方面打造"西南偏南"盛典：奥斯汀每年3月举办为期10天的未来生活节，集科技展、电影节、艺术节、演出秀、技术—娱乐—设计演讲于一体，吸引全球超过100多个国家数万名创新创业领域的人士参与。扎克伯格、马斯克等人，推特、四方（社交签到鼻祖）、狐獴（直播鼻祖）等都在"西南偏南"上展示后迅速发展，中国的阿里巴巴、蚂蚁金服、摩拜单车、知乎等也在这个盛会上分享过创新故事。

4. 有效推动创新人才集聚

奥斯汀气候温和，连续12年被评为美国树城（Tree City USA），是排名第一的家庭首选和排名第三的企业搬迁最佳目的地。在全美182个大都市中，奥斯汀提供工作机会质量排名第二，零州税、无个人所得税、公司所得税、资本利得税，而且在房价、通勤时间和竞争度方面，对个人、初创公司乃至中大型公司都很友好。根据美国财经网站调查，奥斯汀一房公寓每月租金平均为1 100美元，比旧金山的3 600美元低2/3，医疗、日用品消费、水电煤支出低于全美平均，更适合有家庭的创新创业人才定居。同时，奥斯汀具有创新创业的基因，得克萨斯大学奥斯汀分校是"公立常春藤"之一，商学和工程学的很多专业位列全美前十。戴尔还是学生时，商学院就为其提供1 000美元资金创立戴尔公司，奥斯汀科技教父亲自担任公司董事。得克萨斯大学创新和资本研究所、奥斯汀技术孵化器等帮助13家公司吸引了超过2亿美元的投资，孵化成功的65家公司创造了近3 000个高新技术岗位，总投资额高达12亿美元。在近5年来的就业增速统计中，奥斯汀大都会区增幅全美第一（12.7%），吸引了苹果、脸书、谷歌、甲骨文、特斯拉、超威半岛体等科技巨头入驻，再加上在此发展了几十年的戴尔、IBM等，这里已成为人才聚集的优质平台。

三、新加坡的区域创新

如果说美国硅谷、硅巷和硅丘通过市场主导和外力推动的区域创新实践有很多固有本地化基因，不易移植的话，那么新加坡的区域创新实践，就是带有东方认知的区域创新，对中国（特别是云南）有很多借鉴意义。新加坡区域创新首先是构建了多层次区域创新规划，建成了多个集工作、学习、生活和休闲等功能为一体的创新社区。其典型代表是纬壹科技城和榜鹅数码园，前者的特色是产城融合，后者的特色是产教融合。

（一）多层次区域规划

新加坡区域规划包括：每十年修订一次的概念规划，每五年修订一次的总体规划，总体规划下的五大专项规划区及五十五个规划分区三个层级，概念规划进行发展展望，总体规划进行功能指引和设定，总体规划下通过多个专项规划、规划分区规划和设立特殊经济区域来进行区域创新赋能。

1. 历年区域规划

近三十年来，新加坡区域规划定位和整体保持稳定，同时针对经济社会发展变化适时调整。科技创新赋能重点开发经济区域呈现出源于产业发展、服务产业发展和为产业发展提供动能的递进关系（见表2-1）。

表 2-1　新加坡历年区域规划要点

概念规划	匹配的总体规划	发展愿景和规划要点	重点开发经济区域
2021版阶段成果	修编中	为梦想打造空间：重点优化局部空间布局，鼓励探索创新空间利用策略，拟定未来发展区和保护地段，增加居民认同感，创新就业空间满足灵活工作需求	分区引导产业与基础设施的战略互补，推进西部港口与工业的协同发展，简化供应链流程，构建产业生态系统
2011版	2019版	到2030年提供维持高品质生活的环境：完善高品质宜居环境，进一步开发滨海湾裕廊湖区第二中央商务区，增强公共交通和减少用车，码头和机场腾退搬迁	北海岸创新走廊，南部滨海区，榜鹅数码园，兀兰、盛港西、实里达新制造业区，大士港码头和樟宜区域
	2014版		
2001版	2008版	在21世纪建立一个蓬勃发展的世界级城市：城市更新实施新居旧址计划，进一步提高居住容积率，提出白地概念；提供更多毗邻居家的工作岗位，建设广袤交通网，重视地域文化和特色	集中发展建设环球商务金融中心，推动电子、化工、制药和生物医药创新产业在纬壹集聚，增加靠近地铁站企业
	2003版		

（续表）

概念规划	匹配的总体规划	发展愿景和规划要点	重点开发经济区域
1991版	1998版	创建平衡工作和娱乐、文化和商业的海岛城市：拓展中央商务区和滨海湾开发，建设科技产业走廊，布局商业中心和区域中心	裕廊、淡滨尼、兀兰3个区域中心，在裕廊工业园外再设立工业区
	1993版		

资料来源：根据新加坡城市重建局官网等公开信息整理。

2019年，新加坡城市重建局发布了新一版的《新加坡总体规划》。该总体规划围绕宜居宜业和开放创新，在对东部、东北部、西部和北部规划区发展展望的基础上，对规划分区重点开发分区的空间和服务设施改造、公共交通体系提升、就业创业机会创造等进行了规划。

2. 特殊经济区域

新加坡在总体规划的指导下，通过建设自由贸易区、商业园、工业园和科技园为主的特殊经济区域，落实区域发展展望。如新加坡2019年版的总体规划，区域愿景、支撑工程和重点开发区域深度融合（见表2-2）。这些特殊经济区域与中国各类开发区类似，但区别也比较明显。

表2-2　新加坡2019年版总体规划重点开发区域

区域	区域愿景	重点开发区域
东部区域	总愿景：东部门户和海滨目的地 宜居：东海岸碧湾区和淡滨尼南健康生活空间 宜业：樟宜商务园和樟宜机场工业节点、东部半导体和航空产业集聚区 娱乐：东海岸绿地水系空间连道、海滨天堂俱乐部 交通：淡滨尼自行车道延长线、东部铁路网线	樟宜区域：围绕樟宜机场、樟宜航空园、樟宜市镇开发，将货物吞吐量从每年300万吨提升到每年540万吨，建设年5 000万乘客流量樟宜第五航站楼

（续表）

区域	区域愿景	重点开发区域
东北区域	总愿景：熟悉的地方和未来居住中心 宜居：榜鹅、宏茂桥、万国等社区综合体参与式社区治理 宜业：榜鹅数码园、盛港西、罗弄哈鲁士工业园 休闲：滨水休闲道、生态湿地公园 交通：5条地铁通勤线	榜鹅数码园：占地50公顷，依托新加坡理工大学和裕廊集团商务园共享设施和协作空间，重点孵化网络安全和数字技术产业，打造首个智慧园区
西部区域	总愿景：从制造业中心向生活、工作、娱乐中心转型 宜居：裕廊湖区近家居住区、登加新镇 宜业：裕廊湖区、裕廊创新区、大士港码头 休闲：裕廊湖公园、登加绿色空间、西部绿洲 交通：6条地铁通勤线、空中走廊、过境优先走廊	裕廊湖区：占地360公顷，规划建成新加坡第二个CBD； 大士港码头：规划建设世界最大的自动化货柜码头，达到每年6 500万个货柜容量
北部区域	总愿景：绿意盎然、充满机遇的区域 宜居：武吉堪培拉邻里中心、兀兰健康学院 宜业：三巴旺滨水综合区 休闲：新加坡赛马场、双溪布洛和克兰芝湿地 交通：5个地铁站和1条通勤线、兀兰连道、1个综合交通枢纽站	兀兰区域中心：未来15年，兴建新的商业空间、研究所和创新机构，发展农业科技和食品工业，建设汤申线兀兰地铁站商住综合体、兀兰北海岸新住宅区和工业空间

资料来源：根据新加坡城市重建局官网等公开资料整理。

其中，自由贸易区有相关税收优惠。商业园、工业园和科技园三类特殊经济区域实行全国统一的税率，对外国投资也实行国民待遇，无特殊的税收优惠政策（见表2-3）。

表 2-3　新加坡特殊经济区域

区域	主要类型	现有部分特殊经济区域
无特殊税收优惠政策区域	商业园	国际商业园、樟宜商业园、洁净科技园、启奥城、媒体工业园和启汇城等
	工业园	裕廊岛的石油化学工业园，淡滨尼、巴西立、兀兰的晶圆厂房，淡滨尼的先进显示器工业园，大士生物医药园、生物科技园的生物产业园，樟宜机场物流园、裕廊岛的化工物流园和物流产业园，麦波申、大士的食品产业园，岸外海事中心、实里达航空园等
	科技园	裕廊东的企业家园、新加坡科学园的 IAxil、红山—新达城科技企业家中心、莱市科技园
有特殊税收优惠政策区域	自由贸易区	丹戎巴葛码头和吉宝码头、三巴旺货运码头、布拉尼码头、吉宝物流园、樟宜机场集团、巴西班让码头、裕廊港、新加坡机场物流园、樟宜机场自由贸易区等

资料来源：根据对外投资合作国别（地区）指南等公开资料整理。

纬壹科技城和榜鹅数码园都属于无特殊税收优惠政策的特殊经济区域，其竞争力在于依据总体规划布局打造宜居宜业的发展空间，同时根据区域发展特点进行机制创新。

（二）纬壹科技城与产城融合

2000 年，新加坡在总体规划中提出在南部建立一个集"工作、学习、生活、休闲于一体"的产城融合社区，发展知识密集型产业，作为特殊经济区域的纬壹科技城应时而生。

1. 纬壹科技城概况

纬壹科技城建设规划占地 200 公顷，总投资 150 亿新元，距中心城区 20 分钟车程，距樟宜国际机场 45 分钟车程，集聚了医药、信息、媒体等产业。该区域无特殊税收优惠政策，通过机制创新促进创新要素向该区域汇集，加速向知识密集型经济转型。

从 2001 年开始，新加坡政府全程介入纬壹科技城开发，贸工部下属的裕廊集团是总体开发商，同时引入华业、凯德、腾飞、庆隆联合等参与具体各产业组团开发。目前纬壹科技城拥有约 5 万人、700 多家初创企业、400 多家先锋公司，其中包括英国葛兰素史克亚洲新总部和首个全球学习中心、宝洁公司创新中心、美国希捷设计中心、卢卡斯电影公司等。

2. **区域创新实践经验**

一是合理规划梯次开发。以特殊经济区域主导产业发展为核心，同时核心主导产业又服务于区域整体开发。合理规划了以启奥城为核心的生命科技区、以启汇城为中心的信息通信区、以媒体城为中心的淡马锡传媒区，以及生活居住区、商务核心区、纬壹公园等主要功能区。在建设时序上，最先启动的是生命科技区和信息通信区第一阶段建设，有成熟企业入驻之后，开始二期建设；随后启动生活居住区和媒体城建设，在区域的价值整体提升后，开始商业街区和企业培训发展区建设。目前完成了汇达、尼泊尔山、启汇城、启奥城、威硕斯、媒体城、亚逸拉惹和起步谷等 8 个区块开发。

二是土地利用弹性灵活。区内整体土地实现复合利用，其中产业集约用地占比约 13%，商业等混合用地占比约 12%，居住用地占比约 24%。园区内提供不同大小和开发时序的地块，既有已有详细规划的土地，也有法律允许范围内变更其用地性质、用途和功能占比的混合用地，还有预留一定规模的白地，其开发使用和最大商业化价值体现由后续市场确定。娱乐、零售与教育类项目可布置在节点区内，以连接不同功能区，实现功能混合和设施配置布局。在土地利用指引方面，特别对天际线、人行通道连接、廊道设计和环境景观进行了精细地块设计指引。

三是"工作即生活"区域打造。纬壹科技城在每个分区积极打造工作、学习、生活、休闲一体创新社区，基本每一栋建筑都是一个社区，充分考虑生活休闲和产业发展两个主要因素，根据交通便利程度和核心产业支持程度，充分考虑商业、综合体和生活文娱配套布局建设。如启汇城两座塔楼共有24层，总建筑面积51 282平方米，其中入驻了研究机构、科技企业、科技孵化器，以及新加坡科技研究局分支机构等政府服务部门，还有居住空间、零售与休闲等配套设施，地下层连接地铁站，堆叠式厂房也将研发区、中试区、仓储区垂直整合，入驻者可以便捷地得到几乎所有的创新创业和生活服务。

四是提倡开放创新理念。区内对接邻近的新加坡国立大学、新加坡理工学院、欧洲工商管理学院和南洋理工大学孔子学院，这些学府面向产业和企业需求开放。政府斥资购买的先进设备还提供共享服务。公立背景的孵化器"创业行动社区"，积极帮助初创企业对接新加坡政府16种津贴、促进计划和获取相关资质。

（三）榜鹅数码园与产教融合

2014年，新加坡在总体规划中提出打造智慧城市，启动"智慧国2025计划"，希望通过技术实现健康、交通、城市生活管理以及政府服务和企业的转型，榜鹅数码园是其中八大国家战略项目之一。

1. 榜鹅数码园概况

榜鹅数码园于 2017 年开工建设,占地 50 公顷,位于新加坡北部海岸榜鹅镇的东北部,是榜鹅镇的拓展和延伸,意在围绕数字产业与网络安全,将现有组屋区转变成引领经济发展与转型的战略地区。与纬壹科技城的产城融合特征不同,榜鹅数码园虽然也是无特殊税收优惠政策区域,但更注重探索政府、企业和高校融通创新发展,如依托新加坡理工大学新校区,试行企业发展区建设,更多体现产、科、教融合的理念。

2. 区域创新实践经验

一是高校实际参与规划实施。榜鹅数码园尝试新加坡理工大学新校区与政府、企业园区融合,共同制定综合发展蓝图,从源头促进研究机构和商业化机构创新协同,建设更为务实的创新社区。这既是全新的办学模式,有助于新加坡理工大学师生面向需求无缝衔接研究方向和职业生涯,也利于形成高校新技术和新概念与园区企业测试、验证、反馈和修正的闭环,有助于提高技术商业化(科技成果转化)成功率。相关企业也可以充分利用新加坡理工大学的师生创新资源。

二是产、科、教深度融合。榜鹅数码园一方面借助新加坡政府技术局、网络安全局等搭建公共信息和服务平台;另一方面依托新加坡理工大学等拓展研究领域和聚焦科技前沿;同时依靠波士顿动力、网络安全公司 IB 集团、万向区块链等企业聚焦数字产业关键环节,这种引入政府机构、高校和龙头企业等"枢纽型"主体,形成数字产业发展的源动力,更有益于实现推动研发、小试、中试、商品化等链条贯通,实现科技成果快速产业化,预计未来可以为该区域新增约 2.8 万个工作岗位。

三是试行企业发展区。榜鹅数码园开发商裕廊集团继续沿用纬壹科技城经验，根据不同需求灵活调整土地用途，所不同的是其根据企业发展区的土地利用总体情况来调整，而不是针对区内特定地块制定规则。这样使得企业发展区内新加坡理工大学新校区提供教学用途和商业区商业用途的土地能够实现"空间互换"，即新加坡理工大学新校区的教学和科研可以进入商业区，商业区企业的研发空间，甚至初创企业也可进入校园，实现教学科研与实际应用相融相长的合作模式。

政策分析篇

第三章 相关政策分析

为全面系统地了解中国科技成果转移转化示范区支持政策情况,本章以文献计量、政策检索和内容分析为主,辅以实地调研和专家咨询等多种方法,对科技成果转化、技术转移和科技成果转移转化示范区相关政策进行系统的梳理和分析。

一、政策研究文献分析

文献计量法是科技政策研究的评价方法之一,已广泛应用于科学潜力评价、科技水平比较、科学发展趋势预测等诸多方面,还可应用于科技创新政策研究方面。这里采取以创新政策文献为研究数据来分析创新政策发展趋势的主线,采用文献计量、社会化网络分析、主题模型分析等方法,从发文概况、主题分布、政策力度等方面对相关政策进行量化分析。在借鉴文献计量法在政策研究应用的相关经验的基础上,本节从科技成果转化和技术转移、科技成果转移转化示范区两个角度进行分析。

(一)科技成果转化和技术转移政策

基于中国知网学术期刊数据库进行文献检索,采取以"成果转化(主题)or 技术转移(主题)and 政策(主题)"进行检索,时间范围为1992年至2022年,来源类别为北大核心、中文社会科学引文索引(CSSCI)、中国科学引文数据库(CSCD)等期刊论文,检索时间为2023年2月20日,共检索到相关论文2 083篇,然后利用中国知网的计量可视化分析工具进行分析,以求了解成果转化和技术转移有关政策的研究现状。

1. 总体趋势分析

根据论文发表年度趋势(见图3-1)可见,以成果转化和技术转移政策研究为主题的论文数量呈现波浪上升趋势。2005年以前,每年发表都在50篇以下;自2006年以来,基本上每五年论文发表数量上一个台阶;到2020年达到最高142篇的年度发表数量。这在一定程度上表明社会各界对成果转化和技术转移的政策研究越来越重视。

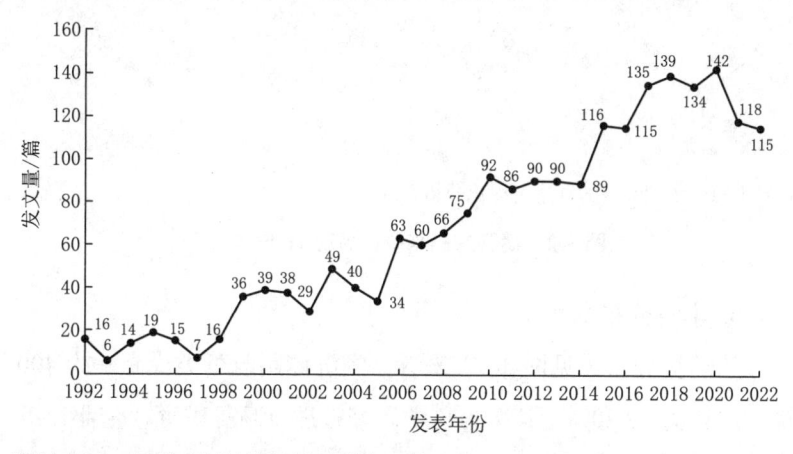

资料来源:中国知网的计量可视化分析系统。

图3-1 相关论文发布年度趋势

2. 期刊来源分布

从期刊来源分布（见图 3-2）来看，在排名前 10 位的期刊当中，科学学研究期刊发文数量最多，为 49 篇，占比为 2.35%，其次为科技管理类、情报类、教育类、经济类刊物等。由此可知，成果转化和技术转移的政策研究主要集中在科技政策与管理领域和工农业经济领域。

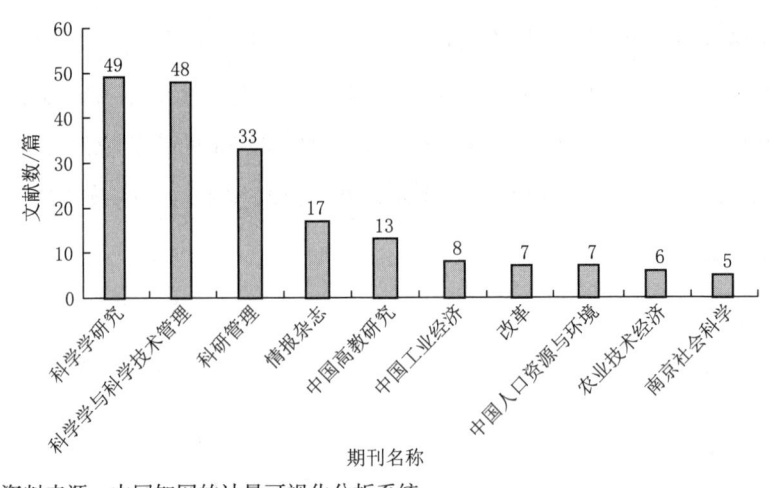

资料来源：中国知网的计量可视化分析系统。

图 3-2 期刊文献来源排名前 10 位情况

3. 学科分布

从学科分布（见图 3-3）来看，经济体制改革类最高，为 400 篇，占比为 19.20%，其次为科学研究管理、高等教育、企业经济等方面，这与期刊来源的分析结果较为一致。

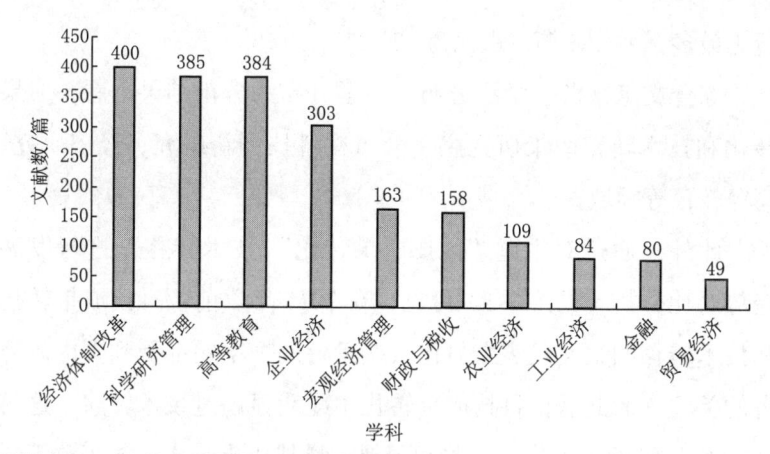

图 3-3 学科分布排名前 10 位情况

资料来源：中国知网的计量可视化分析系统。

4. 主题分布

从研究主题分布（见图 3-4）来看，文献主要集中在科技成果转化、技术转移、科技创新、科技成果等方面，其中，科技成果

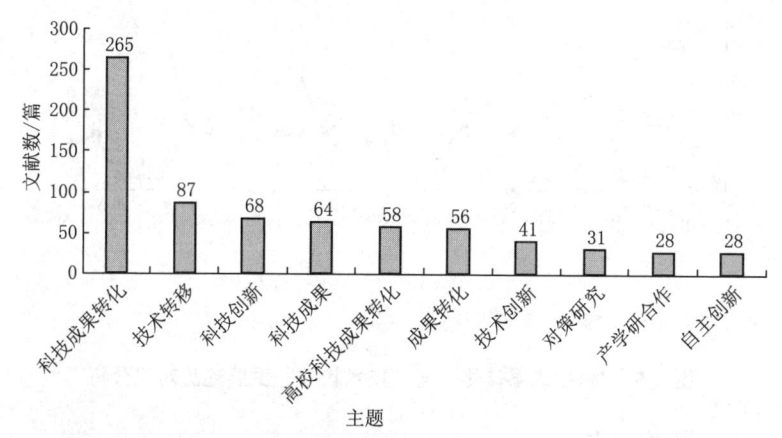

图 3-4 主题分布排名前 10 位情况

资料来源：中国知网的计量可视化分析系统。

转化最多，为265篇，占比为12.72%。

综合文献来源、学科分布、主题分布的分析结果来看，成果转化和技术转移政策研究主要分布在科技创新研究、经济研究、高等教育等领域。

此外，通过对主题"科技成果转化""技术转移"进行发展趋势对比分析（见图3-5）可见，在2015年以前，科技成果转化和技术转移的论文发表数量比较接近，两个主题都受到国内研究者的关注。而此后，科技成果转化主题明显超过技术转移，这与2015年修订的《中华人民共和国促进科技成果转化法》等政策法规关系密切。

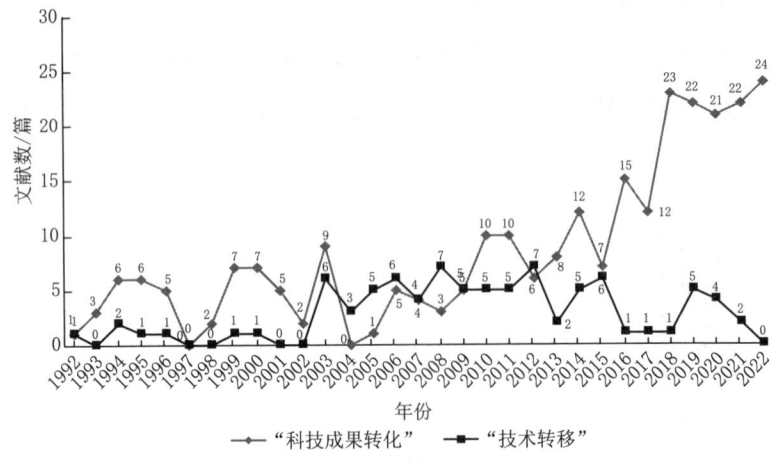

资料来源：中国知网的计量可视化分析系统。

图3-5 "科技成果转化"与"技术转移"发展趋势对比分析

5. 机构分布

从机构排名（见图3-6）来看，清华大学最多，为53篇，占比为 2.54%。总体上，发文数量前 20 位的机构中，大多数是高等院校。研究机构仅有中国科学技术发展战略研究院、中国科学院科技战略咨询研究院两家，发文数量分别为 34 篇、23 篇，排名第 3 位和第 14 位（与北京理工大学发文数量相同）。这一方面表明高校院所在政策研究方面的理论基础深厚、人才队伍强大，另一方面也反映了作为科技成果转化和技术转移的企业主体在开展深入研究和理论总结方面有待加强。

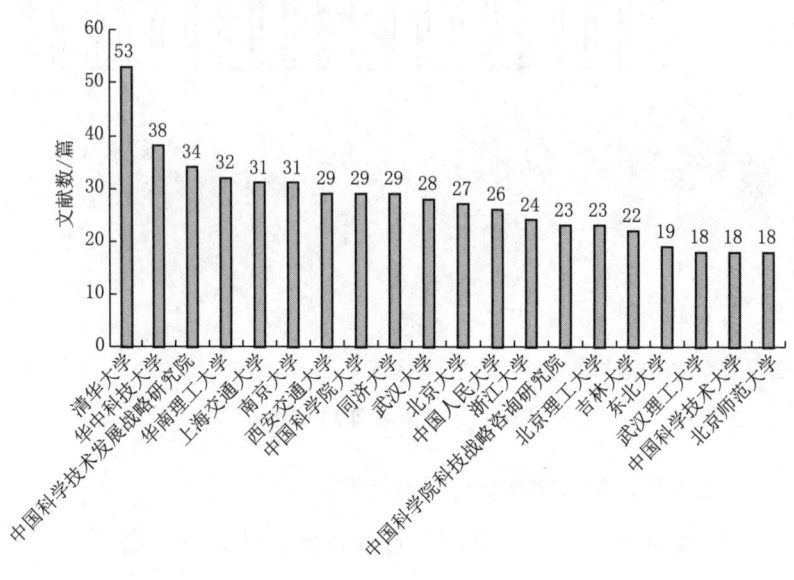

资料来源：中国知网的计量可视化分析系统。

图 3-6 排名前 20 位机构

同时，从作者分布（见图 3-7）来看，在发文数量前 20 位的作者中，最多的为 9 篇，仅 1 人，而发文 5 篇的作者达到 9 人，这说明成果转化和技术转移政策研究受到研究人员的广泛关注，参与者众多。结合图 3-6 情况来看，作者分布与机构分布结果表现较一致。

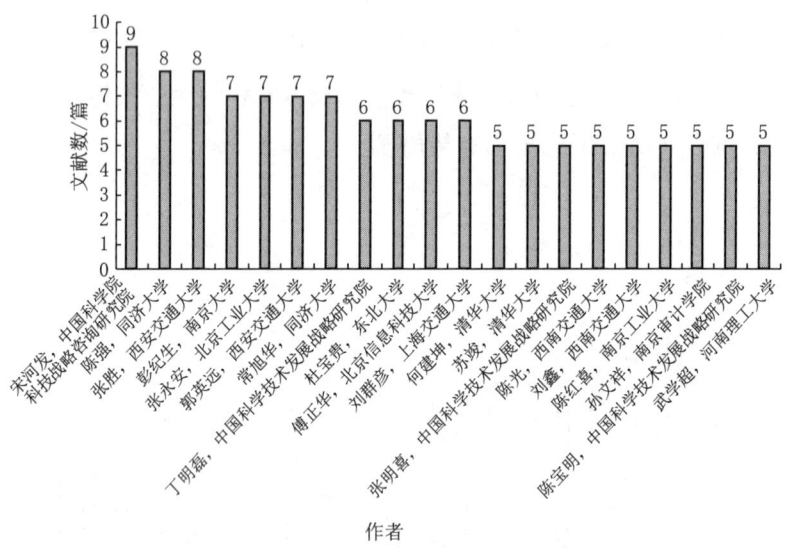

图 3-7　发文排名前 20 位作者

资料来源：中国知网的计量可视化分析系统。

（二）科技成果转移转化示范区政策

自 2016 年《促进科技成果转移转化行动方案》提出"十三五"期间支持有条件的地方建设 10 个科技成果转移转化示范区以来，科技部分别在 2016 年、2017 年、2018 年、2021 年、2022 年，共支持建设了 5 批 12 个国家科技成果转移转化示范区。

基于中国知网学术期刊数据库进行文献检索，采取以"科技成果转移转化（主题）and 示范区（主题）and 政策（全文）"进行综合检索,时间范围为1992年至2022年,来源类别为期刊论文,检索时间为2023年2月22日,共检索到相关论文63篇。通过总体趋势分析发现,最早文献出现在2014年,且是与国家自主创新示范区相关。自2016年以来年均发文数量在10篇上下。这应该说是与国家启动建设国家科技成果转移转化示范区关系密切。

通过对检索到的期刊文章进行逐一浏览,发现新闻报道、资讯、宣传、会议等非研究类文献占一半以上,科技成果转移转化示范区的政策研究基本分散在发展思考、建设管理、经验总结等方面,而直接开展科技成果转移转化示范区政策研究的文献数量少、研究深度也不够,由此可见目前直接开展科技成果转移转化示范区的政策研究还不成体系。

当前中国十分重视国家科技成果转移转化示范区的建设发展,2020年发布的《关于加快推动国家科技成果转移转化示范区建设发展的通知》提出,推动现有示范区优化升级,并在五年内再布局建设一批创新引领、特色鲜明的示范区。与此同时,建设省级科技成果转移转化示范区被列为2021年云南省科技厅和楚雄州的会商议题之一,省、州正在积极共同推动此项工作。因此,开展科技成果转移转化示范区政策研究工作十分必要。

二、政策研究回顾

在上述文献分析的基础上,笔者通过采取有针对性的检索调研,梳理成果转化、技术转移、科技成果转移转化示范区等方面的政策研究进展,为后续的科技成果转移转化示范区政策分析提供借鉴。

（一）国家层面

以国家层面的政策为研究对象开展的科技成果转移转化政策研究，既有纳入整体科技创新政策范畴的研究，也有专门针对科技成果转移转化的研究，主要分为整体研究、专门研究、量化研究和体系建设研究。

1. 整体科技创新政策研究

整体科技创新政策研究主要集中在两个方面。一方面是梳理了新中国成立 70 多年来重要的科技政策历程，自 1996 年《中华人民共和国促进科技成果转化法》颁布以来，科技成果先后经历了强化科技与经济的结合、加速科技成果转化为现实生产力、科技成果转化应用能力显著增强等发展阶段。另一方面是通过中国共产党的十八大以来主要科技政策回顾，对党中央（含中央办公厅）、国务院（含国务院办公厅）、全国人大及其常委会层面发布和出台的相关科学技术与创新政策进行梳理，把科技政策类型划分为：党中央国务院的顶层设计、科技立法以及其他重要科技政策。其中，科技成果转化与宏观科技管理体制、科技计划管理与评价机制改革、科技奖励、国际科技合作、科技监督与诚信建设等一并被纳为重要科技政策。

2. 科技成果转移转化专门研究

科技成果转移转化专门研究主要是对不同时期相关政策文本开展梳理分析。一是对 2021 年发布的科技成果转移转化有关的法律法规和政策文件进行梳理，主要包括修订科技进步法、进一步完善科技成果转移转化制度规范，完善科技成果评价机制、提高科技成果转移转化成效，落实科技成果转化奖酬金激励分配政策、激发科技成果转化动力、提高知识产权质量、提升知识产权转移转化成效、深化体制机制改革创新、推进科技成果转移转化，科技成果转移转化是促进区域发展、行业发展、产业升级的重要抓手等方面。二是对自2019年后两年多时间的一系列有关科技成果转化政策文件进行梳理，包括将科技成果转化纳入国民经济和社会发展规划、科技成果知识产权及产权制度改革、创新科技成果转化机制、加强科技成果转化载体建设、深化高校院所改革、促进企业实施科技成果转化、改进科技成果转化考核评价、技术要素市场发展、加强科技成果转移转化服务体系建设、支持在行业领域推进科技成果转化等方面的政策文件。三是选取一段时期内中央政府及各部委所发布的与科技成果转化相关的政策文本，采用内容分析法对其演进趋势及内在规律分析，得出政策制定部门参与水平上升、政策工具搭配组合日益多元、重视提升政策客体转化积极性等结论。

3. 科技成果转化政策文本量化分析

主要是对一定时期的政策文件进行分析，发现规律和问题，并提出相关建议，主要包括：以1980—2011年中央政府颁布的63份科技成果转化法律法规为样本，采取内容分析法，从政策制定、发展阶段、政策效力等角度分析科技成果转化政策，评价了政策工具的使用情况和存在的问题，提出了政策制定建议。分析2009—2016年间中国涉及科技成果转化的153项政策文本发现，中国科技成果政策中最为常用的政策工具是资金投入，人才，科技成果信息汇交与科技中介服务、激励以及税收。以中国"九五"至"十三五"时期的科技成果转化政策为对象，采用隐含狄利克雷分布（LDA）主题模型和社会网络分析（SNA）方法分析发现，各时期政策侧重点不尽相同、科技成果转化政策发文主体合作网络较为松散，科技部和财政部是科技成果转化政策发文主体的核心。

4. 科技成果转化体系建设研究

科技成果转化体系建设研究具体包含三个方面。一是选取1996—2014年国家及地方颁布的45项科技成果转化政策，运用文本挖掘方法构建科技成果转化政策三维结构框架，进而分析科技成果转化政策内部结构关系与宏观布局。二是选取64份中央政府颁布的科技成果转化政策，采用内容分析法进行文本分析，从政策工具和创新价值链两个维度分析科技成果转化政策在政策工具设计、搭配及构建中所存在的问题。三是基于政策过程、政策内容和政策组织三个维度，运用内容分析、定量统计等方法对1978年至2018年6月国家、部委及省级政府及其组成部门颁布的311项科技成果转化相关政策进行统计分析，结果发现中国科技成果转化政策体系的演进遵循了历史性与阶段性相统一、本土化与创新性相结合的基本规律。

（二）地方层面

对地方层面的科技成果转移转化政策研究，主要包括各地科技成果转化政策发展研究和不同地区科技成果转化政策对比研究。

1. 省级科技成果转化政策发展研究

一种是采用定量统计分析、多维尺度分析等方法，对239项地方科技成果转化政策的时间分布、类型分布、地域分布、政策作用领域等方面进行分析，指出地方科技成果转化政策发展中存在地区差异较大和发展不平衡、敏捷性有待提升、政策体系建设仍需逐步完善等问题,并提出对策建议。另一种是选取了省域促进科技成果转化条例作为分析对象,通过构建"政策对象、政策工具"的二维分析框架,借助质性软件进行量化分析,发现存在政策工具注意力配置不均衡、对成果转化中介方注意力配置明显不足等问题,提出政策对象与政策工具注意力配置优化建议。

2. 具体省市政策情况研究

一是以文本分析为视角,对 2009—2019 年湖北省的 75 份科技成果转化政策进行分析,发现其特点和存在的问题,提出注重政策的持续性、增强政策制定和实施环节的联动性、加强对指导和操作性政策的重视、完善税收优惠政策体系扩大政策优惠范围、优化政策工具组合等五个方面建议。二是以 2005—2019 年的 45 份山西省科技成果转化政策为对象,采用文本内容量化分析方法,从政策工具、创新价值链和政策差异性等维度进行分析,提出合理安排政策工具的使用比例、协调政策工具和创新价值链之间关系、凸显差异性政策等针对性建议。三是以 2015 年 9 月至 2021 年 12 月辽宁省 76 份科技成果转化政策为对象,运用文本分析法从政策发布数量、政策制定部门、政策类型与效力、政策工具等维度进行文本定量分析,发现存在政策连续性不够强、不同政府部门在政策制定过程中缺乏协调与沟通、政策多以宏观指导与鼓励性为主、政策工具使用过溢或缺失等方面的不足。四是收集了广东省 1986—2018 年的科技成果转化政策,通过构建一个"宏观、中观、微观"的三维分析框架,同时引入科技成果转化的过程视角,发现广东省科技成果转化政策还存在着政策发文单位协同互补性有待加强、法规建设滞后、政策体系不完善、需求拉动型政策有待优化、重点的财税金融政策措施有效性不够等问题。

3. 科技成果转化政策对比研究

科技成果转化政策对比主要包括区域间、国家和省级间、省级间、城市间等。一是收集 1984—2015 年京津冀和长三角地区与科技成果转化相关的 178 项政策文本，基于政策文本量化分析从政策目标、政策工具、政策执行等三个维度对两区域科技成果转化政策进行演进比较分析，并结合差异原因提出政策建议。二是对选取的政策样本，运用共词分析法对国家和陕西省的成果转化政策进行比较研究，从而提出国家和陕西省成果转化政策制定的参考建议。三是以华东六省一市科技成果转化政策为样本，深入分析各省市科技成果转化政策的差异性及其影响，探讨各省市科技成果转化政策存在的问题，提出优化和完善政策的对策建议。四是基于 2010—2020 年安徽省、江苏省、浙江省与上海市的科技成果转化政策文本，通过构建政策工具与政策目标的二维分析框架和运用共词分析法，归纳了三省一市科技成果转化政策的政策目标、政策工具以及政策侧重点等方面的异同。五是以中部六个省会城市出台的 55 项科技成果转化政策文本为研究对象，运用文本内容分析法分析了政策文本的年度和地区分布、政策适用对象、政策服务阶段等方面的特点和问题，并提出了相应的对策建议。六是运用内容分析法，从政策供给、政策目标、政策工具、政策实施、最新政策等维度对科技创新型城市深圳市与宁波市的科技成果转移转化政策进行了对比分析，建议从优化政策供给、发挥政策工具优势、正确定位政府的角色和边界、理顺政策实施部门关系等方面改进科技成果转移转化政策的制定和实施。

（三）高校院所和企业层面

从科技成果供需过程来看，高校院所和企业是技术转移、成果转化和科技成果转移转化的主要参与主体，目前已开展了较多的科技成果转移转化政策研究。

1. 科技成果供方研究

一类是政策量化评价研究。一是运用政策一致性指数模型（即 PMC 指数模型）对辽宁省科技成果转化十强高校所颁布的七项科技成果转化政策进行量化评价研究，发现七项政策在政策组合、政策评价、政策功能、政策保障、政策公开等方面优势明显，建议未来各高校在政策内容、政策作用客体、政策作用范围等方面进行完善。二是采用文本分词方法和政策工具分析，对 2016 年两项科技成果转移转化政策文本进行量化分析，发现存在需求面政策相对单一、对成果形成及国际化阶段重视不足等问题。三是以 36 所国内"双一流"高校制定的 69 份科技成果转化政策为对象，基于政策工具和高校科技成果转化治理体系的二维分析框架，利用文本量化分析方法对目前中国高水平研究型大学科技成果转化政策进行分析，结合国家对高校科技成果转化工作的要求提出在科技成果转化的绩效评价、专业化技术转移机构建设、供需对接及拓展渠道、赋权机制等政策方面进行优化完善的建议。

另一类是政策工具和政策落实研究。一是选取 1996—2020 年国家颁布的 61 项有关高校科研人员科技成果转化政策作为研究对象，通过构建政策工具与科技成果转化生命周期二维分析框架，采用内容分析法进行统计分析，发现呈现高校科研人员科技成果转化政策数量呈明显上升趋势、政策发文主体多元化、供给型政策和需求型政策偏少、不同阶段政策工具运用不均衡等特点。二是通过对《中国科技成果转化 2021 年度报告（高等院校与科研院所篇）》进行分析，发现存在以作价投资方式转化科技成果数持续下降、科技成果资产评估政策落实比较平稳、科技成果转化收益分配政策落实呈现新特点、地方科研单位兼职与离岗创业政策落实阻力仍不小、职务科技成果赋权改革试点取得积极进展等情况。三是关注具体案例，研究了中国工程物理研究院某所科技成果转化政策执行情况的现状，针对目前面临的政策实施困境，从合理搭配政策工具、改善科技人员评价体系、促进参与动力、完善政策支持、强化职能部门责任意识、合理分配社会力量、重视政策推广、设立创新技术服务机构和营造良性政策实施氛围等角度给出了改善科技成果转移转化政策实施效果的建议。四是针对科技人员对国家建立的促进科技成果转化制度体系和激励机制的获得感不强这一现象，分析了造成这一状况的原因，其中包括对政策红利不了解、政策不协调、缺少专业化服务等。最终，该项研究提出把科技成果转化纳入高校的顶层设计中统筹考虑、形成多部门协同推进的机制体制、构建良好的科技成果转化生态、广泛宣传与精准对接、完善并落实高校考核评价机制、引导资金支持科技成果转化等意见建议。

2. 科技成果需方研究

科技成果需方研究主要包括财税支持、政策成效、政策优化研究等内容。一是以高新技术企业为研究主体，从税收视角出发，通过实证分析对支持中国高新技术企业科技成果转化的税收政策进行研究，结果表明税负与科技成果转化率具有相关性、税收政策能够对高新技术企业科技成果转化产生支持作用、流转税税收政策的支持作用要强于所得税。二是以中小企业为研究主体，以科技成果转化为研究对象，通过对31家上市中小企业的税收激励作用进行实证分析，结果表明，降低中小企业所得税及流转税税负能够有效地提高成果转化率，并且所得税政策的激励作用更为明显。三是以安徽亳州医药企业为例，对安徽省制定的相关政策支持促进中医药企业科技成果转化成效进行分析，提出加强推进中医药产学研合作、培育生物医药专业化人才队伍等建议。四是以2010—2021年的某市中小企业科技成果转化政策文本为对象，综合采用文献研究法、文本分析法、统计分析法、定性与定量相结合等研究方法，分别从政策工具、政策效力、创新价值链三个维度对此期间政策进行单维度分析和交叉分析，发现了此期间政策存在的问题和原因。

（四）示范区层面

自2016年国家提出建设科技成果转移转化示范区以来，科技部和部分省市积极开展了国家科技成果转移转化示范区和省级科技成果转移转化示范区的建设实践。但文献检索结果表明，目前中国对科技成果转移转化示范区的政策研究很少，主要分散在发展思考、建设管理等方面。

1. 发展思考

一是提出推动国家科技成果转移转化示范区与国家级新区、自由贸易试验区等的有机融合、协同联动，着力推进政策创新与先行先试，研究出台一批科技成果转移转化创新政策。二是通过分析现有国家科技成果转移转化示范区创建情况，对照郑州市已具备的条件和存在的不足,围绕以郑州为主体创建国家成果转移转化示范区,提出从省级层面统筹协调,高标准打造郑州市科技成果交易平台、打造成果转化新形象新品牌等对策建议。三是基于宁夏创建国家科技成果转移转化示范区的重大意义和现实基础分析,提出了宁夏创建国家科技成果转移转化示范区的总体思路、布局及特色定位,并从激发科技成果转化主体活力、构建科技成果转化服务体系、优化科技成果转移转化生态、建立科技成果转化统筹推进机制等方面提出建议。

2. 建设管理

一是在阐述当前中国科技成果转化政策趋势与总体工作进展的基础上,提出要顺应粤港澳大湾区发展的需求加强科技成果转化,建议强化各类创新主体的分工协作、出台针对性的政策,积极引导创业投资支持转化科技成果的初创期科技型中小企业、依托珠三角国家科技成果转移转化示范区建立专业和综合性科技成果转化基地等。二是分析中国科技成果转化示范区的功能定位、发展现状和问题与挑战,通过借鉴美国、英国、德国技术转移的机制和模式,提出以"高质量供给、专业化服务、产业化需求、高标准保障"等为重点的示范区建设发展方向和路径。三是以科技成果转移转化示范区建设管理为切入点,在山东济青烟示范区建设初期对示范区的建设管理机制进行了研究,构建了基于要素的科技成果转移转化示范区建设基础评价框架模型,并建立示范区分类标准体系。四是从制定专门政策、加强组织领导、设立专项资金、强化载体支撑、组织评估考核、加大宣传力度等方面提出加快推进山东省科技成果转移转化示范区建设的对策建议。

第四章　国家科技成果转移转化示范区政策分析

自2016年国家提出科技成果转移转化示范区建设以来，国家和相关省市出台了一系列政策来推动科技成果转移转化示范区建设工作。各级政府、科技管理部门和社会都高度重视科技创新政策评价，很多学者从理论基础、评价指标、评价要素、评价方法、评价实践等角度进行了大量研究，通过系统分析科技创新政策评价的过程，构建了科技创新政策评价模型，对已经出台的相关政策的内容、执行情况、效果进行了实证评估。本章在借鉴相关研究基础上，对国家科技成果转移转化示范区政策，按照文本获取、文件浏览、多源数据检索分析等步骤，从发文、内容和效果三个层面进行分析。

一、政策总体概况

科技成果转移转化示范区相关政策选择包括以下四个标准：一是时间自2016年4月至2022年12月；二是政策文本是公开发布的，能够通过公开途径查询获得；三是颁布的政策与科技成果转移转化示范区有较大的关联性，或者其能为科技成果转移转化示范区工作提供指导；四是发文单位是国务院或国家政府组成部门，以及现有的12家国家科技成果转移转化示范区涉及的相关省市部门。

需要说明的是，由于目前直接针对国家科技成果转移转化示范区的政策较少，因此主要通过对政策文件内容进行总结分析。

借助国务院政策文件库、科技部科技政策栏目、中国知网政府文件数据库等渠道，以科技成果转移转化示范区为关键词进行检索，除去新闻报道、工作复函及重复内容外，获得相关政策数量23条，相关政策文本包括规划、意见、方案、通知、指引等多种类型。现有成果表明，可从政策分析视角、政策制定视角、政策执行视角、政策目标视角等四个维度构建科技创新政策体系框架，其中基于政策分析视角可按照政策类型分为强制性政策、宏观战略和落地实施政策，本节从战略规划、工作部署、建设推进等方面，对国家科技成果转移转化示范区政策文本进行归纳分析。

（一）战略规划

这是第一层级，是强制性的法律、法规和部门规章，主要包括国务院和科技部发布的科技创新规划、专项规划等政策，计有6条（见表4-1）。

表4-1 国家科技成果转移转化示范区战略规划

序号	发文单位	政策名称	日期
1	国务院	《关于印发"十三五"国家科技创新规划的通知》（国发〔2016〕43号）	2016年7月28日
2	科技部	《关于印发"十三五"技术市场发展专项规划的通知》（国科发火〔2017〕157号）	2017年5月27日
3	科技部、中央宣传部、中国科学技术协会	《"十四五"国家科学技术普及发展规划》（国科发才〔2022〕212号）	2022年8月4日
4	中共中央办公厅、国务院办公厅	《关于新时代进一步加强科学技术普及工作的意见》	2022年9月4日

(续表)

序号	发文单位	政策名称	日期
5	科技部	《"十四五"国家高新技术产业开发区发展规划》(国科发区〔2022〕264号)	2022年9月21日
6	科技部	《"十四五"技术要素市场专项规划》(国科发区〔2022〕263号)	2022年9月30日

资料来源：根据公开资料整理。

（二）工作部署

这是第二层级，是宏观部署的规划、纲要、计划等相关部署，主要包括国务院、科技部及相关部委对国家科技成果转移转化示范区建设的整体部署和工作要求等政策，计有8条（见表4-2）。

表4-2 国家科技成果转移转化示范区工作部署

序号	发文单位	政策名称	日期
1	国务院办公厅	《关于印发促进科技成果转移转化行动方案的通知》(国办发〔2016〕28号)	2016年4月21日
2	原国家卫生计生委、科学技术部等	《关于加强卫生与健康科技成果转移转化工作的指导意见》(国卫科教发〔2016〕51号)	2016年9月30日
3	国务院	《关于印发国家技术转移体系建设方案的通知》(国发〔2017〕44号)	2017年9月15日
4	科技部、教育部	《关于进一步推进高等学校专业化技术转移机构建设发展的实施意见》(国科发区〔2020〕133号)	2020年5月13日
5	科技部	《关于加强科技创新促进新时代西部大开发形成新格局的实施意见》(国科发区〔2020〕336号)	2020年12月4日
6	国务院	《关于新时代支持革命老区振兴发展的意见》(国发〔2021〕3号)	2021年1月24日

（续表）

序号	发文单位	政策名称	日期
7	国家知识产权局、中国科学院、中国工程院、中国科学技术协会	《关于推动科研组织知识产权高质量发展的指导意见》(国知发运字〔2021〕7号)	2021年3月31日
8	国务院办公厅	《关于完善科技成果评价机制的指导意见》(国办发〔2021〕26号)	2021年7月16日

资料来源：根据公开资料整理。

（三）建设推进

这是第三层级，是落实实施的措施、办法、意见等方案，既有科技部出台的促进国家科技成果转移转化示范区建设相关措施，又有相关部委结合部分地区重点工作推进建设落地举措，计有9条（见表4-3）。

表4-3 国家科技成果转移转化示范区建设推进

序号	发文单位	政策名称	日期
1	科技部	《国家科技成果转移转化示范区建设指引》(国科发创〔2017〕304号)	2017年10月10日
2	科技部办公厅	《关于加快推动国家科技成果转移转化示范区建设发展的通知》(国科办区〔2020〕50号)	2020年6月4日
3	科技部、深圳市人民政府	《中国特色社会主义先行示范区科技创新行动方案》(国科发区〔2020〕187号)	2020年7月4日
4	科技部办公厅、海南省人民政府办公厅	《海南开放创新合作机制》(国科办区〔2020〕105号)	2020年12月2日
5	科技部	《长三角科技创新共同体建设发展规划》(国科发规〔2020〕352号)	2020年12月20日
6	商务部	《重庆市服务业扩大开放综合试点总体方案》(商资发2021年第65号)	2021年4月21日

（续表）

序号	发文单位	政策名称	日期
7	科技部、浙江省人民政府	《推动高质量发展建设共同富裕示范区科技创新行动方案》（国科发区〔2022〕13号）	2022年1月15日
8	科技部办公厅、贵州省人民政府办公厅	《"科技入黔"推动高质量发展行动方案》（国科办区〔2022〕87号）	2022年6月23日
9	科技部	《黄河流域生态保护和高质量发展科技创新实施方案》（国科发社〔2022〕278号）	2022年10月8日

资料来源：根据公开资料整理。

通过以上政策文件整理可知，目前国家科技成果转移转化示范区的政策结构特点包括：一是在发文单位上，以科技部为主，国家层面的示范区建设发展的战略统筹指导还比较缺乏；二是在政策发布时间上，以2020年和2022年居多，占全部政策文件50%左右；三是在政策目标上，直接针对国家科技成果转移转化示范区政策的具体措施还较少。

二、政策内容分析

当前，国内外学者已经充分认识到政策文本研究的价值，在政策文本量化、政策文本计算、政策文本语义挖掘等方面开展了大量研究。在科技成果转化政策文本分析方面，本研究成果主要有：一是遴选了1980—2020年湖南省的69份科技成果转化政策文本，并研究设计了包括政策发文数量、发布部门、政策类型、政策力度及政策工具在内的NATPI政策分析框架，对政策文本内容及其演进趋势进行分析；二是以文本分析为视角，对2009—

2019年湖北省科技成果转化政策进行分析，针对发现的问题提出注重政策的持续性、增强政策制定和实施环节的联动性、加强对指导和操作性政策的重视、完善税收优惠政策体系与扩大政策优惠范围、优化政策工具组合等相关建议；三是以内容分析法为基础，结合政策工具分析方法，对辽宁省近30年来的40份科技成果转化政策进行量化分析并提出改进措施建议；四是从政策工具、层级、关键词等角度，运用内容分析法对2016年1月至2018年11月国家和广西出台的含科技成果转化相关内容的政策文本进行了对比研究。在借鉴已有研究成果的基础上，本节重点开展了对收集到的国家科技成果转化示范区政策文本进行分析。

（一）战略规划视角

战略规划视角主要体现在科技创新相关规划对国家科技成果转移转化示范区建设提出了顶层设计。例如，《关于印发"十三五"国家科技创新规划的通知》在"完善科技成果转移转化机制"章节的"大力推动地方科技成果转移转化"部分，提出"健全省、市、县三级科技成果转化工作网络，强化科技管理部门开展科技成果转移转化工作职能。……依托国家自主创新示范区、高新区、农业科技园区、创新型城市等，建设国家科技成果转移转化示范区，探索形成一批可复制、可推广的工作经验与模式"。《关于印发"十三五"技术市场发展专项规划的通知》在重点任务的"实施促进成果转化行动，创新技术转移机制模式"部分，提出"加快落实促进科技成果转移转化行动。……开展科技成果转移转化示范区建设，支持地方在完善政策制度、集聚科技资源、创新公共服务、探索机制模式等方面先行先试"。

《"十四五"国家高新技术产业开发区发展规划》在重点任务的"推动高水平创新创业"部分,提出"加强科技成果转移转化。支持地方政府依托国家高新区建设国家科技成果转移转化示范区,在职务科技成果所有权改革、要素市场化配置改革、科技成果评价改革等方面创新机制、先行先试"。《"十四五"技术要素市场专项规划》在发展目标部分提出"技术要素市场服务体系协同高效。……国家科技成果转移转化示范区达到20家",同时在重点任务的"促进技术要素与其他要素融合"部分,提出深入推进国家科技成果转移转化示范区建设,包括:健全示范区监测评价机制和发展报告制度,推动现有示范区优化升级,在赋权改革、要素市场化配置改革、科技成果评价改革等方面创新机制、先行先试,建成深化科技成果转化体制改革和发展技术要素市场的先行示范区;根据各地科技资源禀赋、产业优势,新布局一批特色鲜明的国家科技成果转移转化示范区。《"十四五"国家科学技术普及发展规划》在重要任务部分提出"推动科学普及与科技创新协同发展",提出"依托科技成果转移转化示范区、高新技术产业开发区等,搭建科技成果科普宣介平台"。此外,中共中央办公厅和国务院办公厅印发的《关于新时代进一步加强科学技术普及工作的意见》在"促进科普与科技创新协同发展"部分,提出要发挥科普对科技成果转化的促进作用,推动建设科技成果转移转化示范区、高新技术产业开发区等,搭建科技成果科普宣介平台促进科技成果转化。

(二)工作部署视角

工作部署视角主要关注由国务院、科技部及相关部委针对国家科技成果转移转化示范区建设提出的相关要求。其中,《关于印发促进科技成果转移转化行动方案的通知》主要目标就包括支持有条件的地方建设10个科技成果转移转化示范区,在重点任务"大力推动地方科技成果转移转化"中提出"开展区域性科技成果转移转化试点示范。以创新资源集聚、工作基础好的省(区、市)为主导,跨区域整合成果、人才、资本、平台、服务等创新资源,建设国家科技成果转移转化试验示范区,在科技成果转移转化服务、金融、人才、政策等方面,探索形成一批可复制、可推广的工作经验与模式。围绕区域特色产业发展技术瓶颈,推动一批符合产业转型发展需求的重大科技成果在示范区转化与推广应用"。《关于印发国家技术转移体系建设方案的通知》在"拓宽技术转移通道"的"推动科技成果跨区域转移扩散"部分,提出"开展区域试点示范。支持有条件的地区建设国家科技成果转移转化示范区,开展体制机制创新与政策先行先试,探索一批可复制、可推广的经验与模式。允许中央高校、科研院所、企业按规定执行示范区相关政策"。与此同时,国务院也结合相关重点工作提出了国家科技成果转移转化示范区建设要求,如《关于新时代支持革命老区振兴发展的意见》在"促进实体经济发展,增强革命老区发展活力"部分,提出提升创新驱动发展能力,鼓励科研院所、高校与革命老区合作,支持有条件的地区组建专业化技术转移机构,创建国家科技成果转移转化示范区;《关于完善科技成果评价机制的指导意见》在"主要工作措施"部分,提出大力发展科技成果市场化评价,提升国家科技成果转移转化示范区建设水平,发挥其在科技成果评价与转化中的先行先试作用。

科技部印发的《关于加强科技创新促进新时代西部大开发形成新格局的实施意见》在"加快提升企业创新能力,支撑西部地区现代产业技术体系发展"部分,提出"实施西部地区科技成果转移转化行动。加快完善西部地区技术转移体系建设,支持新建一批国家科技成果转移转化示范区,加大对国家技术转移西北中心、国家技术转移西南中心建设支持力度,加快构建区域科技成果转化协同骨干网络"。《关于进一步推进高等学校专业化技术转移机构建设发展的实施意见》在"加强实施保障"部分,提出完善支持激励政策,支持高校技术转移机构与国家自主创新示范区、高新区、成果转移转化示范区建立合作机制,开展面向需求的"定制化"科技成果转化服务。

此外,《关于加强卫生与健康科技成果转移转化工作的指导意见》在具体目标中,提出"推动建设一批卫生与健康技术转移转化机构,支持有条件的地方建设若干国家级卫生与健康科技成果转移转化示范区";《关于推动科研组织知识产权高质量发展的指导意见》在"加大组织实施力度"部分,提出"拓宽转化渠道。充分利用国家知识产权运营服务体系建设重点城市和运营公共服务平台,与中国科协'科创中国'平台以及国家科技成果转移转化示范区等开展知识产权转化运用合作"。

(三)建设推进视角

该领域的建设推进政策主要体现在整体推进指导、纳入区域科技创新范畴及结合地方政府发展战略进行落地等方面。《国家科技成果转移转化示范区建设指引》从总体要求、建设布局与条件、重点示范任务、建设程序、组织实施等五个方面,指导有序推进区域性科技成果转移转化示范工作。《关于加快推动国家科技成果转移转化示范区建设发展的通知》提出了加快示范区建设发展的七项措施，包括：以服务科技型企业为重点，发挥支撑复工复产示范带动作用；以创新促进科技成果转化机制模式为重点，进一步加大先行先试力度；以强化科技成果转化全链条服务为重点，提高成果转化专业化服务能力；以示范区主导产业为重点，加快推进重大科技成果转化应用；以集聚创新资源为重点，促进技术要素的市场化配置；以完善工作推进体系为重点，提升示范区治理水平；以优化布局和绩效评价为重点，加快推进示范区高质量发展。

在将相应区域纳入区域科技创新范畴方面，《长三角科技创新共同体建设发展规划》在"构建开放融合的创新生态环境"部分，提出联合提升创新创业服务支撑能力，以上海闵行、苏南、浙江①国家科技成果转移转化示范区建设为引领，鼓励三省一市高校、科研机构建立专业化技术转移机构，发展社会化技术转移机构，多渠道培养技术转移经理人，提高技术转移专业服务能力；《黄河流域生态保护和高质量发展科技创新实施方案》在"实施创新能力提升行动"部分，提出提升科技成果转化能力，鼓励沿黄地区建设国家科技成果转移转化示范区。

在结合地方政府发展战略进行落地方面，《中国特色社会主义先行示范区科技创新行动方案》在"建设科技创新治理样板区"部分，提出"支持深圳建设知识产权和科技成果产权交易中心。……以珠三角国家科技成果转移转化示范区深圳片区为抓

---

① 为行文方便，各示范区名称必要时采用此类简称。

手,在赋予科研人员职务科技成果所有权或长期使用权、技术要素市场化配置、专业化技术转移机构建设、技术经理人培养、科技成果展览展示、科技成果评价等方面创新机制、先行先试,在优势领域建立科技成果转化中试基地,培育一批科技成果转化示范企业";《海南开放创新合作机制》在主要措施中,提出支持海南建设国家科技成果转移转化示范区,开展赋予科研人员职务科技成果所有权或长期使用权试点,协调苏南、上海闵行、浙江等国家科技成果转移转化示范区开展跨区域成果转移转化,加大"重大新药创制国家科技重大专项科技成果转移转化试点示范"工作力度;《推动高质量发展建设共同富裕示范区科技创新行动方案》在"构建高标准技术要素市场示范区"部分,提出"深化技术要素市场化配置改革。在浙江探索设立国家科技成果转移转化试验区,开展科技成果评价改革综合试点,在省域范围内开展压力测试和政策先行先试,条件成熟后在全国推广";《科技入黔"推动高质量发展行动方案》在重点任务的"推动具有贵州特色的全域创新,建设区域性创新高地"中,提出"建设'创新型贵州'……创建贵阳国家科技成果转移转化示范区"。此外,《重庆市服务业扩大开放综合试点总体方案》在"推动服务业扩大开放在重点平台和重点园区示范发展"部分中,提出"以西部(重庆)科学城、重庆两江新区为龙头,打造科技成果转移转化示范区"。

通过以上政策文本梳理可知,目前国家科技成果转移转化示范区的政策特点包括:一是作为科技成果转移转化的重要载体平台,国家科技成果转移转化示范区已被列入相关科技创新规划的重点任务；二是国家科技成果转移转化示范区建设不仅是国家推动科技创新体系建设的组成部分，也是科技部和相关部委推动区域创新、产业发展、知识产权等方面发展的有力抓手；三是结合地方政府的相关重点发展战略，部省联动实施推进成为国家科技成果转移转化示范区落地建设的重要举措；四是与国家自主创新示范区、国家高新技术产业开发区、农业高新技术产业示范区等相比，国家科技成果转移转化示范区的细化措施或政策工具出台力度还显得偏少偏弱。

三、政策效果分析

一般来说，以政策效果为切入点能有效反映政策制定的执行落实情况，开展公共政策评估对建设法治政府和服务型政府，推进国家治理体系和治理能力现代化意义重大。政策评估具有多元化特点，可从行政隶属关系、资源依赖关系、评估资金来源、项目委托方式、前期深度介入等维度考察，政策评估主体包括权威政策主体、政策研究组织及一般社会公众。当前中国公共政策评估原则、标准、要点等热点领域的基础理论研究工作还有待深化，因此本节对政策效果分析主要从政策质量、效率、影响、有效性及问题反馈等方面展开。

（一）科技创新政策

2006年以来，随着中国提出实施自主创新战略，科技创新政策密集推出，科技创新政策供给呈现快速增长之势，与此同时科技创新政策效果成为各方关注的热点，国内在理论研究、评估框架、评估标准、评估方法等方面开展了相关研究，并从不同角度开展了科技政策效果评估的实证研究。还有学者对科技人才政策及优化效果、大众创业万众创新政策效果与提升、政策群实施效果评价方法、政策协同及其效果、政策效果影响因素等方面进行了不同程度的研究。

1. 国家区域层面

笔者一方面通过构建过程导向的因子理想关联评价模型和结果导向的三阶段 DEA 效率评价模型，对"十二五"以来的创新政策效果做了评估，发现 2010—2018 年科技创新政策整体是有效的，但存在地区差距较大、有效性波动等问题。另一方面基于中国 2006—2017 年的省份年度数据构建面板数据模型，评析中国科技创新政策的总体效果和时空差异性，结果表明供给性创新政策和需求性创新政策的促进效应最明显、"十一五"时期中国的创新政策整体取得了较好的效果，但科技创新政策呈现出一定的区域差异。

2. 省域层面

笔者主要从五个方面进行评估。一是从供给、实施及其绩效对 2015—2019 年安徽省科技创新政策实施效果进行全过程评估，并分类比较分析不同政策实施效果。二是以政策工具为研究视角，采用纵向时间序列和横向地区比较的研究方法对安徽省科技创新政策实施效果进行评价。三是对 2011—2018 年内蒙古自治区的科技创新政策实施效果进行分析，结果表明已发布的科技创新政策实施效果显著。其中尤以科技创新需求政策实施效果最为突出，科技创新供给政策位列第二，科技创新环境政策亟待加强。四是以 2008—2019 年湖北省制定执行的科技创新政策文本为对象，从供给型、需求型、环境型等分类，从政策数量、发文时间、政策内容等方面进行分析，并采用熵值法和模糊综合评价法来计算科技创新政策得分，进而评估湖北省科技创新政策实施效果。五是基于企业满意度视角设计了科技创新政策效果评估问卷，从科技创新政策满意度、具体政策比较等方面评估了青海省科技创新政策效果。

（二）科技成果转化政策

科技成果转化政策的实施效果及其完善优化受到科技政策工作者的广泛关注。

1. 国家区域层面

对该层面的分析主要集中在宏观政策效果比较上。笔者一是对1996—2020年中央政府机构和部门颁布的104份科技成果转化政策进行分析，分别测度了科技成果转化政策对科技成果形成阶段的产出和转化阶段产出的作用，结果表明科技成果转化政策数量的增加并不会对科技成果形成阶段的产出产生显著作用，而政策力度的加强则无论对成果形成阶段还是转化阶段的产出都发挥了显著积极作用。二是对研发经费投入、创新动机与科技成果转化政策实施效果之间的作用机制以及区域异质性进行了实证研究，研究发现研发经费投入可以改善科技成果转化政策实施效果，实质性创新和策略性创新同时发挥具有正向影响的中介效应。三是从"输出地技术市场合同成交额"和"人均输出地技术市场合同成交额"比较了科技成果转化政策效果的差异，指出在衡量科技成果转化政策效果时，要考虑能调动科技活动人员积极性的政策工具。

2. 省域层面

对该层面的分析主要集中在具体省区政策实施效果上。笔者一是以陕西省科技成果转化政策为研究对象，发现多种类型政策组合情境下的科技成果产出效果好于单一政策产出效果，而且供给型和环境型政策对科技成果转化活动的促进效果更为明显。二是以安徽省科技成果转化政策实施效果为分析对象，发现政策综合得分和环境型、需求型、供给型等三类政策得分逐年升高，效果在中部六省中排名靠前。三是以湖北省科技成果转化政策为研究对象，发现科技成果转化供给政策、需求政策及环境政策比例和某些科技成果转化政策的适用性仍可调整，还存在政策执行落实偏差及监督检查制度建设待完善现象。四是对辽宁省科技成果转化政策实施效果进行评价，发现不同类型政策或政策组合对辽宁省科技成果转化的作用效果不同，既有阶段性差异又有指标性差异，多维政策组合效果明显优于单一政策。五是以山西省科技成果转化政策作为研究对象，表明政策总体实施效果呈现出上升状态，环境性政策工具效果和需求型政策工具效果提升情况较为显著，而供给型政策工具中促进人才引进、创新投入等政策实施效果不明显。六是以河北省科技成果转化政策作为研究对象，发现"十三五"以来河南科技成果转化政策实施效果较为显著，但与相关省市横向比较，实施效果相对有差距。七是基于四川省2012—2017年的相关统计数据，构建科技成果转化激励政策的实施效果评估体系，发现四川省科技成果转化激励政策整体的实施效果得分逐年增加，三类政策中需求政策指标的贡献率最大。八是基于北京市2009—2015年相关统计年鉴的数据，构建科技成果转化政策实施效果评价指标体系进行评估分析，发现科技成果转化供给政策、需求政策的实施效果显著。

(三)示范区政策

从公共政策角度来看,科技创新政策的目标分析能较好地将科技创新政策与经济、社会政策进行衔接和融合。笔者经研究发现,技术市场合同成交额是科技成果转化政策效果评价的常用衡量指标之一,但具体用哪个指标衡量政策效果取决于政策的实施目标和内容,采用不同指标或计量单位得出的结果也不同。在研究武汉大学科技成果当地转化激励政策效果时,笔者采取了科技成果转化纵向与横向比较、典型案例分析等方式。通过走访座谈和问卷调查,笔者发现,一些省份在落实国家推进大众创业万众创新的系列公共政策在创新创业载体、市场主体产业活力、企业创新动力等方面取得了较为显著的成效。在借鉴相关研究成果的基础上,根据国家科技成果转移转化示范区建设指引提出的建设目标,结合对相关国家科技成果转移转化示范区的调研,笔者进行了政策效果分析,主要得出以下四方面结论。

1. 各示范区形成了各具特色的模式

国家科技成果转移转化示范区定位于以科技成果转化促进区域特色发展,着眼于地方科技资源禀赋和区位优势等因素,制定了各具特色的建设目标和示范任务,逐渐形成了各地区科技成果转化的独特形式和特征,国家科技成果转移转化示范区在建设和发展过程中包括六种具有典型驱动特征的科技成果转化形式,即市场双向驱动型科技成果转化,典型代表为浙江示范区;产业/企业发展牵引型科技成果转化,典型代表为苏南示范区;区位资源驱动型科技成果转化,典型代表为上海闵行示范区和济青烟示范区;成果供给推动型科技成果转化,典型代表为成德绵示范区;科技金融驱动型科技成果转化，典型代表为珠三角示范区；跨区域承载型科技成果转化，典型代表河北·京南示范区。这些模式可为全国各地开展科技成果转移转化示范区建设工作提供参考和借鉴。

2. 科技成果转化载体平台日益完善

科技成果转化载体平台日益完善主要表现在：一方面，技术转移载体建设成效显现。2020年，珠三角国家科技成果转移转化示范区拥有新型研发机构202家、科技企业孵化器1003家、众创空间918家，布局建设的20余家科技金融服务分中心累计服务科技企业2.8万家，推动了科技型企业与金融机构的深度融合发展。截至2021年底，上海闵行国家科技成果转移转化示范区引进国际技术转移机构，不断拓宽科技成果转化渠道，与法国、加拿大等20余个国家合作建立技术转移合作关系，引进滑铁卢大学上海技术转移中心等30余家海外技术转移机构，大力推进全球化合作和技术创新。截至2021年底，苏南国家科技成果转移转化示范区聚焦战略性新兴产业，在全国率先布局了17家科技成果产业化基地，围绕掌握产业核心技术的科技型企业，推进一批重大原创性科技成果在创新型产业集群中进行转化和产业化。

另一方面，服务平台加快发展，如浙江国家科技成果转移转化示范区依托商品市场发展的优势基础，全面推动技术要素市场建设。截至2021年底，浙江网上技术市场已实现11个地市和90个县（市、区）全覆盖，打造了"59家线下+135家线上"技术交易市场体系架构，与福建、新疆、西藏、海南等地建立了市场化合作机制，以技术交易市场建设和发展实现了科技成果转化供需双向驱动，提升了科技成果转化效率。珠三角国家科技成果转移转化示范区的华南技术转移中心线上服务平台华转网率先开启科技服务电商时代,并与香港机电工程署建设的网上创新科技协作平台实现互联互通。

3. 区域科技成果转移转化能力提升明显

河北·京南国家科技成果转移转化示范区促成了一大批北京、天津科技成果在河北省进行转化。2018—2020 年河北省连续 3 年吸纳京津技术合同成交额超过 200 亿元,2022 年全省更是吸纳京津技术合同成交额达到 403 亿元,同比增长 13.7%。其建设空间还由"十园"拓展为石家庄、廊坊、保定、沧州、衡水和雄安新区"五市一区"全域。

截至 2021 年底,苏南国家科技成果转移转化示范区累计获得省级财政资金 24 亿元,实施了 310 项科技成果转化项目,技术合同成交额超过 2 000 亿元,是 2017 年的 3.2 倍,成为全省乃至全国科技成果的集聚区和辐射源。

四川成德绵国家科技成果转移转化示范区通过开展新药专项成果转移转化试点示范基地建设,构建了全生命周期的生物医药技术服务平台,截至 2020 年底,引进项目达 150 个,协议总投资额超过 1 100 亿元,一批获得国家重大新药专项支持的平台和品种实现落地转化。成德绵国家科技成果转移转化示范区建设期三年内,共推进军民科技成果双向转移转化 1 714 项,培育孵化军民融合科技型中小微企业 1 229 家,培育环高校知识经济圈创新创业团队 2 172 个,新增高校院所转移孵化项目 5 766 项。

4. 加快促进了地方经济转型升级发展

其主要体现在:第一,技术市场交易活跃。2020 年珠三角国家科技成果转移转化示范区实现技术合同成交额3 452.54亿元，占全省比重为99.61%，较2019年增长52.17%。

第二，区域创新能力不断提升。宁波国家科技成果转移转化示范区建设五年来，宁波相继获批国家自主创新示范区、国家海外人才离岸创新创业基地、国家知识产权运营服务体系建设重点城市等，区域科技创新能力在国家创新型城市中居第15位，宁波国家高新区全国排名上升至第15位。

第三，加快了地方经济发展。合芜蚌国家科技成果转移转化示范区获批建设后，芜湖市2022年第一季度全市高新技术产业产值同比增长25.8%，高于全省平均增速6个百分点。高新技术产业增加值同比增速15.0%，高于全省平均增速3.7个百分点。

第五章　云南省科技成果转移转化相关政策

近年来,云南省深入实施创新驱动发展战略,制定和发布了一系列科技成果转移转化相关政策,旨在强化企业创新主体地位,提升高新技术企业创新能力,增强区域科学技术创新能力和竞争力。本章在回顾云南省科技成果转移转化政策的基础上,结合省内科技成果转移转化示范区工作推进情况,针对云南省开展科技成果转移转化示范区建设提出相关措施建议。

一、云南省科技成果转移转化现有政策概况

自 2015 年《中华人民共和国促进科技成果转化法》修订以来,云南省围绕科技成果转化领域的堵点、痛点及难点问题,积极探索具有云南特色的科技成果转移转化机制模式,基本形成了从法律法规、综合性政策、专项措施、资金支持等政策支持体系。全省科技成果转移转化的制度环境日趋健全和完善。

(一)地方法规和综合性政策

围绕科技成果转移转化,云南省制定实施了地方性法规和综合性政策,旨在加快推动国家和云南省科技成果转化政策的落地见效,同时推动地方的科技与产业加快融合发展。

1. 制定实施地方法规

为及时落实国家科技成果转化政策,云南省人民政府出台了

《关于贯彻落实国务院实施〈中华人民共和国促进科技成果转化法〉若干规定的实施意见》(云政发〔2016〕70号),提出贯彻落实促进高校院所技术转移、激励科技人员创新创业、营造科技成果转移转化良好环境等政策内容,鼓励云南省科研机构、高等院校、企业等创新主体及科技人员转移转化科技成果,完善有利于加快科技成果转移转化和人才发展的激励机制,努力打通科技与经济结合的通道。2020年7月1日施行的《云南省促进科技成果转化条例》紧扣"如何转""有权转""愿意转""顺畅转"等关键环节,重点解决体制机制障碍、转化权益确定、转化动力激发、转化服务提升等问题,从各方主体、行为、权责等方面全面规范云南科技成果转化活动,进一步维护科技成果转化各方合法利益,为科技成果转化活动提供有力法治保障。

2. 综合性政策统筹

2021年12月10日,云南省委办公厅、省政府办公厅印发《创新驱动高质量发展29条措施》(云办发〔2021〕36号),包括4个部分共29条政策条款。其中,在围绕"强化区域创新,促进科技成果转移转化"部分,提出高校院所科技成果转化收益处置自主权、落实科技成果转化激励政策、支持技术交易和技术合同登记等方面的具体措施。2021年12月31日,云南省人民政府办公厅印发《云南省财政科研项目和经费管理改革20条措施》(云政办发〔2021〕70号),提出发挥企业在科研任务攻关、科技成果转化中的主体作用,探索建立以科技成果转化引导基金为基础的天使投资、风险投资、产业投资共同组成的科技风险投资体系。此外,还出台《关于实行以增加知识价值为导向分配政策的实施意见》(云厅字〔2017〕21号)、《关于抓好赋予科研机构和人员更大自主权有关文件贯彻落实工作的通知》(云政办发〔2019〕7号)等政策支持,促进开展科技成果转化。

(二)专项措施和财政支持

为促进具体科技成果转化政策落地,云南省在地方性法规和综合性政策基础上进一步制定了专项措施,并有相应财政支持。

1. 专项措施

云南省制定实施《云南省促进科技成果转移转化实施方案》(云政办发〔2017〕13号),从开展科技成果信息汇集与发布、产学研协同开展科技成果转移转化、建设科技成果中试与产业化载体、强化科技成果转移转化市场化服务、大力推进科技创新创业、建设科技成果转移转化人才队伍、大力推动地方科技成果转移转化、强化科技成果转移转化的多元化资金投入等8个方面提出21条具体的任务措施。云南省人民政府印发实施《云南省技术转移体系建设实施方案》(云政发〔2018〕60号)进一步加大对技术转移转化的支持力度,明确提出省级财政资金对引进先进技术成果的企业,按技术交易实际金额的20%(最高不超过200万元)给予奖励补贴;对云南省高校、科研院所以及企业将科技成果在省内完成技术交易的,按技术交易实际金额的20%(最高不超过200万元)给予奖励补贴;鼓励各州、市设立专项资金促进技术转移和科技成果转化。此外,云南省科技厅还研究制定了《云南省高校院所科技成果转移转化机构建设实施方案》,从2020年开始,连续3年支持省内高校院所建设科技成果转移转化机构和组织开展科技成果转移转化。

2. 资金支持

云南省人民政府办公厅制定出台《关于财政支持和促进科技成果转化的实施意见》（云政办发〔2019〕86号），提出发挥财政资金和财政政策的激励作用，对科技成果出让方、受让方、转化服务机构给予资金补助，对推进科技成果转化成效突出的重大科技成果转化平台给予资金补助，对在滇创办科技型企业的国内外高端科技人才给予补助，对科技成果转化项目依据新增产值给予补助等。2022年6月15日，云南省财政厅、云南省科学技术厅印发《云南省财政支持"十四五"科技创新若干措施》，该措施包含9个方面25条具体措施，在"促进科技成果转化，推动科技经济融合发展"部分提出支持科技项目成果转移转化、支持科技成果转移转化平台基地建设及支持科技金融结合等内容，提出对符合要求的科技成果转移转化应用示范等活动和形成的产品给予补助，强化对绩效突出的科技成果转移转化平台的支持以及对科技成果转化过程中发生的贷款利息、担保费、保险费及风险损失给予一定比例的补助。

在各种政策支持下，云南省加强了对科技成果转化的经费支持和绩效奖励补贴。例如，2020年至2023年初，共对66个科技成果转化成效显著的项目安排财政奖励补贴资金12 447万元进行支持，对18个建有科技成果转化机构的高校、科研院所提供财政资金支持1 120万元。又如在中央引导地方科技发展资金项目支持下，采取直接补助支持方式。2022—2023年初共支持19项科技创新建设项目，拨付项目支持资金3 920万元；支持8项区域创新体系建设项目，拨付项目支持资金1 540万元。

二、区域政策集成的设想和探索

科技创新政策全链条包括政策制定、政策执行、实施效果等环节,根据上述对科技成果转移转化示范区政策文件的战略规划、工作部署、建设推进等方面分析,结合云南的具体情况,可以发现在特定区域实现区域政策集成是推进科技成果转移转化的有效途径。

(一)区域政策集成的设想

区域政策集成包括政策目标、政策制定、政策工具、政策执行、政策优化等方面。

1. 明确政策目标

国家科技成果转移转化示范区是实施创新驱动发展战略的重要载体,是创新科技成果转移转化机制的试验田,是促进科技与经济社会融合发展的先行区。云南省开展区域政策集成,应围绕"3815"战略发展目标的实现和加快创新型云南建设的要求,以实现科技成果转移转化有效支撑区域经济社会高质量发展,立足地方科技创新基础条件和发展愿景。一方面积极学习借鉴国内代表性科技成果转移转化示范区和国外技术转移的有益经验,围绕高质量供给、产业化需求、专业化服务等发展方向提出科技成果转移转化政策目标;另一方面要根据选定示范区的具体情况,提出各具特色和可量化的政策目标,如通过科技成果转移转化推动产业转型发展、支撑园区高质量发展、促进国际科技成果转移转化、支撑农业农村现代化等,以提高政策目标的针对性和可操作性。

2. 统筹政策制定

在尊重技术创新内在规律的基础上,按照目标导向、问题导向、需求导向等原则，统筹不同类型政策，加快推动科技成果转移转化示范区建设发展。首先，深入落实《中华人民共和国科学技术进步法》《中华人民共和国促进科技成果转化法》《云南省科学技术进步条例》《云南省促进科技成果转化条例》等法律法规。其次，加强科技成果转移转化宏观战略的顶层设计。如在省级层面择机出台区域政策集成的指导意见或实施方案，系统规划部署全省示范区建设发展方向和重点示范任务。又如探索建立区域政策集成的战略咨询专家组，为政策先行、机制创新及措施落地提供决策支持。最后，在落地政策方面，充分结合区域发展特色，结合实际、因地制宜、系统设计科技成果转化政策举措，强化特定区域的先试先行作用；同时，注重不同政策主体的相互作用和联系，加强科技部门与教育、发展改革、工信、财政、税务、人力资源、审计等部门之间的政策协同和集成运用，推动职务科技成果权属改革、横向项目管理、科技成果评价及收益核算、奖励发放及绩效工资管理、人事制度改革等方面的探索和推广应用。

3. 搭配政策工具

政策工具可分为供给型、环境型、需求型等三种类型。科技成果转化的供给型政策工具包括人才培养、科技信息支持、资金支持、公共服务、基础设施建设等，以确保科技成果顺利转化；环境型政策工具包括金融支持、税收优惠、法规管制、知识产权保护等措施，通过营造良好的环境氛围，依托市场机制调动各机构科技成果转化积极性，促进技术成熟和规模推广；需求型政策工具包括政府采购、国际合作、服务外包、贸易管制等措施,从需求侧拉动科技成果转化进程,激发和拓展科技成果应用市场。云南区域政策集成应吸纳学者研究结果,学习借鉴已形成落地的具体措施,根据各个政策工具的作用机理、适用范围的不同,针对特定区域科技成果转移转化关键薄弱环节搭配不同政策工具。

4. 强化政策执行

公共政策的效果往往体现在相互依赖的多个主体中,从政策执行视角来看,一方面要制定完善实施细则来提升政策精准度,如引导高校院所落实创新源头、人才培养、技术研发、技术扩散等方面的政策,支持企业实施技术创新、新技术产品商业化及科技成果转化应用等方面的政策,鼓励区域性技术转移中心、示范性技术转移机构、成果转化应用基地等实施载体平台方面的政策。另一方面,政府部门要组织精干力量做好政策解读与宣讲培训,及时汇编科技成果转化相关政策,加大科技成果转化相关政策宣介和经验总结力度,及时指导高等学校、科研院所、医疗卫生机构、企业等制定完善本单位的科技成果转化规章制度。

5. 注重政策优化

科技创新政策落地过程的有效监督和反馈一直为利益相关方所关注,因此,在区域政策集成过程中,应将优化重点放在强化相关政策的全过程评价,加大对政策执行过程的力度和效率的评估以及加大评价结果的转化应用;同时还应根据示范区发展阶段及时进行政策调整,如从建设期的政策主导为主走向发展阶段的政策引导为主,又如根据国家和省级科技成果转移转化示范区的不同目标采取相应的政策措施。

（二）区域政策集成的探索

在河北·京南、宁波、浙江、苏南、上海闵行、济青烟、珠三角、成德绵、长吉图、汉襄宜、合芜蚌和重庆等国家科技成果转移转化示范区开展试验探索和在四川、内蒙古、甘肃等省区开展省级科技成果转移转化示范区培育建设工作的背景下，云南也开始思考通过科技成果转移转化示范区建设探索实现区域政策集成。

1. 云南省科技成果转移转化示范区的提出

2018年10月24日，云南省人民政府印发《云南省技术转移体系建设实施方案》（云政发〔2018〕60号），在建设目标中提出"以加快实现科技成果产业化为目标，建设1—2个省级科技成果转移转化示范区，力争国家科技成果转移转化示范区在我省落地"，同时在推动科技成果跨区域转移扩散中提出开展区域试点示范，鼓励有条件的州、市依托各类园区建设省级科技成果转移转化示范区1—2个，开展体制机制创新与政策先行先试，探索一批可复制、可推广的经验与模式。2020年，云南省委相关部门开展的督察工作提出要"加快推进省级科技成果转移转化示范区建设"。从目前披露的信息来看，云南省主要是通过积极推进楚雄州建设省级科技成果转移转化示范区来落实相关部署和要求。

2. 楚雄州大力推进科技成果转移转化

近年来楚雄州持续发力促进科技成果转移转化：一是注重氛围营造，截至2023年楚雄州已举办了七届"科技入楚"活动，其中，在第六届科技入楚生物医药产业发展对接会上就一举签订了项目合作协议38个、签约金额309亿元；注重推动本地科技成果转化，楚雄医药高等专科学校向云南彝医药开发有限公司转让了两项发明专利成果。二是加强高端创新资源引进和培育工作，深化与中国农业大学、郑州果树研究所、中国农业科学院等合作，加快推进中国农业大学云南现代种业研究院、楚雄云果产业技术研究院、中国农业科学院云南现代农业研究院、楚雄震旦火麻研究院等建设，挂牌成立了云南农业大学楚雄有机农业研究院。楚雄现已拥有国家和地方联合工程研究中心两个、省重点实验室一个。中国农业大学云南现代种业研究院、郑州果树研究所云果产业技术研究院、云南农业大学楚雄有机农业研究院、楚雄高新区植物蛋白及植物油脂产业创新研究院等成为2022年云南省初创型新型研发机构培育对象。三是激发科技成果转移转化需求，针对楚雄国家高新区转型升级提出加速科技成果转移转化，围绕创建元谋国家农业高新技术产业示范区提出加速科技成果转移转化，推进产业融合发展，在《楚雄州人民政府办公室关于印发楚雄国家农业科技园区建设三年行动计划（2023—2025年）实施方案的通知》（楚政办函〔2022〕48号）中提出园区年度新增转化科技成果数量12个；围绕全州"5+6"现代产业体系构建，加快推进科技创新发展和全链条升级。四是促进成果转化服务体系建设，成立了楚雄州科技成果转化中心，全州拥有国家级科技企业孵化器一个和省级科技企业孵化器两个。楚雄高新区科技创新中心、昆明合众智信知识产权事务所楚雄分所和楚雄璟汇知识产权服务有限公司等成功入选2022年度云南省知识产权信息公共服务网点名单，还与国科元科技（北京）有限公司、国科新创（楚雄）科技有限公司等专业服务机构开展合作。

3. 楚雄科技成果转移转化示范区的由来

近三年来，云南省科技厅和楚雄州持续推动省级科技成果转移转化示范区建设工作。2021年初，楚雄州科学技术局将"促进科技成果转移转化，加快建设全省科技成果转移转化示范区"作为年度八项重点任务之一进行落实。2021年8月12日，在云南省科技厅、楚雄州人民政府举行的2021年厅州会商会议上，建设省级科技成果转移转化示范区被列为十个议题之一。2023年8月1日，楚雄州科技局在传达学习云南省委十一届四次全会和楚雄州委十届五次全会精神时，提出的"抓实重点项目推进"贯彻落实措施，其中就包括积极争取和实施楚雄科技成果转移转化示范区建设。2023年8月21日，在云南省科技厅与楚雄州开展科技工作专题对接期间，楚雄州针对自身创新发展科技需求，提出在建设省级科技成果转移转化示范区方面开展科技合作。此外，楚雄州"开好局、强信心、促发展——贯彻落实党的二十大精神"系列新闻发布会·州科技局专场发布会的信息显示，楚雄州创新创业平台持续增长，楚雄科技成果转移转化示范区建设已初步通过专家论证。

实践启示篇

第六章　国家级科技成果转移转化示范区现状

科技成果转化是促进科技与经济深度融合的重要手段，科技成果只有转化为现实生产力，促进经济社会发展，才能实现其自身应有的价值。但长期以来，一些地区存在着科技成果向现实生产力转化不力、不顺、不畅的痼疾，其中一个重要症结就在于科技创新链条上存在着诸多体制机制关卡，创新和转化各个环节衔接不够紧密。2016年以来，国家开始依托前期有一定工作基础的区域建设国家级科技成果转移转化试验示范区，创新科技成果转移转化服务、金融、人才等政策，跨区域整合成果、人才、资本、平台、服务等创新资源，探索形成了一批可复制、可推广的工作经验和模式。

一、国家级科技成果转移转化示范区概况

国家科技成果转移转化示范区是实施创新驱动发展战略的重要载体，是创新科技成果转移转化机制的试验田，是促进科技与经济社会融合发展的先行区。我国国家科技成果转移转化示范区建设主要围绕地方经济转型升级、社会民生需求加速科技成果转移转化，带动形成全社会大力促进科技成果转移转化的热潮，为供给侧结构性改革提供科技支撑，为探索科技成果转化机制和推进全面创新发展提供经验和示范。

（一）总体建设背景和概况

近年来，科技成果转移转化已经成为科技界、产业界最为热闹和熟悉的话语，也成为国家和地方实施创新驱动发展战略的重要任务。国家层面，出台了《中华人民共和国促进科技成果转化法》《实施〈中华人民共和国促进科技成果转化法〉若干规定》《促进科技成果转移转化行动方案》(简称"三部曲")；省级层面，"三部曲"颁布实施后，各省密集出台了较为完善的政策措施，从中央到地方，对科技成果转化的重视程度越来越高，政策体系已趋于完善。得益于政策的加持，科技成果转移转化呈现蓬勃发展态势，加速了科技与经济的深度融合，极大促进了科技创新与社会经济发展。但科技成果转化是一项长期且复杂的系统性工程，政策体系虽然趋于完善，但是制约科技成果转化的痛点、难点、堵点问题并没有得到根本性解决。

为破解科技经济的深度融合难题，跨越科技成果转化的深谷，2016 年，国务院办公厅出台《促进科技成果转移转化行动方案》，其中一项重点任务是开展区域性科技成果转移转化试点示范，以创新资源集聚、工作基础好的省（区、市）为主导，跨区域整合成果、人才、资本、平台、服务等创新资源，建设国家科技成果转移转化试验示范区，在科技成果转移转化服务、金融、人才、政策等方面，探索形成一批可复制、可推广的工作经验与模式，在"十三五"期间支持有条件的地方建设 10 个科技成果转移转化示范区。

2016 年，科技部启动全国首批三家（宁波、河北·京南、浙江）国家科技成果转移转化示范区建设。示范区主要在两个方面发挥示范带动作用：一是推动落实国家科技成果转化政策法规，优化科技成果转化与创新创业环境，推动地方创新驱动发展；二是开展试点示范任务，探索可复制、可推广的经验与模式，为国家政策制定提供支撑。2017年，科技部出台了《关于印发国家科技成果转移转化示范区建设指引的通知》(国科发创〔2017〕304号)，提出了建设国家科技成果转移转化示范区的总体布局、建设条件、重点示范任务、建设目标等，旨在通过示范区的建设，打造形成一批政策先行、机制创新、市场活跃的科技成果转移转化区域高地，形成一批可复制、可推广的经验做法。2017年10月，科技部复函江苏省人民政府、上海市人民政府、山东省人民政府，支持三省市建设苏南、上海闵行、济青烟国家科技成果转移转化示范区，至此，国家级科技成果转移转化示范区增加至6家。2018年5月，科技部复函吉林省人民政府、四川省人民政府、广东省人民政府，支持三省建设长吉图、成德绵、珠三角国家科技成果转移转化示范区。

"十三五"期间，科技部共支持建设9家国家科技成果转移转化示范区。"十四五"期间又批复了3家，2021年6月和9月，科技部复函湖北省人民政府、安徽省人民政府，支持湖北和安徽建设汉襄宜、合芜蚌国家科技成果转移转化示范区。2022年1月，科技部复函重庆市人民政府，支持重庆市建设重庆国家科技成果转移转化示范区。各示范区在制定详细建设实施方案基础上，出台了一系列改革措施，全力推进示范区建设，在国际技术引进、资本投入、技术孵化、消化吸收、技术输出和人才引进、创新生态营造等方面取得了突破。宁波、苏南国家科技成果转移转化示范区在建设期内在促进科技成果转化政策创新、机制创新和制度创新方面成效突出，在科技部于 2021 年 11 月组织的验收评估中获评优秀。同时，9 个建设期满的示范区全部通过验收，超额完成了各项指标任务。国家级科技成果转移转化示范区的积极探索与实践，为打通科技成果转化最后一公里，促进科技与经济深度融合，加速科技成果转化为现实生产力，促进区域科技创新和经济高质量发展提供了有益经验和实现路径。截至 2022 年 12 月，科技部已批复建设国家科技成果转移转化示范区共 12 家（见表 6-1）。

表 6-1　国家级科技成果转移转化示范区名单

序号	名称	获批时间	所在省市
1	宁波国家科技成果转移转化示范区	2016-9-19	浙江省
2	河北·京南国家科技成果转移转化示范区	2016-9-19	河北省
3	浙江省国家科技成果转移转化示范区	2016-11-24	浙江省
4	上海闵行国家科技成果转移转化示范区	2017-10-10	上海市
5	苏南国家科技成果转移转化示范区	2017-10-10	江苏省
6	济青烟国家科技成果转移转化示范区	2017-10-10	山东省
7	长吉图国家科技成果转移转化示范区	2018-5-10	吉林省
8	成德绵国家科技成果转移转化示范区	2018-5-10	四川省
9	珠三角国家科技成果转移转化示范区	2018-5-10	广东省
10	汉襄宜国家科技成果转移转化示范区	2021-6-28	湖北省
11	合芜蚌国家科技成果转移转化示范区	2021-9-11	安徽省
12	重庆国家科技成果转移转化示范区	2022-1-8	重庆市

资料来源：根据公开资料整理。

从时间跨度看，"十三五"期间共有 9 家获得批准建设，其中 2016 年 3 家（河北·京南、宁波、浙江）、2017 年 3 家（苏南、上海闵行、济青烟）、2018年3家（长吉图、成德绵、珠三角）；"十四五"以来，批复建设了3家，其中2021年2家（汉襄宜、合芜蚌），2022年1家（重庆）。

从地域分布看，东部及沿海地区7家、中部地区2家、西部地区2家、东北地区1家，区域上形成了与长三角、珠三角、山东半岛、东北地区、中部地区和西南地区等国家重点战略区域协同呼应的发展格局。特色定位上充分结合了长三角地区的技术交易活跃、创新型产业集群聚集，珠三角地区的制造业基础较好、金融业态丰富，山东半岛的农业、海洋经济基础良好，东北地区的传统产业基础深厚、转型升级需求迫切，西南地区的国防工业较为发达等优势，充分利用需求侧强大牵引力和供给侧内在源动力推动科技成果转化全链条关键环节体制机制改革探索，发挥示范区政策机制先行先试和创新发展辐射带动作用。

（二）东部地区示范区

目前，东部地区有宁波、河北·京南、浙江、上海闵行、苏南、济青烟和珠三角7家国家科技成果转移转化示范区。

1. 宁波国家科技成果转移转化示范区

宁波于2016年9月获批成为全国首批科技成果转移转化示范区。根据《宁波市建设国家科技成果转移转化示范区实施方案》，宁波旨在探索科技资源薄弱地区开展科技成果转化路径与模式，助力该区域率先迈进国家创新型城市前列，跻身全国大城市第一方阵。

科技部对其建设有指引和导向。一是要按照党中央、国务院决策部署，大力培育良好的科技成果转化与创新创业环境，激发创新主体活力，建立健全支撑服务体系，探索具有地方特色的科技成果转化机制和模式，带动形成全社会开展科技成果转化与创新创业的热潮。二是要以激发民营经济活力为核心，发挥科技成果转化对产业和企业创新发展的支撑作用，突出市场需求导向，根据宁波产业技术需求旺盛、民营经济活跃、创新资源相对不足等特点，探索在科技创新资源薄弱地区开展科技成果转化的路径与模式。三是要加强政策先行先试，围绕创新产品政府采购、民间资本境外技术投资、投贷联动融资服务等方面探索一批实用管用的政策措施。要加强体制机制创新，力争在企业主体推动科技成果转化、民间资本投入科技成果转化、科技成果转化推动新兴产业培育等方面取得突破。

宁波将促进科技成果转化作为实施创新驱动发展战略的重要抓手，提出了到2020年，全市产业技术创新能力、高端要素资源集聚效应、体制机制创新活力显著提升，科技成果转化对产业和企业创新发展的支撑作用显著增强，开发和转化一批具有自主知识产权的重大新技术、新装备、新工艺、新产品，衍生培育一批原创型新兴产业，探索形成一批可复制推广的具有示范意义的做法和经验。初步建成全国一流产业技术创新中心，产业技术水平实现从跟跑转向并跑，部分重点产业和细分领域实现领跑。全市高新技术产业增加值占规模以上工业增加值比例达到43%，每万人有效发明专利拥有量达到38件，规模以上制造业新产品产值率达到30%。战略性新兴产业规模以上工业增加值达到900亿元，"两化"融合发展水平总指数达到90。培育出新材料、智能装备等一批在技术水平上具有并跑、领跑能力和较强国际竞争力的细分产业。全社会研发经费支出占 GDP 比重达到 3.2%，全社会研发活动人员达到 12 万人·年，规模以上企业建立研发机构的比例达到 60%。专业化技术转移机构发展壮大，多元化的科技成果转移转化投入渠道日益完善。全市技术交易额力争达到 100 亿元。建立较为完善的以企业为主体、政府引导、市场化运作、"政产学研金介用"相结合的区域科技成果转化体系。企业创新主体地位显著增强，创新能力明显提升，形成一批重大科技成果。

宁波确定了提升产业创新能力、拓展科技发展新空间、搭建创新创业服务平台、构建以企业为主体的协同转移转化体系、加快推动科技创业、完善成果转移转化服务体系、推动科技与金融紧密结合、推进区域技术转移转化开放协同等八个方面的主要任务；实施开展企业创新标准、创新方法及研发准备金制度试点，推进新型产业技术研究院及研发组织建设试点，启动专业化众创空间及公共研发平台建设试点，开展市场化技术转移服务机构培育试点，推动自主创新产品应用机制改革试点，推进民间资本境外研发创新投资试点，推进投贷联动和科技保险试点，推进人才分类评价和双向流动改革等八项重点改革事项。

2. 河北·京南国家科技成果转移转化示范区

河北·京南国家科技成果转移转化示范区在 2016 年 9 月获批，是全国首批两个国家级科技成果转移转化示范区之一。根据《河北·京南国家科技成果转移转化示范区建设实施方案（2017—2020 年）》，河北·京南国家科技成果转移转化示范区包括石家庄国家高新区、保定国家高新区、固安高新区、白洋淀科技城、亦庄·永清高新区、霸州经济开发区、长城汽车科技园、高碑店国际创新园、涿州国家农业科技园区、任丘经济开发区、衡水高新区等11个园区，形成"一区十一园"布局。2022年河北省科技厅印发的《河北·京南国家科技成果转移转化示范区建设方案（2022—2025年）》指出，京南示范区建设空间将由原"十一园"拓展为石家庄、廊坊、保定、沧州、衡水和雄安新区"五市一区"全域。

科技部对其建设有指引和导向。一是要按照党中央、国务院决策部署，大力培育良好的科技成果转化与创新创业环境，激发创新主体活力，建立健全支撑服务体系，探索具有地方特色的科技成果转化机制和模式，努力打造成为创新要素集聚区、科技金融示范区、体制改革先行区、成果转化样板区，带动形成全社会开展科技成果转化与创新创业的热潮。二是要以落实京津冀协同发展战略为核心，打造京津冀协同创新重要载体，充分发挥跨区域辐射带动作用，完善京津冀三地合作共建机制，加强科技创新成果、人才、平台、资本等资源开放共享，探索承接京津创新要素外溢转移、与河北产业创新需求对接转化的新模式。要加强政策先行先试，在跨区域技术转移、人才引进、科技金融、财税支持等方面探索形成一批政策措施。三是要加强体制机制创新，在示范区市场化建设模式、科技成果产业化路径、中介机构专业化发展、一区多园协同创新等方面取得突破，建设京津冀科技成果转移转化共同体。

2017年8月，河北省制定了《河北·京南国家科技成果转移转化示范区建设实施方案（2017—2020年）》，该方案提出了示范区建设将以落实京津冀协同发展战略为核心，以打造京津冀科技成果转移转化共同体为目标，探索具有地方特色的科技成果转化机制与路径，形成"京津研发、河北转化"的创新协作新模式，全面推进提升产业创新能力、培育企业创新主体、搭建创新创业平台、完善技术转移体系、促进科技金融融合、引进培养创新人才、深化体制机制改革、推动开放协同共建等八项主要任务。

2022年，河北省科技厅印发《河北·京南国家科技成果转移转化示范区建设方案（2022—2025年）》，方案提出到2025年，京南示范区吸纳京津技术合同成交额增长15%以上，技术合同成交总额达1 000亿元。"五市一区"实现省科技成果展示交易中心分中心全覆盖，省级技术转移机构达到200家，技术经理人达到2 000人，省级以上众创空间达到190家，省级以上科技企业孵化器达到130个，高新技术企业达到8 500家左右。重点产业科技成果转化效能大幅提升，形成机制灵活、功能完善、运行高效的科技成果转移转化体系，将京南示范区建成全省科技成果集聚区和辐射源。方案布置了实施重大科技成果转化示范工程、搭建成果转化承接平台与载体、完善技术要素市场、精准开展科技成果路演对接、创新科技成果转化机制与模式等五项重点任务。

3. 浙江省国家科技成果转移转化示范区

浙江省国家科技成果转移转化示范区于2016年11月获批，成为首家涉及全省域的国家科技成果转移转化示范区。2017年，浙江省科技厅发文，同意德清县等6个县（市、区）、浙江大学等7家高校（院所）和浙江星星科技股份有限公司等19家企业（机构）为浙江省国家科技成果转移转化示范区首批示范单位（见表6-2）。

表 6-2 浙江省国家科技成果转移转化示范区示范单位名单

示范工程类别	序号	名 称
县（市、区）	1	德清县
	2	嘉善县
	3	杭州市萧山区
	4	新昌县
	5	温州市瓯海区
	6	宁波市镇海区
高校、科研院所	1	浙江大学
	2	杭州电子科技大学
	3	浙江工业大学
	4	浙江理工大学
	5	浙江省农业科学院
	6	浙江清华长三角研究院
	7	中国科学院宁波材料技术与工程研究所
企业、科技中介机构	1	浙江星星科技股份有限公司
	2	浙江天地环保科技有限公司
	3	中电海康集团有限公司
	4	浙江菲达环保科技股份有限公司
	5	浙江京新药业股份有限公司
	6	横店集团联宜电机有限公司
	7	浙江水晶光电科技股份有限公司
	8	超威电源有限公司
	9	江山欧派门业
	10	浙江万安科技股份有限公司
	11	信质电机股份有限公司

（续表）

示范工程类别	序号	名　　称
企业、科技中介机构	12	浙江新东港药业股份有限公司
	13	浙江省科技开发中心
	14	温州市科技合作交流中心
	15	浙江省伍一技术有限公司
	16	金华市科学技术开发中心
	17	杭州科畅科技咨询有限公司
	18	杭州市萧山区科学技术服务中心
	19	银江孵化器股份有限公司

资料来源：浙江省科学技术厅。

科技部对其建设有指引和导向。一是要按照党中央、国务院决策部署，大力培育良好的科技成果转化与创新创业环境，激发创新主体活力，建立健全支撑服务体系，探索具有地方特色的科技成果转化机制和模式，努力把浙江示范区打造成全国一流的科技成果交易中心和面向全球的技术转移枢纽。二是要以完善科技成果转化市场机制为核心，探索"互联网+"科技成果转化的有效模式，构建互联互通的全国性技术交易网络。要大力培育科技成果转化服务体系，在多元化科技大市场、科技成果竞价（拍卖）等交易方式、科技金融结合、科技成果产业化基地建设等方面取得突破。三是要加强面向全球的技术转移合作，搭建开放共享的成果转化平台，在全球开展技术、资本、人才、服务等创新资源的深度融合与优化配置。要加强政策先行先试，在产业培育升级、高校科技成果转化、知识产权运用保护等方面探索形成一批政策措施。四是要加强体制机制创新，健全省市县三级联动机制，发挥德清等特色鲜明地区的引导带动作用，促进科技成果转化与县域经济发展有机融合。

2017年6月，浙江省人民政府办公厅印发了《浙江省建设国家科技成果转移转化示范区实施方案（2017—2020年）》，该方案提出到2020年，基本建立符合科技创新规律和市场经济规律的科技成果转移转化体系、具有浙江特色的科技成果转移转化模式，科技成果转移转化支撑平台、人才发展体制机制、线上线下融合的技术市场体系更加完善，科技创新和成果转化能力居全国前列。力争全省技术交易额达到800亿元；新型科研机构达到1 000家；发明专利授权量达到4.6万件，每年推动1 000个授权发明专利产业化；高新技术企业达到1.5万家，科技型中小微企业达到5万家（其中科技型小微企业2.5万家）；科技孵化器、众创空间等创新创业服务平台达到1 000家；创业风险投资管理资本达到3 000亿元；高新技术产业增加值达到7 200亿元，规模以上工业新产品产值达到35 000亿元；重点引进1 000名左右突破关键技术、引领新兴学科、带动新兴产业发展的海外高层次人才，力争其中500名能够入选国家级领军人才项目；技术经纪人达到5 000名。

浙江确定了以建设"互联网+"浙江科技大市场，推动成果拍卖规范化、专业化、品牌化，设立浙江知识产权交易中心为主的市场培育工程；以大力培育科技型企业、加强企业研发机构建设、支持企业应用转化科技成果为主的企业主体工程；以建设科技成果产业化平台、强化科技成果中试熟化、推广应用产业关键共性技术为主的产业升级工程；以加强高校院所科技成果转移转化、推动军民融合科技成果转化应用、推动国际科技成果转移转化、大力培育科技中介机构为主的协同创新工程；以做强做大科技成果转化基金、大力发展科技金融为主的科技金融工程；以培育科技创新人才团队、培育创新型企业家、培育科技中介人才为主的人才发展工程；以完善科技成果转化政策、深化商事制度改革、深入实施知识产权战略为主的环境优化工程等七项主要任务。

4. 上海闵行国家科技成果转移转化示范区

上海市闵行区作为上海的老工业基地，有着雄厚的制造业基础，上海闵行国家科技成果转移转化示范区于 2017 年 10 月获批。

科技部对其建设有指引和导向。一是要围绕国家创新驱动发展战略要求和上海市经济社会发展的迫切需求，探索具有地方特色的科技成果转化机制和模式，推动重大创新成果转移转化，支撑引领上海市供给侧结构性改革和经济转型升级与产业结构调整，为加快推动上海建设成为具有全球影响力的科技创新中心发挥积极作用。二是要努力建设成为国家技术转移体系的辐射源和全球技术转移网络的重要枢纽，定位为坚持全球视野、国际标准，依托张江国家自主创新示范区和紫竹国家高新技术产业开发区等现有创新平台，形成政策叠加效应和工作合力。三是要落实好推动国际技术转移网络建设、探索与国际规则接轨的技术转移机制、推动科技成果资源开放共享、推动军民融合技术转移、加强科技成果转化载体与服务体系建设等五项重点任务，完善技术转移网络的全球化、高端化布局，加速科技成果"走出去"和"引进来"的步伐，力求在国际技术引进、资本投入、技术孵化、消化吸收、技术输出和人才引进等方面取得突破。

2018年，上海闵行区根据科技部批准建设上海闵行国家科技成果转移转化示范区的要求，与市科学技术委员会联合制定了《上海市建设闵行国家科技成果转移转化示范区行动方案（2018—2020年）》，由市政府办公厅正式印发。方案提出要重点在技术网络全球化、科技资源共享化、创新主体多元化、科技服务专业化、军民融合产业化等方面形成"五个示范"。军民融合转化平台不少于10个，示范区内研发经费支出占地区生产总值比例达8.0%，每万人发明专利拥有量达74件，拥有国家、上海"QR计划"人才450人。集聚一批专业化、社会化的技术转移机构和熟悉国际业务规则、专业化复合型的技术转移人才。示范区内建设一批专业化众创空间和产业创新服务平台，成为战略性新兴产业的孵化高地，建成智慧医疗产业创新基地和国际新材料成果转化基地等。积极发挥示范区引领作用，服务上海科技成果转移转化体系建设，助推上海形成国际技术交易中心，基本建成全球技术转移网络的重要枢纽。成为国家技术转移体系东部辐射源，推动长三角技术转移协同发展。

上海闵行确定了以推动高校技术转移机制改革、提升科技成果转化能力、承接科研院所成果溢出、推进军民技术双向转移、建设科技成果信息库、汇聚科技成果信息资源等促进成果转化源头释放能量；以激发国企创新动力、建立协同创新机制、发挥外企创新资源、构建开放创新生态、集聚民企研发机构、提升企业创新能力等激发成果转化主体活力；以鼓励吸收全球先进技术成果、构建国际技术转移网络、建设专业创新平台、促进科技成果转化、培育专业服务机构、发展科技服务产业等完善成果转化服务体系；以优化人才政策支撑、壮大专业人才队伍等加快集聚成果转化人才。

5. 苏南国家科技成果转移转化示范区

苏南是江苏省南部地区的简称，包括南京、苏州、无锡、常州、镇江五市，地处中国东南沿海长江三角洲中心，东靠上海，西连安徽，南接浙江，北依长江（苏中、苏北）、东海，是江苏经济最发达的区域，也是中国经济极发达、现代化程度极高的区域之一。2017年10月苏南国家科技成果转移转化示范区获批，它也是全国首个以国家自主创新示范区为核心区域创建的科技成果转移转化示范区。

科技部对其建设有指引和导向。一是要围绕国家创新驱动发展战略要求和江苏省经济社会发展迫切需求，探索具有地方特色的科技成果转化机制和模式，推动重大创新成果转移转化，支撑引领江苏省供给侧结构性改革和经济转型升级与产业结构调整，加快推进创新型省份建设，为建设创新型国家和世界科技强国发挥积极作用。二是要努力建设成为全国科技成果集聚区和辐射源，为促进江苏省乃至全国先进制造业创新发展提供重要支撑，要依托苏南国家自主创新示范区、苏南五市国家高新技术产业开发区等现有创新平台，形成政策叠加效应和工作合力。三是要立足制造业发展需求，聚焦实体经济和新兴产业发展，落实好推进重点战略性新兴产业技术创新布局、构建高端创新资源开放供应链、加速打造产学研协同转移转化体系、加快建设科技成果转移转化市场化服务体系、完善科技成果转移转化支撑条件、创新科技成果转移转化体制机制等六项重点任务，促进苏南地区科技资源综合集成和高效配置，推动形成特色鲜明、优势明显的先进制造产业集群，发挥好科技成果转移转化对推动实体经济发展的牵引作用。

2017年12月，江苏省政府办公厅印发了《苏南国家科技成果转移转化示范区建设实施方案》，提出到2020年，在示范区转化应用一批具有自主知识产权、带动制造业优化升级的重大科技成果，提升苏南创新型产业集群整体规模和综合竞争力。建设10个科技成果产业化基地、20个国家技术转移示范机构、30个科技公共服务平台以及300个专业化众创空间，技术市场合同交易额达1 000亿元以上。形成功能完善、运行高效、市场运作的科技成果转移转化体系，努力建成全国科技成果集聚区和辐射源，为促进江苏乃至全国先进制造业转型升级、创新发展提供有力支撑。

实施方案提出战略性新兴产业创新布局、高端创新资源开放供给、打造产学研协同转移转化体系、提升科技成果转化支撑能力等方面内容。一是推进重点战略性新兴产业创新布局，主要围绕纳米技术、石墨烯、物联网、未来网络、人工智能、大数据等前瞻性产业开展超前部署；发展智能电网、高端装备制造、生物医药等优势产业，推进重大科技成果转化；在纳米技术、新材料、物联网、智能制造等领域，布局建设特色战略性新兴产业科技成果产业化基地，探索依托产业基地推动高水平创新成果转化的新路径。二是构建高端创新资源开放供给体系，主要通过吸引一流高校、部属科研院所等在示范区设立联合实验室等新型研发机构，深化与大院大所产学研合作；加强与重点国家产业创新机构合作、加快集聚高层次创新创业人才、开展技术转移品牌活动。三是打造产学研协同转移转化体系方面，推进覆盖苏南五市和省级以上高新区的苏南国家自创区一体化创新服务平台建设，探索成立由产业技术研究院牵头、由骨干企业出资、由海内外研发资源参与的重大项目组织实施载体。四是构建科技成果转化市场化服务体系、提升科技成果转化支撑能力，提出加快省技术产权交易市场建设、发挥省科技创新联盟和技术转移联盟作用、加强技术转移和知识产权运营服务机构建设；深入实施"创业中国"苏南示范工程，通过推动重点产业知识产权运营基金市场化运作、加快建设科技保险专营机构等大力发展科技金融；完善科技基础设施共享平台服务功能，实现省级以上高新区全覆盖；建设产业知识产权保护中心，严格知识产权保护。方案力图通过推进政策先行先试和机制模式创新、创新高校院所科技成果转化体制机制等创新科技成果转化机制和模式。

6. 济青烟国家科技成果转移转化示范区

山东位于中国东部沿海，地处黄河入海口，是一个海洋经济占比很高的省份。济南、青岛、烟台作为山东省内经济发达地区，资源、区位、产业、科技等优势较为明显。济青烟国家科技成果转移转化示范区于2017年10月获批。

科技部对其建设有指引和导向。一是要围绕国家创新驱动发展战略要求和山东省经济社会发展迫切需求，探索具有地方特色的科技成果转化机制和模式，推动重大创新成果转移转化，支撑引领山东省供给侧结构性改革和经济转型升级与产业结构调整，加快推进创新型省份建设，为建设创新型国家和世界科技强国发挥积极作用。二是要努力建设成为以蓝色经济、绿色农业为特色的全国重要科技成果转移转化辐射源和集聚地。要依托山东半岛国家自主创新示范区，黄河三角洲农业高新技术产业示范区和济南、青岛、烟台国家高新技术产业开发区等现有创新平台，发挥德州在京津冀协同发展和科技成果转移转化中的作用，形成政策叠加效应和工作合力。三是要建设成为科技成果转移转化策源地、海洋科技成果转移转化集聚区和绿色农业科技成果转移转化高地，加强科技成果转移转化主体、服务平台载体、人才队伍和金融支撑体系建设，实施面向重大需求的科技成果转移转化工程，推进科技成果转移转化体制机制创新等，着力促进科技成果转化为现实生产力，为加快推动山东省新旧动能转换提供有力支撑。

济南、青岛、烟台三地分别出台了各自的国家科技成果转移转化示范区建设实施方案。济南市主要从七个方面提出了推动科技成果转移转化的具体措施。一是积极打造科技成果转移转化引领区和承载区；二是建设科技成果转移转化精准对接平台；三是加强科技成果源头产出能力；四是拓宽科技成果产业化融资渠道；五是加快科技成果转移转化能力双提升；六是完善推动科技成果转移转化"双联盟"体系；七是开展科技成果转移转化国际品牌创建活动。

青岛市重点任务包括六个方面：一是增强科技成果转移转化源头供给，二是完善科技成果转移转化体系建设，三是深化科技成果转移转化开放协同，四是提升科技成果转移转化服务能力，五是强化科技成果转移转化产业承接，六是创新科技成果转移转化体制机制。

烟台市重点任务包括八个方面：一是围绕成果供给改革推动高校院所科技成果转移转化，二是建立具有鲜明特色的蓝色海洋科技成果转移转化集群，三是培育科技型企业承接科技成果项目转移转化，四是推进科技成果转移转化机构和成果转化平台建立，五是围绕重大需求推动科技成果转移转化，六是培育科技成果转移转化人才队伍，七是加强科技成果转化条件支撑，八是支持县市区建设具有区域特色的科技成果转化与技术交易平台。

7. 珠三角国家科技成果转移转化示范区

"珠三角"概念首次正式提出是 1994 年，广东省委在七届三次全会上提出建设珠江三角洲经济区。"珠三角"最初包括广州、深圳、佛山、东莞、中山、珠海、江门、肇庆、惠州共 9 个城市。目前珠江三角洲聚集了广东省重要科技资源，是全省高新技术产业的主要研发基地，是中国规模最大的高新技术产业带，是国内乃至国际重要的高新技术产业生产基地。珠三角国家科技成果转移转化示范区于 2018 年 5 月获批。

科技部对其建设有指引和导向。一是建设重点围绕国家创新驱动发展战略要求和广东省经济社会发展迫切需求，努力建设成为辐射泛珠三角、链接粤港澳大湾区、面向全球的科技成果转移转化重要枢纽。探索具有地方特色的科技成果转化机制和模式，推动重大创新成果转移转化，支撑引领广东省供给侧结构性改革和经济转型升级与产业结构调整，加快推进创新型省份建设，为建设创新型国家和世界科技强国发挥积极作用。二是衔接好香港国际创新科技中心、粤港澳大湾区国际科技创新中心、珠三角国家自主创新示范区的创新政策，依托九家国家高新技术产业开发区等现有创新平台,形成政策叠加效应和工作合力。三是突出先进制造技术成果转化应用、强化科技成果转化能力建设、优化科技企业孵化育成体系、完善成果转化科技金融服务体系、加快军民两用科技成果转化应用、深化国际技术转移合作、营造良好发展环境等重点任务,探索面向港澳地区双向转移转化科技成果的新模式、新路径,着力打造先进制造业科技资源集聚区,发挥好科技创新对粤港澳大湾区建设的支撑作用。

2018年8月20日,广东省政府发布了《广东省人民政府关于强化实施创新驱动发展战略进一步推进大众创业万众创新深入发展的实施意见》,提出要创建珠三角国家科技成果转移转化示范区、打造国际风投创投中心、大力发展分享经济和数字经济、构建全链条创新创业孵化育成体系等15个具体实施意见。其中对于珠三角国家科技成果转移转化示范区,提出了打造科技成果转移转化区域高地,加强粤港澳大湾区科技创新合作及成果转移转化。鼓励与港澳联合共建国家级科技成果孵化基地、青年创新创业基地等成果转化平台。加快建设华南技术转移中心,打造华南地区最具活力和影响力的技术转移与成果转化平台。建立全省统一的科技成果信息公开平台,完善重大科技成果转化数据库,推动技术标准成为科技成果转化的重要表现形式和统计指标等。

(三)东北和中西部地区示范区

东北和中西部地区布局有长吉图、成德绵、汉襄宜、合芜蚌和重庆五家国家科技成果转移转化示范区。

1. 长吉图国家科技成果转移转化示范区

长吉图的主要范围是中国图们江区域的核心地区,即吉林省范围内的长春市、吉林市部分区域和延边州（简称"长吉图"）。这一区域面积和人口约占吉林省的1/3，经济总量约占1/2，是中国参与图们江区域合作开发的核心地区和重要支撑。长吉图国家科技成果转移转化示范区以长春新区为核心建设载体，以吉林市国家高新区、延吉市国家高新区为科技成果转化承载轴，2018年5月获批。

科技部对其建设有指引和导向。一是围绕国家创新驱动发展战略要求和吉林省经济社会发展迫切需求，努力建设成为全国重要科技成果集聚区和面向东北亚的技术转移枢纽。二是探索具有地方特色的科技成果转化机制和模式，推动重大创新成果转移转化，支撑引领吉林省供给侧结构性改革和经济转型升级与产业结构调整，为建设创新型国家和世界科技强国发挥积极作用。三是以长春新区为核心，依托长春、吉林、延吉国家高新技术产业开发区等现有创新平台，形成政策叠加效应和工作合力。四是突出传统产业转型升级和动能转换、培育医药健康和装备制造特色产业集群、建立大中小企业融通发展新机制、打造促进科技成果快速转移转化的双创生态等重点任务，支撑以长吉图为开发开放先导区的图们江区域合作开发，推进振兴东北科技成果转移转化专项行动，加快推动新一轮东北老工业基地振兴发展，发挥好科技成果转移转化对推动东北地区经济发展的牵引作用。

为全面贯彻落实创新驱动发展战略和长吉图科技成果转移转化示范区任务，促进科技型企业加快发展，打通"政产学研用"协同创新通道，加快创新成果在省内转移转化，营造创新服务环境，释放创新生态活力，促进新经济发展，长春新区管理委员会

2019年12月制定出台了《长春新区促进长吉图科技成果转移转化示范区（核心区）发展的若干政策》，从鼓励高校院所科技成果转移转化、促进国际科技成果转移转化、支持建设新型科技成果转化平台、支持企业加强科技成果转化应用、培育科技成果转化示范企业与组织、支持建设科技成果转化服务体系、加强科技成果转化金融支持、营造科技成果转化良好环境等八个方面共十九条内容覆盖了成果转化的全链条，研究修订了促进科技创新、产业集聚、民营经济等七个专项政策，进一步加大在科技、金融、人才、服务业、新兴产业方面的扶持力度。

2. 成德绵国家科技成果转移转化示范区

成德绵主要是指成都、德阳、绵阳等城市所在的一个产业经济发展高峰地带，这一地带作为成都平原的极重要区域，科技领先、第三产业发达、城镇化水平高、产业集聚效应明显、地区生产总值比重大，是西部乃至全国经济发展的前沿地带，处于四川省的领先带动地位。成德绵国家科技成果转移转化示范区于2018年5月获批。

科技部对其建设有指引和导向。一是重点围绕国家创新驱动发展战略要求和四川省经济社会发展迫切需求，努力建设成为以军民融合科技成果转化为特色的全国重要科技成果转移转化辐射源和集聚地。二是探索具有地方特色的科技成果转化机制和模式，推动重大创新成果转移转化，支撑引领四川省供给侧结构性改革和经济转型升级与产业结构调整，为加快推进创新型省份建设、创新型国家和世界科技强国建设发挥积极作用。三是依托成都国家自主创新示范区和德阳、绵阳国家高新技术产业开发区等现有创新平台,形成政策叠加效应和工作合力。四是突出军民融合科技成果转移转化、职务发明科技成果产权改革试点、国家新药创制等重大专项成果转移转化、专业化技术转移人才队伍培养、市场化技术转移机构培育、科技成果转移转化服务生态系统建设等重点任务,发挥好示范区对中西部地区的辐射引领作用,以科技创新更好支撑西部大开发战略深入实施。

为加快推进成德绵国家科技成果转移转化示范区建设,确保完成示范区建设各项任务,四川省人民政府办公厅2018年9月发布了《成德绵国家科技成果转移转化示范区建设实施方案》,提出了到2020年,推进军民科技成果双向转移转化1 000项,培育孵化1 000家军民融合科技型中小微企业。布局建设10个环高校知识经济圈,培育环高校知识经济圈创新创业团队2 000家,新增高校院所转移孵化项目3 000项、孵化企业1 000家。建设国家新药创制重大科技专项成果转移转化示范基地,落地转化科技专项成果50项,聚集生物医药企业超过800家。推动企业成为科技成果转移转化主体,培育科技成果转移转化示范企业600家。辐射带动全省其他市(州)围绕特色产业推进科技成果转移转化,到2020年,全省技术合同交易额突破700亿元,国家技术转移示范机构50家,职业化技术经纪人1 000人,技术产业产值占规模以上工业总产值的比重超过30%,各级各类专业孵化机构700家,技术转移从业人员达到10万名。

具体方案共有七大任务。一是通过建立军民融合科技成果转移转化机制、建立军工科技资源共建共享机制、构建军民融合科技金融服务体系、培育军民融合企业和特色产业等推动军民科技协同创新和军民融合成果转移转化。二是通过建设国家科技重大专项技术创新服务体系、建设国家科技重大专项成果转化示范基地、探索国家重大科技专项成果在地方转移转化模式等推进国家科技重大专项成果转移转化。三是通过扩大职务科技成果权属混合所有制改革试点、加大高质量创新成果供给、布局建设环高校知识经济圈、拓宽高校院所科技成果转移转化渠道、推进新型科研院所建设等推动高校院所科技成果转移转化。四是通过探索建立企业实施科技成果转移转化的模式、推进科技成果转移转化示范企业建设等推动企业成为科技成果转移转化主体。五是通过推进国家技术转移西南中心建设、培育专业化技术转移机构、加快专业化孵化载体建设、推进国际成果转移转化平台建设等培育专业化科技成果转移转化机构。六是通过强化知识产权创造、保护和运用，建立科技成果信息汇交系统、建立线上线下技术交易网络系统、构建科技成果转移转化新格局等构建科技成果转移转化生态系统。七是通过建立多层次技术市场人才培训体系、推进成果转移转化人才队伍建设等壮大科技成果转移转化人才队伍。

3. 汉襄宜国家科技成果转移转化示范区

汉襄宜分别指湖北省的武汉市、襄阳市和宜昌市。这三个城市地理位置相近，交通便捷，经济较为活跃。是湖北省乃至整个中部地区的经济、交通和文化中心，对推动地区经济发展、促进产业升级、提升科技创新能力具有重要作用。这三个地区之间的合作与互动，将共同推动地区经济的繁荣和社会进步。汉襄宜国家科技成果转移转化示范区于2021年6月获批。

科技部对其建设有指引和导向。一是要围绕国家创新驱动发展战略要求和湖北省经济社会发展迫切需求，探索具有地方特色的科技成果转化机制和模式，推动原创科技成果转移转化，推动科技创新和经济社会发展深度融合，为实现科技自立自强和高质量发展发挥积极作用。二是力争建成全国科技成果转移转化政策创新和落实的集聚区和辐射源，成为全国重要的枢纽型技术要素市场。示范区要以汉襄宜区域为重点，以创新和落实科技成果转移转化政策为抓手，不断深化科技体制改革，着力破解科技成果转移转化过程中的关键瓶颈问题。三是要通过强化高校院所科技成果转化能力，推动重大关键技术成果转化落地；全面打造集研发设计、检验检测、知识产权、创业孵化、成果转化、科技咨询于一体的科技创新服务链，建立从实验研究、中试到生产的科技成果转化全流程服务体系。四是以各高新园区为主要载体，积极构建"政产学研金介用"结合的技术转移生态体系，培育发展新动能，着力构建现代产业体系，形成新的经济增长点，为推动湖北省乃至中部地区产业转型升级与经济发展提供有力支撑。

2021年10月19日湖北省人民政府办公厅印发了关于汉襄宜国家科技成果转移转化示范区建设方案的通知，提出了到2025年，要建成全国科技成果转移转化政策创新落实样板区和重要的枢纽型技术要素市场，使创新人才加快集聚，创新活力迸发，成果创造与转化绩效凸显，基本形成企业主体、人才支撑、金融支持、制度保障深度融合的成果转化工作体系；提出要使主要指标位居全国前列，全省技术合同交易额突破3 000亿元，科技成果转化中试研究基地达到300家，省级以上技术转移示范机构达到

300家，省级以上众创空间、孵化器等双创载体达到1 000家，在鄂高校院所实现专业化技术转移机构全覆盖，培养技术经纪人2 000人，高新技术企业数量年增长10%以上的建设目标。

方案共有六大任务。一是通过深化职务科技成果赋权改革、完善科技成果评价评估机制、开展财政科研经费管理改革、推进财政科技计划项目改革、建立尽职免责机制等着力推进政策创新与先行先试。二是通过夯实原创性科技成果供给基础、强化面向产业的科技成果产出能力、提升科技成果成熟度等提升高质量成果供给能力。三是通过提升高校院所科技成果转化运营能力、落实高校院所科技成果转化自主权、落实高校院所科技成果转化收益权、支持高校院所科研人员开展科技成果转化等推动高校院所科技成果转移转化。四是通过实施重大科技成果转化专项、支持企业承接科技成果、培育壮大高新技术企业、加强"双创"载体建设、建设科技成果转化核心承载区、推动重大科技成果落地转化等提升科技成果承接转化能力。五是通过加快创新创业人才集聚、壮大成果转化服务人才队伍推进科技创新人才队伍建设。六是通过健全技术交易市场服务网络、建设提升成果转化公共服务平台、建设知识产权运营服务平台、建设国际科技成果转移转化平台、培育技术转移专业服务机构、强化科技金融支撑、常态化开展科技成果转化品牌活动等推进科技创新平台系统建设。

4. 合芜蚌国家科技成果转移转化示范区

合芜蚌是指安徽省内的三个城市——合肥、芜湖和蚌埠因地理位置相邻、经济联系紧密而形成的区域合作联盟。合肥是安徽省省会和创新型城市，拥有较发达的制造业和高新技术产业。芜湖是安徽省的重要港口城市，拥有一流的港口和物流设施，以及汽车、钢铁、船舶等产业。蚌埠是安徽省重要的工业城市，以冶金、机械制造、化工等行业为主要特色。合芜蚌经济带的形成和发展，得益于三个城市相对邻近的地理位置，为经济、技术和人力资源的流动提供了便利。三个城市在交通、物流、人才引进、科技创新等方面展开深度合作，形成了良好的经济互补和合作机制。合芜蚌国家科技成果转移转化示范区于2021年9月获批。

科技部对其建设有指引和导向。一是建设要围绕国家创新驱动发展战略要求和安徽省经济社会发展迫切需求，探索具有地方特色的科技成果转化机制和模式，推动重大创新成果转移转化，构建协同开放共享的成果转移转化格局，推动科技创新和经济社会发展深度融合，为实现科技自立自强和迈进创新型国家发挥积极作用。二是要努力建成全省创新发展的新引擎、长三角协同发展的重要支撑区、全国科技成果转移转化的样板。示范区以合肥、芜湖、蚌埠、安庆、六安五市为建设主体，通过深化科技体制改革，探索科技成果转化模式创新，营造有利于科技成果转移转化的政策和制度环境，提升科技成果转化效率和水平。三是积极构建科技成果转移转化体系，加强原创科技成果供给和转化，建立健全企业主导的产业技术研发机制，发挥市场化、社会化机构和平台的支撑服务力量，大力培育有核心竞争力的创新型领军企业、专精特新中小企业集群和战略性新兴产业集聚发展基地。四是深度融入区域开放协同发展格局，充分发挥示范区辐射引领作用，加强科技成果跨区域、跨国际流动，全面支撑长三角世界级城市群跨区域协同创新。

安徽省科学技术厅于2022年11月29日编制并发布了《关于加快推动合芜蚌国家科技成果转移转化示范区建设的实施方案（2022—2025年）》，方案提出到2025年，建设10个科技成果产业化基地、20个技术转移示范机构、30个科技公共服务平台，建成市场导向、利益共享、体制健全、运行高效的科技成果转化应用体系，形成具有安徽特色的科技成果转移转化模式，成为全省创新发展的新引擎、长三角协同发展的重要支撑区、全国科技成果转移转化样板区。该方案还提出研发投入占地区生产总会的比重达3.2%，高新技术企业达14 000家，区域吸纳技术合同成交额、输出技术合同成交额均达1 500亿元以上，省级以上科技孵化器和众创空间数量达280家（国家级120家以上），职业化技术经纪人达1 000名以上的建设目标。

该方案共有三大重点任务。一是通过建设前沿科技成果供给体系、建设支撑成果转化的创新平台体系、构建多层次科技人才保障体系、建设专业化科技服务体系、建设金融支撑科技成果转化体系等加快建设科技成果转移转化体系。二是通过加强科技体制改革创新、加强成果转化模式创新、加强科技成果转化政策创新等加快推进科技成果转移转化体制机制创新。三是通过打通产学研协同创新通道、打通跨区域转移转化通道、打通大中小企业联动通道、打通革命老区振兴发展通道等加快建设科技成果转移转化通道。

5. 重庆国家科技成果转移转化示范区

重庆位于中国西南部，是长江上游的重要城市，是中国西部地区重要的政治、经济、文化和交通中心。重庆的经济发展迅速，被列为中国西部开发的核心城市之一。汽车制造、化工、电子信息、航空航天、金融等产业得到了快速发展。重庆也是中国的内陆城市中外贸出口较为活跃的城市之一，长江和嘉陵江交汇的渝中半岛是西部重要的商贸中心和物流枢纽。重庆国家科技成果转移转化示范区于2022年1月获批。

科技部对其建设有指引和导向。一是建设要围绕国家创新驱动发展战略要求和重庆市经济社会发展迫切需求，探索具有地方特色的科技成果转化机制和模式，推动重大创新成果转移转化，构建协同开放共享的成果转移转化格局，推动科技创新和经济社会发展深度融合，为实现科技自立自强和迈进创新型国家行列发挥积极作用。二是力争建成成渝地区双城经济圈高质量发展的重要支撑区，成为西部地区科技成果转移转化的重要承载地和辐射源。示范区以重庆国家自主创新示范区、国家高新技术产业开发区等为建设主体，通过深化科技体制改革，探索科技成果转化模式创新，营造有利于科技成果转移转化的政策和制度环境，提升科技成果转化效能和水平。三是积极构建科技成果转移转化体系，加速发展环大学创新生态圈，加快建设技术转移机构，不断壮大技术转移人才队伍。四是积极推进科技成果区域协同转化，高水平建设西部（重庆）科学城，高标准打造两江协同创新区，建设一体化技术交易市场。以科技成果产生、转化、应用为主抓手，加速产业迭代升级，持续推动科技成果赋能产业高质量发展，助力重庆由"制造重镇"迈向"智造重镇""智慧名城"。

根据《重庆国家科技成果转移转化示范区建设方案》，示范区将以重庆国家自主创新示范区、国家高新技术产业开发区等为建设主体，按照"一核多园"的空间布局，加快推动科技成果产生、转化、应用。"一核"，即西部（重庆）科学城；"多园"，即重庆高新区、两江新区、璧山高新区、永川高新区、荣昌高新区等。该方案计划到2025年，示范区将形成一批可复制、可推广的经验和做法，建立成渝地区协同转化机制，科技成果转化机制进一步优化；高校、科研院所专业化技术转移机构达到50个，专业化技术经纪人达到2 000余人；打造环大学创新生态圈10个以上，市级以上科技企业孵化器和众创空间达到100家，孵化面积达到500万平方米以上；技术合同成交额达到500亿元以上；示范区引领作用充分凸显，"一核多园"联动协作更加紧密，成渝地区协同转化机制日趋成熟，科技成果转化服务体系不断优化，具有全国影响力的科技创新中心建设步伐持续加快。

方案共有四项重点任务。一是打造科技成果转化体制机制改革"先行区"，深入推进赋予科研人员职务科技成果所有权或长期使用权试点建设，完善收益分配机制、评价激励机制。二是打造科技成果转化服务体系"样板区"，加速发展环大学创新生态圈，培育专业化技术转移机构，壮大技术转移人才队伍，打造高水平创业孵化平台，做大创新创业投融资规模。三是打造科技成果区域协同转化"集聚区"，高水平建设西部（重庆）科学城，高标准打造两江协同创新区，建设成渝地区一体化技术市场。四是打造科技成果赋能产业高质量发展"引领区"，优化科技成果的源头供给，提升科技成果中试熟化水平，加速产业迭代升级，助力重庆由"制造重镇"迈向"智造重镇""智慧名城"。

二、国家科技成果转移转化示范区建设成效

自 2016 年第一批国家科技成果转移转化示范区获批以来，各示范区积极探索，取得了各具特色的建设成效，总结起来可以分为两类。

（一）以行政区域为主体的示范区

宁波、浙江、上海闵行等以行政区域为主体的示范区通过机制创新，激发域内创新要素融合，形成推动科技成果转移转化的经验。

1. 宁波国家科技成果转移转化示范区经验

自 2016 年获批成为全国首批科技成果转移转化示范区以来，宁波大力实施创新驱动发展战略，以激发民营经济活力为核心，探索科技创新资源薄弱地区开展科技成果转化的路径与模式，推动科技创新为民营经济特别是制造业高质量发展赋能添力。五年中，宁波相继获批国家自主创新示范区、国家海外人才离岸创新创业基地、国家知识产权运营服务体系建设重点城市等，区域科技创新能力在国家创新型城市中居第 15 位，宁波国家高新区全国排名上升至第 15 位。

宁波在夯实企业创新主体作用、推动科技成果转化等方面开展一系列示范探索，着力构建以企业为主体的协同转移转化体系，加大力度培育创新型初创企业、专精特新"小巨人"及单项冠军企业，推动高校院所开展成果转移转化；鼓励推进高层次人才创新创业；加快宁波科技大市场建设，健全公共科技成果资源数据库，大力培育科技服务机构，完善成果转移转化服务体系；引导天使投资和创业投资发展，推进科技保险、担保产品创新；加快

推进产业技术研究院和企业创新联合体建设，组织实施区域协同研发计划，实施"企业出题、政府立题、全球创新资源协同破题"关键核心技术攻关新模式，不断丰富形成宁波特色的科技成果转移转化路径，打造优质科技创新生态。

2. 浙江省国家科技成果转移转化示范区经验

作为全国唯一的全省域国家科技成果转移转化示范区，自获批建设以来，浙江省国家科技成果转移转化示范区着力加强体制机制创新，健全省市县三级联动机制，鼓励先行先试，从政策到机制、从产业到金融、从人才到服务，加速探索，逐渐形成了科技成果转移转化的"浙江路径"；充分发挥浙江民营经济和市场体制机制优势，持续推进中国浙江网上技术市场建设，完善"互联网+科技成果转移转化"的机制模式。

截至2021年底，浙江网上技术市场已实现11个地市和90个县（市、区）全覆盖，建成线下实体科技大市场59家，与福建、新疆、西藏、海南等地建立了市场化合作机制。按照技术要素市场化配置要求，充分发挥技术市场的价格发现功能，联动实施"招拍挂、股改投"六大技术要素市场化手段，强化技术、资本、人才、服务等创新资源的一体化配置，推动浙江企业研发经费、研发人员、研发机构、科技项目、申请和授权专利占全社会比重等五项指标持续保持高水平，位居全国前列。协调推动长三角区域内五家国家科技成果转移转化示范区组建长三角国家科技成果转移转化示范区联盟，在科技成果高质量供给、成果供需精准匹配对接、成果转移转化生态构建、成果转移转化体制机制优化等方面加强协同合作。

3. 上海闵行国家科技成果转移转化示范区经验

作为区域面积最小的国家科技成果转移转化示范区，上海闵行国家科技成果转移转化示范区通过数年建设，在"技术转移全球化、科技资源共享化、创新主体多元化、科技服务专业化、军民技术产业化"等五个方面形成示范，科技创新策源地功能得到大力提升。

一是推进全球先进成果技术转移网络全球化，坚持全球视野、国际标准，建设国际技术转移网络，大力引进国际技术转移机构，常态化开展火炬科技成果直通车国际路演对接，打造"全球技术转移大会"等活动品牌，网罗全球先进技术在示范区转化、落地，大力吸引外资龙头企业建设创新中心，截至2021年底，全区共有外资研发中心48家、外资跨国地区总部企业54家，推进技术创新和科技成果转移转化全球化合作。

二是推动高校科研院所科技成果和资源共享，积极推动高校、科研院所的创新资源溢出，区校联动共建成果转化平台、打造升级版大学科技园，瞄准新技术、新产业，与高校共建研究院、产业园形成"高校研发、在地孵化、上海转化"机制，发挥大学科技园"创业孵化、成果转化、人才培养、辐射带动"的核心功能，推动高校科技成果落地转化，培育和推动战略性新兴产业发展。

三是激发市场主体科技成果转化活力，充分发挥企业技术创新主体作用，积极开展科技创新、承接成果转化，形成国企、外企、民企等各类企业广泛参与的局面。

四是构建科技成果转化专业化服务体系，集聚技术转移各类要素资源，打造线上与线下相结合的成果转化服务体系，为促进成果转化提供"催化剂"。

五是聚焦培育硬核科创企业加速军民技术产业化，促进军民技术双向转移转化，推动航天、航空、船舶等军民产业集聚，形成"军转民""民参军"的双向发展态势，培育硬核科创企业。

（二）跨行政区域示范区

河北·京南、苏南、济青烟、长吉图、成德绵、珠三角等跨行政区域示范区通过机制创新，促进创新要素跨区域流动，形成各具特色的经验。

1. 河北·京南国家科技成果转移转化示范区经验

河北·京南国家科技成果转移转化示范区以支撑供给侧结构性改革为主线，打造京津冀科技成果转移转化共同体为目标，重点提升河北承接京津科技成果转移转化能力，持续强化同京津两市的沟通衔接，着力实施共建科技园区、共建创新基地、共建转化基金、共建创新联盟、共建技术市场"五个共建"行动，协同创新逐步深化。经过几年的建设，"京津研发、河北转化"取得了积极成效，促成了一大批北京、天津科技成果在河北转化。如前所述，2018—2020年，河北省连续三年吸纳京津技术合同成交额超过200亿元，其中2019年吸纳北京技术合同成交额214亿元，仅次于广东省位列全国第二，河北成为京津科技成果转移转化"洼地"。

2. 苏南国家科技成果转移转化示范区经验

自2017年获批建设以来，苏南国家科技成果转移转化示范区始终聚焦提升先进制造业创新能力一条主线，链接科技成果供需两端，夯实科技成果转化服务、创新创业服务、科技金融服务三个支撑，实施科技成果转化政策激励试点、产业技术研究院改革、职务科技成果赋权改革、高校专业化技术转移机构建设试点等四项改革，积极探索科技成果转化苏南模式，大力转化应用中国科学院、北京大学、清华大学等知名院校的重大科技成果，为全省加快实现高水平科技自立自强注入了更强动力。截至2021年底，示范区集聚了35个国家技术转移示范机构，累计获得省级财政资金24亿元，实施了310项科技成果转化项目，技术合同成交额超过2 000亿元，是2017年的3.2倍；在全国率先布局了17家科技成果产业化基地，命名50家成果转化示范企业，转化应用了一批具有自主知识产权、带动产业优化升级的重大科技成果，成为全省乃至全国科技成果的集聚区和辐射源。

3. 济青烟国家科技成果转移转化示范区经验

济青烟国家科技成果转移转化示范区聚焦渤海湾蓝色经济发展，着力推动海洋技术转移转化，采取打造海洋科技成果转移转化中心，建立海洋技术创新平台、基地，成立海洋共同体基金等措施，促进海洋创新链与产业链融合对接，激发山东乃至渤海湾地区海洋经济和产业发展内生动力。2019年，济青烟国家科技成果转移转化示范区共登记技术合同20 911项，成交金额568亿元，占山东全省近一半份额。根据国家海洋技术转移中心发布数据显示，青岛市2019年海洋技术交易有670项，技术合同成交额为20.99亿元，同比上涨15.56%。目前，围绕海洋技术领域，山东省重点推进海洋仪器装备、海洋化工、现代海洋农业等领域前瞻布局，助推产业升级和持续发展。

4. 长吉图国家科技成果转移转化示范区经验

长吉图国家科技成果转移转化示范区积极推进构建科技成果

转化服务链条和快速通道，为区域经济创新发展培育新的增长点，推动省内相关高校院所、科技创新孵化载体、中介服务机构和科技型企业按照"平等自愿、互利共赢"的原则共同发起成立了吉林省科技成果转移转化共同体，目前该共同体已发展有112家成员单位，引进入库科技成果2.3万项，技术和融资需求1.5万项，吸纳专家4 861名，注册会员5 343名。长春新区出台《创新券实施管理办法》，在全省首推科技创新券制度，通过企业买服务、政府买单的形式，创新政策支持方式，降低企业创业成本，激发创新活力。示范区还探索金融服务模式，建立了3亿元的战略性新兴产业发展基金，各类产业基金达11只，总规模达248亿元，通过"政、银、保"风险分担机制，共同承担科技企业信贷风险，有效提升企业获贷率；加快推动科技优势向经济优势转变，与中国科学院长春分院、中国科学院长春光学精密机械与物理研究所、吉林大学等"一院四所四校"打造省内协同创新共同体和创新平台，谋划环吉大双创生态圈。2020年，推动75项科技成果在示范区内落地转化，投资金额7.31亿元。

5. 成德绵国家科技成果转移转化示范区经验

作为全国唯一以军民融合为主题的示范区，四川高位推进成德绵国家科技成果转移转化示范区建设取得了积极成效，职务科技成果权属混合所有制改革在全国迈出了先行一步，为全国推行成果所有权改革奠定了基础。示范区还聚焦新药创制重大科技专项，推动科技成果"沿途下蛋"，促进了产业升级；探索军民科技融合新模式，推动科技成果双向转移转化，打造了成德绵示范区的特色名片。截至2021年底，布局建设环高校知识经济圈11个，培育环高校知识经济圈创新创业团队2 172家，新增高校院所转移孵化项目5 766项；服务国家新药创制重大科技专项成果转化50项，聚集生物医药企业806家；培育科技成果转移转化示范企业619家，孵化企业1 291家。成为全省"一干多支、五区协同"区域协同发展的核心集聚区，也成为引领带动全省经济社会高质量发展的重要引擎。

6. 珠三角国家科技成果转移转化示范区经验

珠三角国家科技成果转移转化示范区建设启动以来，一方面加强粤港澳合作，打造技术转移国际合作试验区，另一方面充分发挥珠三角地区制造业发达的优势，打造先进制造技术成果转化应用示范区。2017年3月1日起，《广东省促进科技成果转化条例》正式发布实施，它标志着广东省科技成果转化工作从顶层设计与体制机制等方面进入法制化新阶段。2019年3月，广东省出台"科创12条"等激励政策，培育了一批创新标杆企业。2021年4月22日，粤港澳大湾区国家技术创新中心在广州揭牌成立，作为国家重点布局建设的三个综合类国家技术创新中心之一，粤港澳大湾区国家技术创新中心致力于推动从科学到技术的转化，促进重大科技成果产业化，为区域产业发展提供源头技术供给，培育发展新动能。2021年，广东省全年共认定登记技术合同42 961份，完成合同成交额约4 290亿元，增幅继续超20%，其中技术交易额约3 240亿元，继续保持全国第二；全省研发经费支出从2017年的2 344亿元，增加到2021年的超3 800亿元，占地区生产总值比重从2.61%提高到3.14%，全省研发人员突破110万人，发明专利有效量、国际专利申请量等指标均居全国首位。

第七章 省级科技成果转移转化示范区建设现状

在国家出台一系列政策举措推进建设一批国家级科技成果转移转化示范区的同时,四川、甘肃、内蒙古、天津等部分省(区、市)也紧跟国家步伐出台相关政策措施,启动建设省级科技成果转移转化示范区并取得了一定成效。从已建设的省级科技成果转移转化示范区看,基本上均依托当地国家或省级高新技术开发区、国家或省级经济技术开发区、工业园区等产业园区为主体,聚焦科技成果转化的痛点、难点和堵点问题,在体制机制上大胆创新,制定出台了切实可行的政策措施,以企业和市场需求为导向,探索科技成果转化的有效路径和模式,为破解科技成果转化难题进行了积极的探索,为其他省(区、市)建设省级科技成果转移转化示范区提供了可供借鉴的经验。

一、省级科技成果转移转化示范区建设概况

省级科技成果转移转化示范区的设立,是各地区为进一步促进科技与经济深度融合,加速科技成果转化为现实生产力,为产业转型升级、结构调整和区域经济发展提供更有力科技支撑而搭建的重要载体。

(一)总体建设背景和概况

2016年国务院办公厅出台促进科技成果转移转化行动方案后,全国各省(区、市)均制订了促进科技成果转移转化行动方案,有的省份在行动方案里明确要依托国家和省级高新区、自主创新示范区、农业科技园区、可持续发展示范区、大学科技园等创新资源聚集区域建设省级科技成果转移转化示范区。上海、浙江、广东、山东等东部发达省份主要依托国家级科技成果转移转化示范区,建设科技成果产业化基地。而中西部地区则在省级科技成果转移转化示范区建设方面有更多的探索。从省级行政单位覆盖范围看,国家级科技成果转移转化示范区设定在11个省份(浙江省有2个),而省级科技成果转移转化示范区覆盖范围相对较小。从建设进展看:在12个国家级科技成果转移转化示范区中,9个建设期满且通过了验收评估,3个在建设中,而在29个省级科技成果转移转化示范区中,四川省首批6个建设期满且通过验收评估,另外23个有的建设期满还未验收评估,有的在推进建设中。

通过检索各省(区、市)科技管理部门官方网站、媒体报道和相关文献资料可知,截至2022年底,四川、甘肃、内蒙古、天津、宁夏、湖南、山西、安徽、新疆等省(区、市)已启动建设省级科技成果转移转化示范区,各省(区、市)通过建设科技成果转移转化示范基地、示范企业等,强化其在引导科技成果对接、特色产业技术需求转移转化等方面的示范带动功能,加速产业转型升级,打造特色产业集群,形成一批可复制、可推广的经验与模式。

(二)代表性省区情况

在上述启动建设省级科技成果转移转化示范区的省(区、市)

中，四川、甘肃、内蒙古和天津四个省（区、市）最具代表性，这四个省（区、市）的省级科技成果转移转化示范区的建设概况见表7-1。

表7-1 代表性省级科技成果转移转化示范区简况

省（区、市）	发展定位
四川省（18个）	打造形成一批政策先行、机制创新、市场活跃的科技成果转移转化示范区，健全全省科技成果转移转化政策环境和体制机制，壮大专业化的技术转移人才队伍，完善科技成果转化公共服务平台，提升企业、高校院所科技成果转移转化能力。逐步建立和完善各具特色的科技成果转移转化体系，推广一批适应不同区域特点、组织形式和发展阶段的成果转化模式和典型经验，努力把四川打造成为西南地区乃至全国一流的科技成果转移转化枢纽。
甘肃省（6个）	围绕国家创新驱动发展战略要求和各市经济社会发展迫切需求，探索具有地方特色的科技成果转化机制和模式，推动重大创新成果转移转化，支撑引领全省供给侧结构性改革和经济转型升级、产业结构调整，为加快推进创新型省份建设发挥积极作用。示范区建设要发挥区位、创新资源和产业基础优势，依托现有创新平台，形成政策叠加效应和工作合力，突出传统产业转型升级和动能转换，认真抓好建设方案重点任务落实，建立常态化高校院所与企业科技成果供需对接转化机制，建立健全科技成果转移转化综合服务平台，培育良好的创新创业生态，激发各类创新主体活力，为加快推动全省新旧动能转换提供有力支撑。
天津市（3个）	发挥区域科技资源、产业资源优势，积极融入天津市科技成果转移转化体系，通过先行先试成果转移转化新模式、新举措，激发创新主体市场活力，让技术、人才、资本流动起来，形成具有地方特色、可示范推广的成果转移转化新模式、新路径，推动科技成果加快转化为经济社会发展的现实动力。
内蒙古自治区（2个）	依托国家级自主创新示范区、农业高新技术产业示范区、可持续发展创新示范区、国家级或自治区级高新技术产业开发区、农业科技园区、经济技术开发区、工业园区、高新技术产业化基地等区域创新高地布局建设示范区，推动优化科技成果转移转化的政策环境和体制机制，不断提升创新主体的科技成果转移转化能力，形成一批可复制、可推广的经验做法，推动自治区科技成果转移转化能力全面提升。

资料来源：根据公开资料整理。

1. 四川省

四川省于 2018 年印发了《四川省科技成果转移转化示范区建设指引》，提出要按照布局集中、优势互补的原则，在全省建设 15 个左右省级科技成果转移转化示范区，形成以四川成德绵国家科技成果转移转化示范区为核心，省级科技成果转移转化示范区为支撑的"一核多极"的总体布局。

2018 年 12 月，四川省科技厅批复建设自贡高新区、乐山高新区、德阳高新区、内江高新区、德阳经开区和宜宾临港经济开发区等首批六个省级科技成果转移转化示范区，截至 2022 年底，共有 18 家省级科技成果转移转化示范区获得批复。18 个省级科技成果转移转化示范区与成德绵国家科技成果转移转化示范区形成"一核多极"的总体布局，各示范区在促进科技成果转移转化、提升创新主体能力、促进产业转型升级、培养创新人才等方面取得了显著成效。

2. 甘肃省

甘肃省人民政府办公厅 2016 年 9 月发布了《甘肃省促进科技成果转移转化行动方案》，方案提出要围绕全省优势产业发展布局，依托兰白科技创新改革试验区、国家高新区、国家农业科技园区、大学科技园、战略性新兴产业集聚区等创新资源集聚高校、科研院所、行业骨干企业等，重点培育建成两个省级科技成果转移转化示范区，引导科技成果对接特色产业需求转移转化，培育新的经济增长点，形成一批可复制、可推广的经验与模式。2018 年初，甘肃省科学技术厅印发了《关于培育建设省级科技成果转移转化示范区的通知》，启动了省级科技成果转移转化示范区建设工作,该通知明确示范区建设要围绕国家创新驱动发展战略要求和各市经济社会发展迫切需求,探索具有地方特色的科技成果转化机制和模式。

2018年、2020年、2021年,甘肃省科技厅先后批复支持兰州、白银、张掖、金昌、定西、庆阳六市建设省级科技成果转移转化示范区。着力推进示范区建成全省科技成果转移转化和技术交易的活跃区、科技与经济润通发展的先行区、实现创新驱动发展的引领区,成为全省新的经济增长点,形成一批可复制、可推广的经验与模式。

3. 天津市

天津市于2019年6月启动建设市级科技成果转移转化示范区,东丽区成为天津首个示范区,截至2022年底,天津市共批复建设三个市级示范区。天津建设科技成果转移转化示范区,旨在通过发挥区域科技资源、产业资源优势,推动科技成果加快转化为经济社会发展的现实动力。

4. 内蒙古自治区

内蒙古自治区于2021年底出台了《内蒙古自治区科技成果转移转化示范区建设指引》,提出示范区主要依托国家级自主创新示范区、农业高新技术产业示范区、可持续发展议程创新示范区,国家级或自治区级高新技术产业开发区等区域创新高地布局建设。到2025年,重点培育和林格尔新区、包头稀土高新技术产业开发区、鄂尔多斯高新技术产业开发区、巴彦淖尔国家农业科技园区、赤峰高新技术产业开发区、阿拉善高新技术产业开发区等园区创建示范区。

2022年6月，内蒙古自治区科技厅致函呼和浩特市人民政府，支持建设内蒙古和林格尔新区自治区科技成果转移转化示范区，成为自治区首个科技成果转移转化示范区，和林格尔新区自治区科技成果转移转化示范区聚焦大数据、生物科技、新材料等领域重大科技成果转化，建立适合新区产业发展的科技成果转移转化机制与模式，构建完整的科技成果转移转化生态。

2022年9月，内蒙古自治区科技厅批准包头稀土高新技术产业开发区设立自治区科技成果转移转化示范区，成为第二个自治区科技成果转移转化示范区。除了已批准的和林格尔新区、包头稀土高新技术产业开发区，内蒙古自治区还将重点培育鄂尔多斯高新技术产业开发区、巴彦淖尔市国家农业科技园区、赤峰高新技术产业开发区、阿拉善高新技术产业开发区等四个园区创建示范区，力争在"十四五"期间建成三至四个示范区。

二、省级科技成果转移转化示范区建设成效

目前，各省（区、市）省级科技成果转移转化示范区从各地经济社会和科技创新发展实际需求出发，紧紧围绕科技成果转移转化各环节，结合各地资源禀赋、产业布局、区位优势和科技特点等，充分发挥市场在配置创新资源中的决定性作用，在科技成果转移转化政策措施、市场化改革、公共平台建设、专业化人才培养等方面进行了积极探索，通过示范区建设，探索形成了各具特色的科技成果转化路径和模式，加速了科技成果转化活动蓬勃发展，促进了科技与经济的深度融合，为推进供给侧结构性改革

和经济高质量发展提供了科技支撑。下面以四川省和甘肃省为例展现建设成效。

（一）四川省省级示范区建设成效

通过推进示范区建设，四川省科技成果转移转化示范区形成省级和国家级示范区"1+18""一核多极"的总体布局，各示范区在促进科技成果转移转化、提升创新主体能力、促进产业转型升级、培养创新人才等方面取得了显著成效。

遂宁经济开发区是四川省第二批八家示范区之一，自2019年获批建设示范区后，全区积极打造行业龙头研发机构、建设新型专业研发机构、培育科技创新创业载体，促进科技成果产生。同时，融通大中小企业科技成果、完善专家团队服务企业机制、培育科技成果专业服务机构助推科技成果转移转化。一系列措施打通科技成果转化的"任督二脉"，科研成果纷纷"走出"实验室，科技创新"磁吸效应"持续放大。示范区启动科技研发和科技成果转化项目157项，累计投入建设资金11.35亿元、科技财政资金5 985万元。截至目前，遂宁经开区有国家高新技术企业38家，国家科技型中小企业96家，国家级公共服务示范平台2个，国家级专精特新企业1家，省级技术转移示范机构2个，省级专精特新企业35家，省科技成果转移转化示范企业11家。2020年，全区技术合同交易额达3.2亿元，技术科技成果转化登记427项，建成双创孵化载体2个、打造中试熟化基地37个、建立产学研合作组织64个。

绵阳市游仙区充分发挥军工科研优势资源，努力建设成为军民科技协同创新和成果转移转化高地。一是创新院地合作机制，构建"院地企联姻"发展模式，探索建立科研资源库、军民融合成果库、项目政策库，推进院地企技术、信息、仪器等资源开放共享，协调民企参与院所配套多项。二是打造院地创新平台，联合研究院共建科创中心、材料联合创新中心等协同创新平台。实施重点企业"研发机构全覆盖"行动，搭建高等院校、科研院所与产业功能区企业对接平台，围绕相应领域开展关键核心技术攻关，建成国家级技术转移中心1家，累计转移转化科技成果20余项。三是建立完善政策支持体系，赋予创新人才更大技术路线决定权和经费使用权。创新推出"游仙创客贷"科技金融产品，帮助科技型中小微企业解决融资难、融资贵问题。推动院所技术成果就地就近转化，对科研技术成果落地游仙并实现产业化的，根据技术成果的技术水平和经济效益进行综合评定，给予院所最高100万元奖励。

（二）甘肃省省级示范区建设成效

近年来，随着全省政策红利的强力"助攻"、甘肃省科技成果转移转化持续"放大招"。2017年至今累计认定84家省级技术转移示范机构，建成8家国家技术转移机构；与中国科学院兰州分院共同发布《建立成果转移转化协调机制方案》；创新科技成果资源对接形式和载体，通过举办兰州科技博览会搭建科技创新合作交流平台，促进科技与产业深度融合；2018年印发《关于培育建设省级科技成果转移转化示范区的通知》，先后批复支持兰州、张掖、白银、金昌、定西5市建设省级科技成果转移转化示范区。一系列措施使科技创新"磁吸效应"持续放大。

定西省级科技成果转移转化示范区于2020年9月获批创建。

自获批建设以来，示范区积极探索和运用"科研单位＋合作社＋基地＋农户""科研单位＋企业（协会）＋农户"以及技术转让、联合开发等多种科技成果转化模式，紧紧围绕旱作农业、节水农业、设施农业、农机装备制造、新能源、新材料等技术领域，大力实施科技成果转化"双十"计划；每年筛选重点科技成果并制定下发转化实施方案，三年来共对99项工业、农业和第三产业科技成果进行了有效转化；技术合同交易额逐年大幅攀升，总计达到26.13亿元，其中2022年突破10亿元大关。

第八章　示范区建设经验及对云南的启示

自2016年首批国家级科技成果转移转化示范区启动建设以来，截至目前，已有近50个国家级和省级科技成果转移转化示范区，各示范区结合自身发展基础、科技资源禀赋和区位优势等因素，制定了详细的实施方案，提出了各具特色的建设目标和示范任务。围绕建设目标和任务，各示范区在政策先行先试、体制机制改革创新、科技金融、科技成果赋权改革、科技成果转化收益分配等方面进行了突破性的积极探索，形成了一批具有区域特色的科技成果转化路径和模式，为破解科技成果转化"最后一公里"难题提供了可行路径和经验借鉴。对于科技创新能力弱、经济发展仍然滞后的云南而言，科技创新资源相对匮乏，原始创新动能不足，市场主体不活跃，亟须推进建设具有区域特色的科技成果转移转化示范区，在科技体制机制改革、政策先行先试、科技成果赋权、收益分配等方面大胆探索，真正破解制约科技成果转化"最后一公里"堵点、难点问题，在省内率先做出示范，形成可复制推广的经验与做法。目前，国家与部分省份科技成果转移转化示范区的经验对云南具有借鉴意义。

一、科技成果转移转化示范区建设模式

科技成果转化全链条各环节涉及各类创新主体、创新要素和创新资源，其转化模式按照不同维度划分，有多种类型。国家和省级科技成果转移转化示范区定位于以科技成果转化促进区域特色发展，着眼于地方科技资源禀赋和区位优势等因素，制定各具特色的建设目标和示范任务。独具区域特色的科技成果转化模式逐渐形成，为促进科技成果转化提供了经验和样本。

（一）市场导向模式

浙江、苏南、珠三角等示范区通过机制创新和试验示范，形成了以市场驱动、产业牵引和科技金融推动科技成果转化的市场导向模式。

1. 市场双向驱动型

浙江示范区是市场双向驱动型科技成果转化典型代表。示范区依托商品市场发展的优势基础，全面推动技术要素市场建设，全面打造"互联网+"技术交易市场，积极打造具有"展示、交易、交流、合作、共享"五项集成式功能的浙江科技大市场，提供包括分析评估、路演推介、对接洽谈、竞价拍卖等在内的全链条服务。同时启动网上技术市场3.0建设，推动科技成转化渠道数据的融合与流通，加强科技成果信息的流动与推送。在全国范围内率先出台《科技大市场运营服务规范》，发布《〈科技大市场运营服务规范〉贯标方案》，在全省科技大市场开展贯标工作，促进运营管理程序化、制度化和规范化。各地大市场的运营主体以公司化运作模式为主，运作机制更加灵活，且更具市场活力。另

外,推进"浙江拍"品牌化发展。推进成果拍卖规范化运行,从"科技成果征集遴选—评价评估—企业需求分析—精准匹配"到"路演推介—对接洽谈—拍卖成交",再到"转化服务",全流程引入产权交易市场的制度体系,制定科技成果拍卖管理办法和业务指引,形成科技成果拍卖交易制度体系。开展"农业拍""计量拍"等"行业拍",将协议公示、挂牌、竞价(拍卖)三种市场化定价方式纳入"浙江拍"范畴,推动"浙江拍"发挥市场机制优势。通过开展技术难题招标(张榜招贤)、创新挑战赛等活动,将企业技术难题和需求作为反向"浙江拍"标的,使科研机构和科研团队形成良性竞争,促进高校院所和企业间的产学研合作。

2. 产业牵引型

苏南示范区是产业牵引型科技成果转化典型代表。一方面,苏南示范区依托省级以上高新区,以"一区一战略产业"为规划主题,共布局建设了17家科技成果产业化基地,围绕掌握产业核心技术的科技型企业,推进一批重大原创性科技成果在创新型产业集群中进行转化和产业化;深化与高校院所合作,在新材料、集成电路和生物医学等战略性新兴产业领域,与中国科学院、中国工程院、北京大学、清华大学、浙江大学"两院三校"构建全面合作共建格局,以大院大所深厚的科研实力推动示范区新兴产业的培育发展;推进国家重大科技计划成果落地,组织各基地赴科技部专业机构对接"国家科技重大专项""国家重点研发计划重点专项"待转化成果,组织基地对接国家重点实验室,促成50余项重大成果落地转化合作,总投资额超过46亿元;树立科技成果转化示范标杆,基地内先后评选认定50余家科技成果转化示范企业,通过政策、资本、服务等的集成支持,帮助示范企业更大范围对接创新资源,促进每家企业年均实施20余项技术成果转化项目,全面促进基地产业规模扩大、结构优化和效益提升。

另一方面,苏南示范区加大新型研发机构建设力度。聚焦人工智能、高性能材料、电子信息等产业领域,布局建设一批新型研发机构,探索建立对新型研发机构的绩效考评和持续支持机制,以示范区为重点,择优对新型研发机构给予奖励补贴,强化科技成果转化创新举措的有效落实;同时,深化新型研发机构改革,将江苏省产业技术研究院作为创新改革基地,创新运营、管理和研发模式,实行"一院+一公司"的管理体制,明确权责范围和管理模式;针对江苏省产业转型升级急需"核心关键技术"供给现状,以技术需求驱动创新研发,促进企业、研发载体和高校院所融通创新、集成创新,支撑江苏省产业转型升级,构建以研发载体、创新资源和产业需求三个部分组成的产业技术创新体系。

3. 科技金融驱动型

珠三角示范区是科技金融驱动型科技成果转化的典型代表。示范区全面推进科技领域与金融行业资源和要素贯通,完善科技金融服务体系,布局建设科技金融服务分中心,推动企业与金融机构深度融合,解决科技型企业融资难问题。聚焦战略性新兴产业领域,设立科技成果转化基金,加速关键核心技术成果在珠三角地区的落地转化及产业化。探索科技金融体制机制创新做法,加大各类金融工具在科技成果转化领域的应用力度。一是完善科技金融服务体系。示范区内布局建设20余家科技金融服务分中心,累计服务科技企业2.8万家,推动企业与金融机构深度融合,解决科技型企业融资难问题。二是推动设立科技成果转化基金。推动建立国投（广东）科技成果转化基金，由国投（广东）创业投资管理有限公司按照市场化、专业化机制管理和运营，助力粤港澳大湾区科技成果转移转化基金设立，围绕关键核心技术领域如电子信息、先进制造以及生物医学等发展，推动科技创新成果的有效转化和产业化，培育形成一批有核心竞争力的战略性新兴产业。三是创新科技金融手段支持科技成果转化。广州市推出"湾创直播间"线上融资服务活动，促成中国银行与多家参会企业达成意向贷款，引导社会资本"投早""投小"。深圳市探索开展创业投资地方立法，设立市政府投资引导基金、中小微企业发展基金等一批创新创业型发展基金，为初创企业跨越低谷提供金融支撑。

（二）区位拉动模式

上海闵行、济青烟、河北·京南等示范区通过机制创新和试验示范，形成了以区位资源驱动和跨区域承载推动科技成果转化的区位拉动模式。

1. 区位资源驱动型

上海闵行示范区是区位资源驱动型科技成果转化的典型代表。闵行区紧抓虹桥国际开放枢纽，打造国际技术交易市场，建立常态化国际科技成果路演机制。同时引进国际技术转移机构，拓宽科技成果转化渠道，与法国、加拿大等20余个国家合作，建立技术转移合作关系，并且引进加拿大滑铁卢大学上海技术转移中心等30余家海外技术转移机构，举办中英项目对接、伦敦科技周上海站、长三角国际创新挑战赛等品牌性较强的活动，在国际技术转移网络布局方面取得了丰富的经验。一是建设上海国际技术交易市场，以上海市虹桥商务区为核心，以长三角为主要辐射区，打造国际技术交易的集散地，建立每月两次的常态化国际科技成果路演机制。二是强化和国际技术转移中介机构的合作。加强与海外高校、研发机构合作，建立加拿大滑铁卢大学上海技术转移分中心，与华东师范大学、以色列海法大学合作共建转化科学与技术联合研究院，建设"生物制药研发平台"和"基因编辑与细胞治疗国际联合创新研究中心"，建立国际创新成果的转移转化途径。三是探索国际化科技成果转化平台"基地+基金"模式。示范区与投资企业共同建立"国际科技成果转移转化中心和基地"，深入对接英国皇家工程院院士等高峰人才，吸纳引进全球领先水平的生物医药类技术项目。四是支持外资企业建立产业创新中心。引导支持强生等外资企业建立产业创新中心，提升区域科技成果转化活力。成立上海康美创业投资基金，培育生物医药、医疗器材等领域有潜力的早期项目，支持外资企业与闵行本土高校院所、企业开展合作，共同推进科技创新和成果转化。

济青烟示范区呈现的则是另外一种方式，该示范区充分发挥沿海区位资源优势，聚焦渤海湾蓝色经济，着力推动海洋技术转移转化，采取打造海洋科技成果转移转化中心，建立海洋技术创新平台、基地，成立海洋共同体基金等措施，促进海洋创新链与产业链的融合对接，激发山东乃至渤海湾地区海洋经济和产业发展内生动力。青岛建设蓝色硅谷——海洋技术转移中心。聚焦海洋科技创新源头，打造蓝色硅谷，发挥技术要素集聚枢纽功能和创新资源市场配置作用，加快国家海洋技术交易平台、海洋技成果转化服务平台等构建，开展科技成果挂牌、竞价拍卖、公示见证、标准化评价等特色服务。完善"一总多分"技术转移服务体系。围绕国家海洋技术转移中心，在现代海洋农业、海洋生物医药等领域建设12个分中心，积极打造海洋技术转移服务体系。各中心依托专业领域高校院所，发挥研究平台优势，推动海洋蓝色技术成果的转化和应用。烟台着力打造海洋技术领域重大科技创新平台。推动海洋领域工程技术研究中心建设，建设国家级"中欧海洋工程示范型国际科技合作基地""烟台八角湾蓝色种业硅谷"，打造以海洋产业为特色的科技创新和成果转化平台。打造蓝色生物医药成果转化和产业化集群，推动烟台生物医药产业集群逐步发展为国家级战略性新兴产业集群，加快重症药物的研究和创新工作，培育了绿叶制药等多家生物医药领域领军企业。

2. 跨区域承载型

河北·京南示范区是跨区域承载型科技成果转化的典型代表。得益于国家京津冀协同发展战略的深入实施，该示范区聚焦北京和天津科技创新成果跨区域转化，以各高新区为活动单元，建立示范区建设监测跟踪机制，积极推进各高新区与京津地区高校院所创新合作，建立健全创新创业和孵化体系，全力推进高新技术企业和科技型中小企业的建设与发展，持续引进各类产业化项目，推动科技成果跨区域承载转化取得积极成效。一是建设科技成果转化载体平台。出台专项政策，充分发挥各分园积极性，积极推进与北京中关村、中国科学院和在京津的央企、高校院所、科技服务机构等合作，共建科技创新园、科技创新和成果转化基地平台。二是大力培育高新技术企业和科技型中小企业。加大高新技术企业和科技型中小企业培育和扶持力度，对每家新认定高新技术企业奖励10万元，对省级认定的高新技术企业培育服务机构给予专项资金支持50万元。截至目前，示范区高新技术企业达到1 762家，科技型中小企业近6 775家，高新技术产业增加值占规模以上工业增加值比重提升至64.4%。三是支持企业引进重大科技成果。示范区实施的重大科技成果转化专项，全部由企业牵头组织实施并给予资金支持。建立健全京津冀地区产学研协同机制，加快建设产业技术创新联盟，发挥京津地区对示范区科技成果转化的牵引和支撑作用。

（三）供给推动模式

成德绵示范区是供给推动型科技成果转化的典型代表。该示范区以重大专项科技成果转化为示范重点。例如，发挥四川华西医院等地方科研单位凝聚作用，创新科技成果管理和转化机制，建设专项成果产业化平台，完善技术创新和转移服务体系，提高新药专项成果的落地转化效率。截至2020年底，该示范基地已构建了全生命周期的生物医药技术服务平台，引进项目150个，协议总投资额超过1 100亿元，一批获得国家重大新药专项支持的平台和品种入驻示范基地实现落地转化。一是构建转化、采购、医保、金融四位一体制度体系。出台"新药专项成果及时纳入药品集中采购目录，实行直接挂网采购""支持三级医疗机构设立研究型病房"等创新举措，设立新药专项支持资金，强化新药专项成果落地转化政策和资金支持。二是建立新药临床前评价公共服务平台。构建的国际临床研究中心是中国唯一可提供FDA电子数据注册申报的机构，零缺陷通过各国药品监管机构审查。建立临床前评价体系，提供规范化临床前制剂研发及药性评价，截至2021年底完成千余种药物评价，其中创新药物260余种。三是建设科技成果转移转化专业化服务机构。组建的四川西部医药技术转移中心具有法人资格，采取独立运营模式，建立了"医药科技成果信息收集、咨询，项目评估与对接、技术产品开发与应用推广"等服务体系，提供标准化、专业化服务。

二、对云南的启示

从国家和相关省份科技成果转移转化示范区建设情况可知示范区建设是一项复杂的系统性工程，由于涉及范围广、难度大，所以需要国家层面、省级层面和地方加强统筹协调、有机衔接，形成合力推动示范区建设真正落地并取得切实成效，进而使科技成果转移转化为推动区域产业转型升级和经济发展提供有力支撑。以上国家和省级科技成果转移转化示范区建设发展现状、做法和经验，对云南建设科技成果转移转化示范区有如下启示。

（一）有关规划设计的启示

示范区建设需要有载体依托，做好顶层设计。

1. 依托载体

应以国家和省级高新区、自主创新示范区等基础好、条件优、政策活的产业园区为载体建设科技成果转移转化示范区。从现有12个国家科技成果转移转化示范区看，除浙江是唯一全省域示范区外，其他11个国家示范区和四川、天津、甘肃、内蒙古各省级示范区都是依托国家和省级高新区、国家自主创新示范区、经开区等平台开展科技成果转移转化试验示范，探索全国和省域范围内可复制、推广的做法、经验和模式，为加速科技成果转化提供切实可行的方案。

2. 顶层设计

2017年和2020年，科技部分别出台了《国家科技成果转移转化示范区建设指引》(以下简称《指引》)和《关于加快推动国家科技成果转移转化示范区建设发展的通知》(以下简称《通知》)。《指引》主要对示范区建设定位和方向进行规划，《通知》重点对科技成果转化亟待突破的薄弱环节进行任务部署。而有关示范区中期发展规划仍不明晰，云南要推进建设科技成果转移转化示范区，需要在政策顶层对于示范区中期的发展方向、发展目标、重点示范任务等进行系统规划部署，形成完整的顶层政策体系。从已建设的国家级和省级科技成果转移转化示范区经验看，国家级示范区有市场、企业、资源、金融、政策、成果等多种类型驱动，省级示范区主要以政策驱动为主，作为发展相对滞后的云南而言，市场主体不活跃，科技成果供需不旺，宜采取政策驱动模式，完善政策措施，强力推动示范区建设。

（二）有关环境保障的启示

示范区建设需要有政策、资金和服务保障。

1. 制定专门政策

认真贯彻落实《促进科技成果转化法》以及国家、省关于深化科技体制改革，强化各级科技、财政、投资、人才、产业、金融、政府采购、知识产权等政策协同。围绕国家科技成果转移转化示范区创建，出台示范区建设规划方案和专门的政策文件及其配套措施，不断完善促进科技成果转移转化政策落地的相关配套细则。加强各项先行先试改革措施的集成，并抓好具体落实及实施督查，完善有利于科技成果转移转化的政策环境。

2. 设立专项资金

设立科技成果转移转化示范区专项资金，用于示范区专项建设，如组织实施科技成果转移转化工程、扶持科技成果转移转化服务机构、培育科技成果转移转化人才队伍及开展相关科技成果转移转化活动等，同时还可作为各承担区域（单位）相关配套经费。加大省级层面科技发展专项资金对科技成果转移转化示范区的支持，积极引导社会资金成立专业性强、产业领域明确的科技成果转移转化相关基金，进一步带动民间资本和金融资本共同参与科技成果转移转化。

3. 强化服务保障

组织实施省级中试基地、科技成果产业化示范基地等的认定与评估工作，鼓励有条件的企业主动承担省级中试基地、产业化示范基地等的建设工作，鼓励高校院所组建企业法人制的技术转移转化示范机构。支持各地市科技局强化科技成果转移转化职能，鼓励明确其业务管理部门，形成与省级科技主管部门相衔接的工作体系。组织开展科技成果转移转化专题对接活动认定备案工作和科技成果转移转化年度报告工作，鼓励各地市结合当地优势，组织科技成果转移转化专题对接活动。

区域基础篇

第九章 云南省科技成果情况分析及影响

本章基于对国家科技成果在线登记系统2020—2022年云南省科技成果登记数据的整理,总结此三年云南科技成果登记情况,分析其对云南建设科技成果转移转化示范区的影响。

一、2020—2022年云南省科技成果登记概况

本节主要对2021—2022年的云南省主动登记的科技成果数量、类别、登记单位等基本情况,以及评价方式、来源、知识产权和完成人情况做整理。

(一)基本情况

主要包括科技成果数量、类别、登记单位等基本情况。

1. 科技成果总量

2020年度,云南省共登记科技成果585项,科技成果产生的直接效益达475.54亿元。

2021年度,云南省共登记科技成果545项,科技成果产生的直接效益达504.76亿元。

2022年度,云南省共登记科技成果447项,科技成果产生的直接效益达661.91亿元。

具体可视化数据见图9-1。

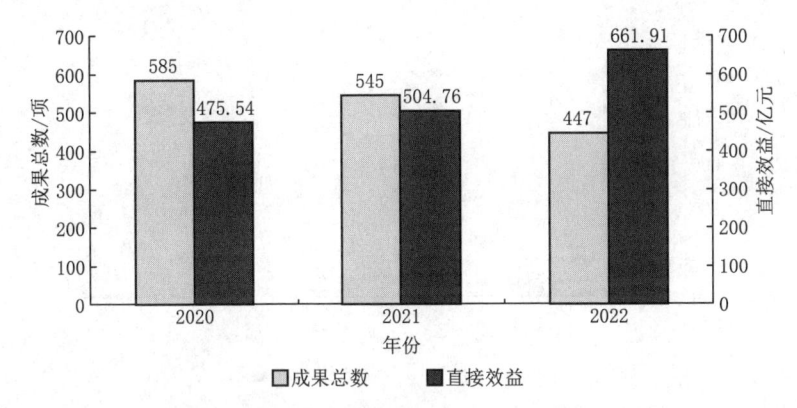

图 9-1 2020—2022 年云南科技成果基本情况

数据来源：国家科技成果信息服务平台公开数据。

2. 科技成果的分类

2020 年度，在所登记的 585 项科技成果中，应用技术成果 520 项，占成果登记总数的 88.89%；基础理论成果 35 项，占成果总数的 5.98%；软科学成果 30 项，占成果总数的 5.13%。

2021 年度，在所登记的 545 项科技成果中，应用技术成果 511 项，占成果登记总数的 93.76%；基础理论成果 20 项，占成果登记总数的 3.67%；软科学成果 14 项，占成果登记总数的 2.57%。

2022 年度，在所登记的 447 项科技成果中，应用技术成果 423 项，占成果登记总数的 94.63%；基础理论成果 19 项，占成果登记总数的 4.25%；软科学成果 5 项，占成果登记总数的 1.12%。

具体可视化数据见图 9-2。

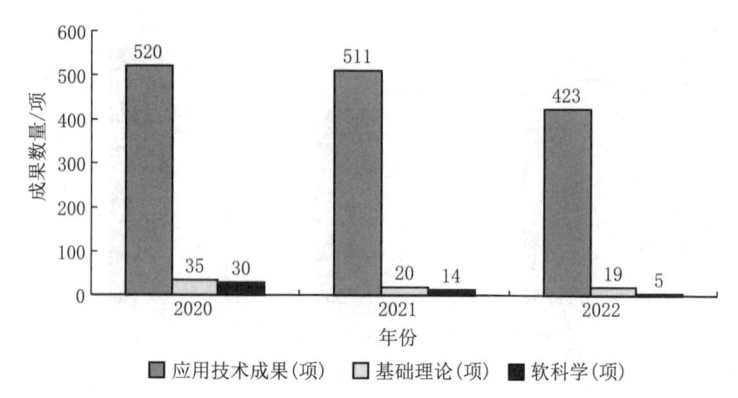

[图表：2020—2022年云南科技成果分类柱状图，应用技术成果2020年520项、2021年511项、2022年423项；基础理论2020年35项、2021年20项、2022年19项；软科学2020年30项、2021年14项、2022年5项]

数据来源：国家科技成果信息服务平台公开数据。

图 9-2　2020—2022 年云南科技成果分类情况

3. 科技成果单位类别

2020 年在所登记的 585 项科技成果中，按第一完成单位统计，企业 302 项，企业登记科技成果数占全省科技成果登记总数的 51.62%；独立科研机构 61 项，占 10.43%；大专院校 8 项，占 1.37%；医疗卫生机构 161 项，占 27.52%；其他 53 项，占 9.06%。

2021 年在所登记的 545 项科技成果中，按第一完成单位统计，独立科研院所 53 项，占全省科技成果登记总数的 9.72%；大专院校 3 项，占全省科技成果登记总数的 0.55%；企业 319 项，占全省科技成果登记总数的 58.53%；医疗机构 110 项，占全省科技成果登记总数的 20.18%；其他 60 项，占全省科技成果登记总数的 11.01%。

2022 年在所登记的 447 项科技成果中，按第一完成单位统计，独立科研院所 37 项，占全省科技成果登记总数的 8.28%；大专院校 8 项，占全省科技成果登记总数的 1.79%；企业 296 项，占全省科技成果登记总数的 66.22%；医疗机构 59 项，占全省科技成果登记总数的 13.20%；其他 47 项，占全省科技成果登记总数的 10.51%。

具体可视化数据见图 9-3。

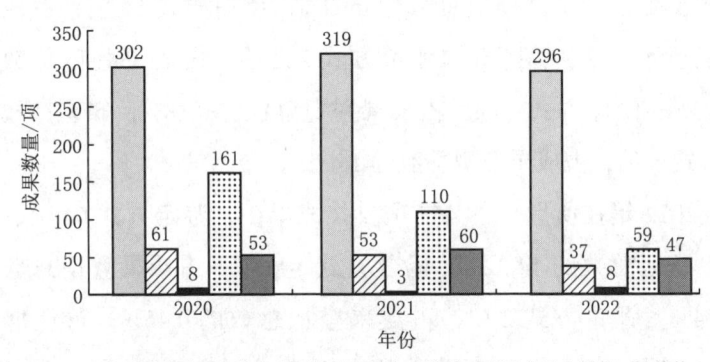

数据来源：国家科技成果信息服务平台公开数据。

图 9-3　2020—2022 年科技成果完成单位类别情况

（二）评价、来源、知识产权和完成人

本节主要梳理科技成果评价方式、来源、知识产权取得和完成人等情况。

1. 评价方式

2020 年在所登记的 585 项科技成果中，鉴定方式 75 项，占成果登记总数的 12.82%；验收方式 225 项，占成果登记总数的 38.46%；评审方式 13 项，占成果登记总数的 2.22%；行业准入 5 项，占成果登记总数的 0.85%；评估方式 2 项，占成果登记总数的 0.34%；机构评价 205 项，占成果登记总数的 35.04%；结题方式 6 项，占成果登记总数的 1.03%；知识产权授权方式 54 项，占成果登记总数的 9.23%。

2021 年在所登记的 545 项科技成果中，鉴定方式 67 项，占成果登记总数的 12.29%；验收方式 223 项，占成果登记总数的 40.92%；评审方式 5 项，占成果登记总数的 0.92%；行业准入方式 5 项，占成果登记总数的 0.92%；评估方式 14 项，占成果登记总数的 2.57%；机构评价方式 222 项，占成果登记总数的 40.73%；结题方式 1 项，占成果登记总数的 0.18%；知识产权授权方式 8 项，占成果登记总数的 1.47%。

2022 年在所登记的 447 项科技成果中，鉴定方式 64 项，占成果登记总数的 14.32%；验收方式 166 项，占成果登记总数的 37.14%；评审方式 2 项，占成果登记总数的 0.45%；行业准入方式 1 项，占成果登记总数的 0.22%；评估方式 4 项，占成果登记总数的 0.89%；机构评价方式 203 项，占成果登记总数的 45.41%；知识产权授权方式 6 项，占成果登记总数的 1.34%；其他项目数 1 项，占成果登记总数的 0.22%。

2. 来源情况

2020 年在所登记的 585 项科技成果中，各级政府计划和基金项目产生的成果 229 项，占登记成果总数的 39.15%。其中国家科技计划 28 项，部门计划 55 项，地方计划 107 项，部门基金 7 项，地方基金 32 项；其他来源科技项目占登记成果总数的 60.85%，其中自选项目 337 项。

2021 年在所登记的 545 项科技成果中，各级政府计划和基金项目产生的成果 227 项，占登记成果总数的 41.65%。其中国家科技计划 29 项，部门计划 68 项，地方计划 96 项，部门基金 13 项，地方基金 21 项。其他来源科技项目产生的成果 318 项，占登记成果总数的 58.35%。其中横向委托 1 项，自选 307 项，其他 10 项。

2022 年在所登记的 447 项科技成果中，各级政府计划和基金项目产生的成果 138 项，占登记成果总数的 30.87%。其中国家科技计划 25 项，部门计划 40 项，地方计划 53 项，部门基金 7 项，地方基金 13 项。其他来源科技项目产生的成果 309 项，占登记成果总数的 69.13%。其中国际合作 1 项，横向委托 4 项，自选 281 项，其他 23 项。

3. 知识产权情况

2020 年在所登记 585 项成果共拥有知识产权 1 850 件，其中发明专利数 645 件，实用新型专利数 806 件，外观设计专利数 113 件，软件著作权数 51 件，其他知识产权 235 件。已授权专利数 1 181 件。

2021 年在所登记的 545 项科技成果中共拥有知识产权 1 367 件，其中发明专利数 431 件，占比 31.53%；实用新型专利数 609 件，占比 44.55%；外观设计专利数 52 件，占比 3.80%；软件著作权数 49 件，占比 3.58%；其他知识产权 226 件，占比 16.53%。已授权专利数 916 件。

2022 年在所登记的 447 项科技成果中共拥有知识产权 1 636 件，其中发明专利数 507 件，占比 30.99%；实用新型专利数 747 件，占比 45.66%；外观设计专利数 94 件，占比 5.75%；软件著作权数 49 件，占比 3.00%；其他知识产权 239 件，占比 14.61%。已授权专利数 1 197 件。

具体可视化数据见图 9-4。

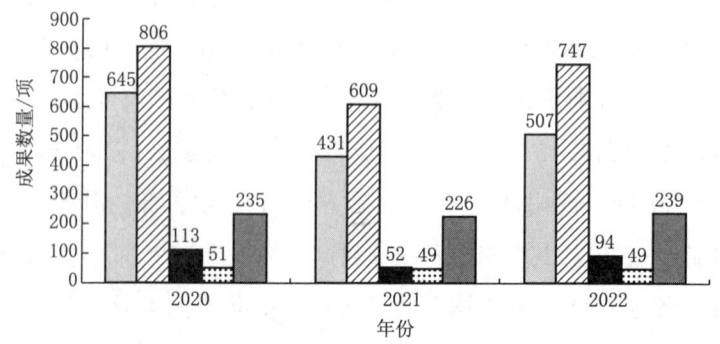

图中数据：
- 2020年：发明专利数 645，实用新型专利数 806，外观设计专利数 113，软件著作权数 51，其他知识产权 235
- 2021年：发明专利数 431，实用新型专利数 609，外观设计专利数 52，软件著作权数 49，其他知识产权 226
- 2022年：发明专利数 507，实用新型专利数 747，外观设计专利数 94，软件著作权数 49，其他知识产权 239

数据来源：国家科技成果信息服务平台公开数据。

图 9-4　2020—2022 年知识产权登记情况

4. 完成人情况

2020 年在所登记的 585 项科技成果中，按科技成果完成人员文化程度统计：博士研究生 676 人，硕士研究生 1 569 人，大学本科 3 311 人，大专 559 人，中专 55 人，其他学历 47 人。成果完成人员学历普遍较高，博士研究生和硕士研究生学历人员占完成人员总数的 36.11%，本科占 53.26%。在所登记的 585 项科技成果中，按科技成果完成人员年龄统计：35 岁以下 1 848 人，36—45 岁 2 315 人，46—55 岁 1 535 人，56—65 岁 500 人，65 岁以上 19 人。从年龄结构分布看，55 岁以下的科研人员为 5 698 人，占全部登记成果完成人总数的 91.65%。在所登记的 585 项科技成果中，按科技成果完成人员职称统计：院士 1 人，占 0.02%；正高 952 人，占 15.31%；副高 1 613 人，占 25.94%；中级 2 100 人，占 33.78%；初级 1 181 人，占 19.00%；其他 370 人，占

5.95%。从技术职称分布看，具备正高、副高、中级职称的研究人员占比达75.03%。

2021年在所登记的545项科技成果中，按科技成果完成人员文化程度统计：博士研究生509人，硕士研究生1 302人，本科3 511人，大专749人，中专144人，其他学历77人。成果完成人员学历普遍较高，博士研究生和硕士研究生共计1 811人，占完成人员总数的28.78%，本科占55.80%。在所登记的545项科技成果中，按科技成果完成人员年龄统计：35岁以下1 854人，36—45岁2 197人，46—55岁1 629人，56—65岁569人，65岁以上43人。从年龄结构分布看，55岁以下的科研人员为5 680人次，占全部登记成果完成人总数的90.27%。在所登记的545项科技成果中，按科技成果完成人员职称统计：院士8人，占0.13%；正高834人，占13.25%；副高1 501人，占23.86%；中级2 095人，占33.29%；初级1 277人，占20.29%；其他577人，占9.17%。从技术职称分布看，具备正高、副高、中级职称的研究人员占比达70.41%。

2022年在所登记的447项科技成果中，按科技成果完成人员文化程度统计：博士研究生439人，硕士研究生1 079人，本科3 155人，大专686人，中专129人，其他学历141人。成果完成人员学历普遍较高，博士研究生和硕士研究生共计1 518人，占完成人员总数的26.97%，本科占56.05%。在所登记的447项科技成果中，按科技成果完成人员年龄统计：35岁以下1 708人，36—45岁2 173人，46—55岁1 347人，56—65岁381人，65岁以上20人。从年龄结构分布看，55岁以下的科研人员为5 228

人,占全部登记成果完成人总数的92.88%。在所登记的447项科技成果中,按科技成果完成人员职称统计:院士3人,占0.05%;正高602人,占10.69%;副高1 298人,占23.06%;中级1 850人,占32.87%;初级1 154人,占20.50%;其他722人,占12.83%。从技术职称分布看,具备正高、副高、中级职称的研究人员占比达66.62%。

二、2020—2022年云南省应用技术类成果情况

应用技术类成果距离服务生产较近、转化周期较短、转化风险较小,是科技成果转化的主要类别,因此我们有必要弄清应用技术类成果的情况。

(一)属性和水平评价统计

应用技术类成果的属性和水平评价是主动登记的基本问题。

1. 属性统计

在2020年度所登记的520项应用技术成果中,原始性创新成果339项,占65.19%;国外引进消化吸收创新33项,占6.35%;国内技术二次开发143项,占27.5%;其他5项,占0.96%。

在2021年度所登记的511项应用技术成果中,原始性创新成果290项,占56.75%;国外引进消化吸收创新27项,占5.28%;国内技术二次开发194项,占37.96%。

在2022年度所登记的423项应用技术成果中,原始性创新成果274项,占64.77%;国外引进消化吸收创新16项,占3.78%;国内技术二次开发132项,占31.21%;其他1项,占0.24%。

具体可视化数据见图 9-5。

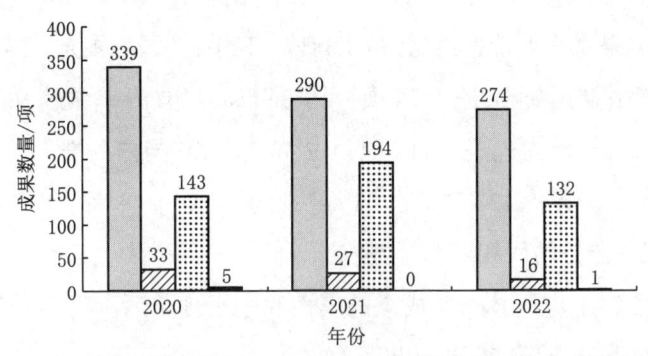

图中数据：
- 2020：原始性创新成果 339，国外引进消化吸收创新 33，国内技术二次开发 143，其他 5
- 2021：原始性创新成果 290，国外引进消化吸收创新 27，国内技术二次开发 194，其他 0
- 2022：原始性创新成果 274，国外引进消化吸收创新 16，国内技术二次开发 132，其他 1

数据来源：国家科技成果信息服务平台公开数据。

图 9-5　2020—2022 年应用技术类科技成果属性情况

2. 评价水平统计

在 2020 年度登记的应用技术成果中，科技成果总体评价水平仍以"国内领先"和"国内先进"为主。在所登记的 520 项应用技术成果中，共有 364 项成果进行了成果水平评价，占成果总数的 62.22%。其中："国际领先"37 项，占 10.16%；"国际先进"41 项，占 11.26%；"国内领先"144 项，占 39.56%；"国内先进"120 项，占 32.97%；"国内一般"22 项，占 6.04%。未评价的成果主要为采用验收方式评价后登记的科技成果。

在 2021 年所登记的 511 项应用技术成果中，共有 284 项成果进行了成果水平评价，占比为 52.11%。其中："国际领先"29 项，占 10.21%；"国际先进"42 项，占 14.79%；"国内领先"99 项，占 34.86%；"国内先进"100 项，占 35.21%；"国内一般"14 项，占 4.93%。

在 2022 年所登记的 423 项应用技术成果中，共有 290 项成果进行了成果水平评价，占比为 64.88%。其中："国际领先" 34 项，占 11.72%；"国际先进" 26 项，占 8.97%；"国内领先" 96 项，占 33.10%；"国内先进" 117 项，占 40.34%；"国内一般" 17 项，占 5.86%。未评价 133 项，占 31.44%。

（二）所处阶段和所属领域统计

在了解了应用技术类成果的属性和水平评价后，需要对其所处的阶段和所属领域做进一步了解。

1. 所处阶段统计

在 2020 年度所登记的 520 项应用技术成果中：处于实验室、小试等初期阶段的成果 55 项，占 10.58%；处于中试或设备的样机、试样等中期阶段的成果 58 项，占 11.15%；处于成熟应用阶段的成果 407 项，占 78.27%。

在 2021 年度所登记的 511 项应用技术成果中：处于实验室、小试等初期阶段的成果 47 项，占 9.20%；处于中试或设备的样机、试样等中期阶段的成果 43 项，占 8.41%；处于成熟应用阶段的成果 421 项，占 82.39%。

在 2022 年度所登记的 423 项应用技术成果中：处于实验室、小试等初期阶段的成果 49 项，占 11.58%；处于中试或设备的样机、试样等中期阶段的成果 34 项，占 8.04%；处于成熟应用阶段的成果 340 项，占 80.38%。

具体可视化数据见图 9-6。

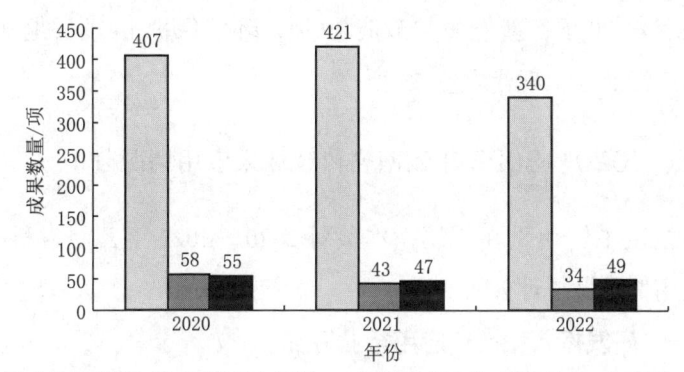

```
      450 ┐    407                421
      400 ┤    ┌─┐                ┌─┐
      350 ┤    │ │                │ │         340
   成  300 ┤    │ │                │ │         ┌─┐
   果  250 ┤    │ │                │ │         │ │
   数  200 ┤    │ │                │ │         │ │
   量  150 ┤    │ │                │ │         │ │
   /   100 ┤    │ │  58  55        │ │  43  47 │ │  34  49
   项   50 ┤    │ │  ┌─┐┌─┐        │ │  ┌─┐┌─┐ │ │  ┌─┐┌─┐
        0 ┴────┴─┴──┴─┴┴─┴────────┴─┴──┴─┴┴─┴─┴─┴──┴─┴┴─┴──
                 2020                2021          2022
                                 年份
```

☐ 成熟应用阶段　■ 中试或设备的样机、试样等中期阶段　■ 实验室、小试等初期阶段

数据来源：国家科技成果信息服务平台公开数据。

图 9-6　2020—2022 年应用技术类科技成果所处阶段情况

2. 所属领域统计

在 2020 年度所登记的 520 项应用技术成果中，属于高新技术领域的 247 项，占应用技术成果的 47.5%，其中电子信息领域 11 项，先进制造 35 项，现代交通 35 项，生物医药与医疗器械 70 项，新材料 15 项，新能源与节能 25 项，环境保护 15 项，地球、空间和海洋 8 项，现代农业 33 项。

在 2021 年度所登记的 511 项应用技术成果中，属于高新技术领域的 234 项，占应用技术成果的 45.79%。其中电子信息领域 7 项，先进制造 59 项，现代交通 30 项，生物医药与医疗器械 50 项，新材料 13 项，新能源与节能 22 项，环境保护 11 项，地球、空间与海洋 5 项，现代农业 36 项，其他应用技术 1 项。

在 2022 年度所登记的 423 项应用技术成果中，属于高新技术领域的 228 项，占应用技术成果的 53.90%。其中电子信息领域 14 项，先进制造 32 项，现代交通 16 项，生物医药与医疗器械 30

项，新材料 20 项，新能源与节能 39 项，环境保护 14 项，地球、空间与海洋 8 项，现代农业 55 项。

三、2020—2022 年云南省科技成果应用情况分析

科技成果转化重在应用，本节对 2020—2022 年云南省科技成果应用情况做统计分析。

（一）研发投入和推广应用行业情况

首先来看科技成果研发和推广应用行业的情况。

1. 研发经费投入

2020 年度登记的科技成果中，经费实际投入额 262 937 万元，其中：国家投入 21 040 万元，占 8%；部门投入 13 005 万元，占 4.95%；地方投入 17 773 万元，占 6.76%；基金投入 245 万元，占 0.09%；自有资金 208 395 万元，占 79.26%；银行贷款 20 万元，占 0.01%；国外资金 105 万元，占 0.04%；其他 2 354 万元，占 0.89%。

2021 年度登记的科技成果中，经费实际投入额共计 741 234 万元，其中：国家投入 230 731 万元，占 31.13%；部门投入 16 157 万元，占 2.18%；地方投入 17 664 万元，占 2.38%；基金投入 79 万元，占 0.01%；自有资金 459 531 万元，占 62%；银行贷款 15 118 万元，占 2.04%；国外资金 200 万元，占 0.03%；其他 1 754 万元，占 0.24%。

2022 年登记的科技成果中，经费实际投入额共计 344 622 万元，其中：国家投入 11 670 万元，占 3.39%；部门投入 6 466 万元，占 1.88%；地方投入 18 443 万元，占 5.35%；基金投入 61

万元，占 0.02%；自有资金 290 916 万元，占 84.41%；银行贷款 1 070 万元，占 0.31%；国外资金 216 万元，占 0.06%；其他 15 780 万元，占 4.58%。

2. 推广应用行业

2020 年度按技术成果实际推广应用的行业分类进行统计，农、林、牧、渔业 69 项，采矿业 5 项，制造业 132 项，电力、燃气及水的生产和供应业 20 项，建筑业 77 项，交通运输、仓储和邮政业 9 项，信息传输、软件和计算机服务业 10 项，科学研究和技术服务业 21 项，水利、环境和公共设施管理业 33 项，卫生和社会工作 142 项，公共管理、社会保障和社会组织 2 项。

2021 年度按技术成果实际推广应用的行业分类进行统计，农、林、牧、渔业 88 项，制造业 109 项，电力、热力、燃气及水的生产和供应 15 项，建筑业 69 项，交通运输、仓储和邮政业 20 项，信息传输、软件和信息技术服务业 13 项，科学研究和技术服务业 30 项，水利、环境和公共设施管理业 68 项，教育 1 项，卫生和社会工作 98 项。

2022 年度按技术成果实际推广应用的行业分类进行统计，农、林、牧、渔业 84 项，采矿业 5 项，制造业 81 项，电力、热力、燃气及水的生产和供应 13 项，建筑业 78 项，批发和零售业 5 项，交通运输、仓储和邮政业 17 项，住宿和餐饮业 1 项，信息传输、软件和信息技术服务业 17 项，科学研究和技术服务业 23 项，水利、环境和公共设施管理业 49 项，教育 1 项，卫生和社会工作 47 项，公共管理、社会保障和社会组织 2 项。

（二）推广应用的效果

下面我们来看看科技成果的应用、效果及其效益情况。

1. 应用总体情况

2020年度所登记的520项应用技术成果中，产业化应用项目209项，占所登记应用技术成果的40.19%；小批量或小范围应用项目258项，占49.62%；试用项目49项，占9.42%；未应用项目4项，占0.77%。

2021年度所登记的511项应用技术成果中，产业化应用项目194项，占所登记应用技术成果的37.96%；小批量或小范围应用项目253项，占所登记应用技术成果的49.51%；试用项目59项，占所登记应用技术成果的11.55%；未应用项目5项，占0.98%。

2022年度所登记的423项应用技术成果中，产业化应用项目163项，占所登记应用技术成果的38.53%；小批量或小范围应用项目199项，占所登记应用技术成果的47.04%；试用项目54项，占所登记应用技术成果的12.77%；未应用项目7项，占所登记应用技术成果的1.65%。

具体可视化数据见图9-7。

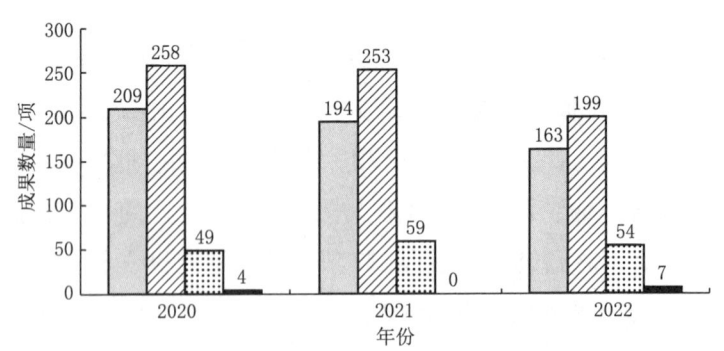

数据来源：国家科技成果信息服务平台公开数据。

图9-7　2020—2022年科技成果应用情况

2. 应用效果情况

2020 年度所登记的成果中，共产生 550 项实际效果，其中：落后技术、工艺、装备的替代有 185 项，占 33.64%；实现进口替代的有 10 项，占 1.82%；填补国内空白的有 120 项，占 21.82%；实现降低成本的有 235 项，占 42.73%。

2021 年度所登记的成果中，共产生 558 项实际效果，其中：落后技术、工艺、装备的替代 204 项，占 36.56%；进口替代 8 项，占 1.43%；填补国内空白 97 项，占 17.38%；降低成本 249 项，占 44.62%。

2022 年度所登记的应用技术成果中转化项目数共有 74 项，共产生 428 项实际应用效果，其中：落后技术、工艺、装备的替代 160 项，占 37.38%；进口替代 4 项，占 0.93%；填补国内空白 93 项，占 21.73%；降低成本 171 项，占 39.95%。

具体可视化数据见图 9-8。

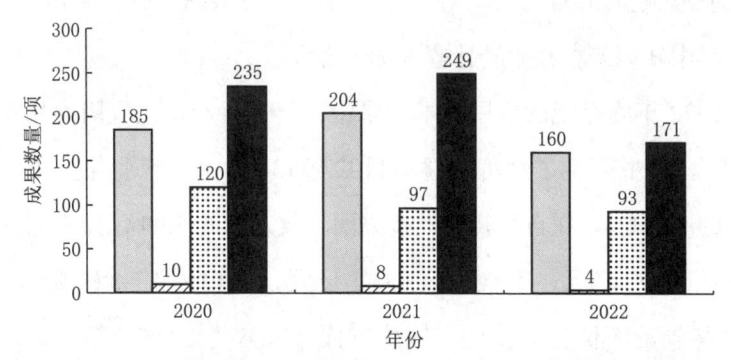

数据来源：国家科技成果信息服务平台公开数据。

图 9-8　2020—2022 年科技成果应用效果情况

3. 取得经济效益情况

2020年度登记的应用技术成果已进行产业化应用并获得经济效益的成果为140项，占产业化应用成果数的66.99%。在自我转化效益方面，收入为404.54亿元，创造净利润41.45亿元，实交税金9.81亿，出口创汇1.56亿元，节约资金17.19亿元。在合作转化方面，收入为70.97亿元，其中技术入股股权折价2亿元。在技术转让与许可方面，收入为334万元，其中知识产权技术转让收入9万元。

2021年度登记的应用技术成果已进行产业化应用的共有194项，其中产生了经济效益项目共有120项，占产业化应用成果数的61.86%。在自我转化效益方面，收入为495.76亿元，创造净利润40.05亿元，实交税金26.59亿元，出口创汇0.59亿元，节约资金5.29亿元。在合作转化方面，收入为8.0908亿元，其中技术入股股权折价53万元。在技术转让与许可方面，收入9 153万元，其中知识产权技术转让收入285万元。

2022年度登记的应用技术成果中，已进行产业化应用的共有163项。其中产生了经济效益项目共有134项，占产业化应用成果数的82.21%。在自我转化效益方面，收入为653.99亿元，创造净利润53.79亿元，实交税金13.41亿元，出口创汇43.02亿元，节约资金8.05亿元。在合作转化方面，收入为7.8995亿元，其中技术转让收入65万元。技术许可收入206万元，其中知识产权技术转让收入206万元。

四、科技成果登记的影响及建议

科技成果登记的本质是科技投入形成成果的过程和结果的披露。作为一项重要的基础性科技管理工作，它不仅可以增强财政科技投入效果的透明度，同时也能促进地区科技成果转化，为区域宏观科技决策服务提供支撑。

（一）科技成果登记对技术转移的影响

科技成果登记和技术转移之间存在着直接的关系。科技成果登记可以为技术转移提供必要的信息支持、提高效率和成功率、提供法律保障等。因此，在进行科技成果登记时，应该充分考虑到技术转移的需要，以便更好地实现科技成果的转化和应用。

科技成果登记和技术转移虽然是两个不同的概念，但是它们之间有着密切的关系。

科技成果登记是指科技成果完成单位负责向登记机构办理登记手续；而技术转移是指将科技成果从一种形态转化为另一种形态，以达到推广和应用的目的。

1. 科技成果登记为技术转移提供了必要的信息

在科技成果登记过程中，需要对科技成果进行详细的描述和评估，其中包括成果的技术特点、应用领域、效果评估等，这些信息对于技术转移的成功非常重要。通过对科技成果的详细描述和评估，可以为技术转移提供充分的信息支持，帮助技术转移方更好地了解科技成果的价值和潜力，从而更好地进行技术转移。

2. 科技成果登记可以提高技术转移的效率和成功率

在科技成果登记过程中，需要对科技成果进行详细的评估和分析，这可以帮助技术转移方更好地选择适合的技术和合作伙伴。同时，科技成果登记还可以提高技术转移的透明度和公正性，以此避免出现不正当竞争和技术侵权等问题，从而提高技术转移的效率和成功率。

3. 科技成果登记可以为技术转移提供法律保障

在科技成果登记过程中，需要严格遵守相关的法律法规等，这可以为技术转移提供法律保障。在科技成果登记过程中，如果发现有侵权行为或其他违法行为，可以通过法律手段维护自己的权益。科技成果登记后可以为技术转移提供知识产权保护，防止他人侵犯自己的知识产权。

（二）科技成果登记折射出的关注重点

从 2020—2022 年云南省科技成果登记情况来看，以应用技术类成果为主的科技成果产生的直接效益逐年增加，其中企业是实现科技成果转化的主体力量，而资金的投入是科技成果转移转化得以顺利推进的重要保障。

1. 企业主体问题

与周边省区相比，云南省的科技成果登记数量较低，近年来的登记数量仅高于贵州，低于广西（2022 年度广西壮族自治区科技成果登记数量为 6 715 项）和四川（2022 年四川省科技成果登记 2 754 项），这其中既有区域经济发展水平的问题，也受各地相关登记政策的影响，但在深层次上反映出云南区域创新能力不足、技术转移和商业化的进程受阻等情况，进而影响整个区域创新生态的发展，区域的投资吸引力被削弱。作为科技成果，特别是应用技术类科技成果的主要承接方和应用终端，企业对市场需求反应灵敏，实施创新驱动发展战略的动力更足，针对性也更强。在科技成果转移转化示范区建设过程中，应该注重发挥企业的主体地位，让企业做主导、唱主角，以利于推动科技成果转化过程中创新链、产业链、资金链、人才链深度融合，加快科技成果向现实生产力转化。

2. 企业引导问题

在竞争激烈的市场环境中，降低成本往往是企业赢得竞争优势的关键因素之一。通过降低成本，制造企业可以提供更具竞争力的价格，扩大市场份额，增加销售额，这反映了企业对成本控制的重视和意识。从2020—2022年的数据分析可知，云南省所登记的应用技术成果主要在制造业进行推广应用，而主要的应用效果为降低企业的生产成本（2020年度所登记的应用技术成果中应用效果为降低成本的有235项，占四成左右。2021年度所登记的应用技术成果中应用效果为降低成本的有249项，占四成左右。2022年度所登记的应用技术成果中应用效果为降低成本的有171项，占四成左右）。但从技术转移及市场创新的角度来看，过度关注降低成本也可能会限制企业的创新和发展的机会。

在红海中的企业竞争是常态，降低成本只是其中的一种策略，并不能保证企业在红海中获得持久的竞争优势。如果企业过于依赖现有产品线的成本压缩，而不愿意投资于新的技术和产品开发，可能会使自身错失新的市场机会和增长潜力。在科技成果转移转化促进区域科技创新过程中，企业可以考虑通过推动区域外科技含量高、市场反应好、适合本土企业发展阶段的科技成果在云南的转移转化，推动当地企业逐渐进行新经济模式的转型，增强企业的创新能力，为企业和区域经济的未来发展提供更强的动力。

3. 资金投入问题

由于从科技成果的研究和开发，到科技成果的转移、转化，再到产品的生产和市场的推广，每一个环节都需要资金的投入，所以缺乏资金的支持会导致科技成果的转移转化难以顺利进行。目前云南省的科技成果投入还是以单位自有资金为主，且在整体投入中占有较大的比重，2020—2022 年比重分别是 79%、62% 和 84%，这虽然与当前的科技成果登记制度要求执行各级各类科技计划（专项）产生的科技成果应当登记，非财政投入产生的科技成果自愿登记有一定关系，但也反映了云南区域科技成果开发和转化链条中社会融资能力不足的情况。

一般而言，技术转移全过程链条上资金来源的多样化也有助于科技成果的转移转化。科技成果转化需要大量的资金支持，若是只依靠单纯的政府拨款和企业自筹资金可能无法满足需求。吸引更多的金融机构和社会资本进入，可以增加科技成果转化的投入，为科技成果转化提供更加稳定和持久的资金支持。同时，不同的资金来源有着不同的投资偏好和风险承受能力，在以科技成果转移转化促进区域科技创新过程中，引导形成区域科技成果转移转化资金来源多元化配置，可以匹配科技成果转化的不同需求，选择更加合适的投资方式，从而降低科技成果转化的成本和风险，提高科技成果转化的效率。

第十章　云南省高校院所科技成果转化现状及影响

本章通过采集中国科学技术信息研究所科技成果转化年度报告系统中2020—2022年云南省96家公办高校院所相关数据进行汇总分析,总结三年中云南省高校院所科技成果转化现状,并以个案和总体分析相结合,研究其对云南建设科技成果转移转化示范区的影响。

一、2020—2022年云南省高校院所科技成果转化现状

云南省高校院所的科技成果转化活动主要以产学研合作为主,其中作为高质量科技成果供给主阵地的普通高等学校,在区域技术转移与成果转化中发挥着十分重要的作用。

(一)科技成果转化概况

本节将对2020—2022年的概况逐年分析。

1. 2020年的情况

2020年,96家公办高校院所中,以转让、许可、作价投资和技术开发、咨询、服务四种方式转化科技成果合同数1 917项,转让合同金额为38 541.01万元;其中以转让、许可、作价投资方式转化科技成果合同数72项,转让合同金额为1 352.92万元;以产学研(技术开发、咨询、服务)方式转化科技成果合同数为1 845项,合同金额为37 188.09万元。高等院校合同数1 534项,

占 80.02%，合同金额为 25 310.94 万元，占 65.67%。

从统计数据分析看，云南省科技成果转移转化主要以产学研合作为主，高等院校仍是科技成果转移转化的主力军，科技成果转化奖励补贴政策的激励作用逐渐显现，市场主体参与成果转化的意愿和承接能力逐渐增强，转让、许可、作价投资等转化活动增长明显。

2. 2021 年的情况

2021 年，96 家公办高校院所中，以转让、许可、作价投资和产学研（技术开发、咨询、服务）四种方式转化科技成果合同数 2 222 项，同比增长 15.91%，合同金额为 76 913.42 万元，同比增长 99.56%。其中，以转让方式转化科技成果合同数 62 项，合同金额为 2 878.7 万元；以许可方式转化科技成果合同数 57 项，合同金额为 1 673.05 万元；以作价投资方式转化科技成果合同数 1 项，作价金额 400 万元。以转让、许可、作价投资三种方式转化科技成果合同数 120 项，较 2020 年增加 48 项，合同金额为 4 951.75 万元，是 2020 年 1 352.92 万元的 3.66 倍。产学研（技术开发、咨询、服务）合作项目 2 102 项，较 2020 年增加 257 项，合同金额为 71 961.67 万元，较 2020 年增加 34 773.58 万元。

从统计数据分析看，在科技成果转化四种方式中，产学研占 94.6%，仅昆明理工大学、云南农业大学、云南大学 3 所高校产学研合作项目合同金额就占产学研合作项目合同金额的 65% 以上，说明云南省高校院所科技成果转移转化仍以产学研合作为主，而且技术合作较为集中；普通高等院校合同数 1 653 项，占 74.39%，高等院校仍是科技成果转移转化的主力军。随着国家和地方科技成果转化法律和政策的持续实施，其引导和激励作用不断显现，高校、科研院所、企业、科技服务机构等各方对科技成果转化的认知度、参与度、贡献度不断提高，科技成果转化活动广度和深度不断拓延，呈现蓬勃发展态势，科技成果转化在促进区域科技创新和经济社会发展中发挥了更加有力的作用。

3. 2022 年的情况

2022 年，96 家普通高等学校和研究开发机构中，以转让、许可、作价投资三种方式转化科技成果合同数 166 项，较 2021 年增加 46 项，合同金额为 3 797.78 万元，较 2021 年的 4 951.75 万元减少 1 153.97 万元。以转让、许可、作价投资三种方式转化科技成果合同总数排名前五的依次为昆明理工大学、云南农业大学、西南林业大学、云南省农业科学院粮食作物研究所、云南大学，分别为 37 项、18 项、13 项、12 项、12 项。产学研（技术开发、咨询、服务）合作方面，96 家单位共签署产学研合作项目 2 659 项，较 2021 年 2 102 项增加 557 项，合同金额为 102 401.91 万元，较 2021 年 71 961.67 增加 30 440.24 万元。产学研合作项目合同金额前五的依次为昆明理工大学（27 626.80 万元）、云南农业大学（25 898.00 万元）、云南省生态环境科学研究院（10 816.00 万元）、西南林业大学（9 641.00 万元）、云南大学（8 946.16 万元），占产学研项目总金额的 80.98%。

从总体统计情况看，以转让、许可、作价投资和产学研（技术开发、咨询、服务）四种方式转化科技成果共 2 825 项，较 2021 年 2 222 项增加 603 项，同比增长 27.14%，合同总金额为 106 199.69 万元，同比增长 38.08%。技术开发、咨询、服务占 96.42%。昆明理工大学以 703 项合同总数位居全省榜首，云南省农业科学院质量标准与检测技术研究所、云南大学、西南林业大学、云南省生态环境科学研究院分别以 367 项、233 项、219 项、194 项位居第 2 至第 5 位。

（二）科技成果转化方式分析

目前，高校院所的科技成果转化方式主要有科技成果转让、科技成果许可、科技成果作价投资和产学研（技术开发、咨询、服务）等四种，其中转让、许可、作价投资是直接方式，产学研是间接方式。

1. 直接方式转化

从以转让、许可、作价投资三种方式转化科技成果合同统计数据看，2020 年至 2022 年，96 家高校院所共有 357 项成果实现转化，合同金额为 10 102.45 万元，当年到账金额 5 998.16 万元。具体由表 10-1 可见。

表 10-1　2020—2022 年转让、许可、作价投资方式转化分年度情况表

年份	合同项数 / 项			合同金额 / 万元			以转让、许可两种方式当年到账金额 / 万元		
	总计	其中财政资助	其中中央财政资助	总计	其中财政资助	其中中央财政资助	总计	其中财政资助	其中中央财政资助
2022	166	41	26	3 797.78	835.70	550.00	1 644.11	356.70	150.00
2021	120	19	8	4 951.75	1 528.00	1 528.00	2 996.80	655.00	610.00
2020	71	4	2	1 352.92	22.00	22.00	1 357.25	22.00	22.00
合计	357	64	36	10 102.45	2 385.70	2 100.00	5 998.16	1 033.70	782.00

数据来源：国家科技成果信息服务平台公开数据。

三种主要方式中，转让合同占比 58.54%，许可合同占比 39.50%，作价投资合同占比 1.96%，具体由表 10-2 可见。

表 10-2 2020—2022 年转让、许可和作价投资方式转化总体情况表

统计方式	合同项数 / 项	所占比例 /%	合同金额 / 万元	所占比例 /%	当年到账金额 / 万元	占比 /%
转让	209	58.54	3 930.68	38.91	2 571.68	42.87
许可	141	39.50	3 963.77	39.24	3 426.48	57.13
作价投资	7	1.96	2 208.00	21.86	—	—
总计	357	—	10 102.45	—	5 998.16	—

数据来源：国家科技成果信息服务平台公开数据。

从以转让、许可、作价投资三种方式转化科技成果合同总数排名方面看，昆明理工大学以 89 项位居全省首位且是唯一超过 50 项的。排名第 2 位至第 5 位的依次是昆明医科大学、云南大学、云南农业大学、云南省农业科学院粮食作物研究所。共有 33 家高校院所通过三种方式签订科技成果转化合同。具体由表 10-3 可见。

表 10-3 2020—2022 年转让、许可、作价投资转化的合同总数排名

排名	单位名称	合同项目数 / 项	占比 /%
1	昆明理工大学	89	24.93
2	昆明医科大学	45	12.61
3	云南大学	28	7.84
4	云南农业大学	27	7.56
5	云南省农业科学院粮食作物研究所	19	5.32
6	云南省农业科学院经济作物研究所	18	5.04
7	云南省农业科学院甘蔗研究所	16	4.48
8	西南林业大学	15	4.20

（续表）

排名	单位名称	合同项目数/项	占比/%
9	云南省农业科学院茶叶研究所	13	3.64
10	云南省畜牧兽医科学院	11	3.08
11	云南国土资源职业学院	10	2.80
12	昆明学院	9	2.52
13	云南省标准化研究院	8	2.24
14	红河学院	6	1.68
15	云南中医药大学	6	1.68
16	曲靖医学高等专科学校	5	1.40
17	楚雄医药高等专科学校	3	0.84
18	云南省林业和草原科学院油茶研究所	3	0.84
19	云南省林业和草原科学院	3	0.84
20	云南省农业科学院蚕桑蜜蜂研究所	3	0.84
21	云南师范大学	3	0.84
22	昆明冶金高等专科学校	2	0.56
23	大理大学	2	0.56
24	云南省农业科学院热带亚热带经济作物研究所	2	0.56
25	云南民族大学	2	0.56
26	云南交通职业技术学院	2	0.56
27	玉溪师范学院	1	0.28
28	曲靖师范学院	1	0.28
29	昭通学院	1	0.28
30	云南省生态环境科学研究院	1	0.28
31	云南省热带作物科学研究所	1	0.28
32	云南省农业科学院高山经济植物研究所	1	0.28
33	云南省农业科学院药用植物研究所	1	0.28

数据来源：国家科技成果信息服务平台公开数据。

（1）转让方式。2020年至2022年，云南省96家公办高校院所中，以转让方式转化科技成果共209项，合同成交额3 930.68万元，当年到账金额2 571.68万元。具体由表10-4可见。

表10-4 2020—2022年以转让方式转化科技成果统计表

年份	合同项数/项			合同金额/万元			当年到账金额/万元		
	总计	其中财政资助	其中中央财政资助	总计	其中财政资助	其中中央财政资助	总计	其中财政资助	其中中央财政资助
2022	111	21	—	608.78	145.00	111.00	578.78	140.00	111.00
2021	62	18	7	2 878.70	1 128.00	1 128.00	1 646.70	655.00	610.00
2020	36	4	2	443.20	22.00	22.00	346.20	22.00	22.00
合计	209	43	9	3 930.68	1 295.00	1 261.00	2 571.68	817.00	743.00

数据来源：国家科技成果信息服务平台公开数据。

三年中，昆明理工大学以转让77项科技成果位居全省96家高校院所首位，排名前五位的依次是昆明理工大学、云南大学、云南农业大学、昆明医科大学、西南林业大学。五家高校共转让科技成果150项，占三年全省转让科技成果209项的71.77%。具体由表10-5可见。

表10-5 2020—2022年以转让方式转化科技成果合同项目数排名表

排名	单位名称	合同项目数/项	占比/%
1	昆明理工大学	77	36.84
2	云南大学	26	12.44
3	云南农业大学	18	8.61

（续表）

排名	单位名称	合同项目数/项	占比/%
4	昆明医科大学	15	7.18
5	西南林业大学	14	6.70
6	云南省畜牧兽医科学院	11	5.26
7	云南国土资源职业学院	9	4.31
8	昆明学院	7	3.35
9	红河学院	6	2.87
10	曲靖医学高等专科学校	5	2.39
11	云南中医药大学	4	1.91
12	楚雄医药高等专科学校	3	1.44
13	昆明冶金高等专科学校	2	0.96
14	大理大学	2	0.96
15	云南省林业和草原科学院	2	0.96
16	云南省农业科学院经济作物研究所	2	0.96
17	云南民族大学	2	0.96
18	玉溪师范学院	1	0.48
19	曲靖师范学院	1	0.48
20	昭通学院	1	0.48
21	云南省生态环境科学研究院	1	0.48

数据来源：国家科技成果信息服务平台公开数据。

（2）许可方式。2020年至2022年，云南省96家公办高校院所中，以许可方式转化科技成果共141项，合同成交额3 963.77万元，当年到账金额3 426.48万元。具体由表10-6可见。

表 10-6 2020—2022 年以许可方式转化科技成果统计表

年份	合同项数 / 项			合同金额 / 万元			当年到账金额 / 万元		
	总计	其中财政资助	其中中央财政资助	总计	其中财政资助	其中中央财政资助	总计	其中财政资助	其中中央财政资助
2022	50	19	9	1 480.00	290.70	39.00	1 065.33	216.70	39.00
2021	57	0	0	1 673.05	0	0	1 350.10	0	0
2020	34	0	0	810.72	0	0	1 011.05	0	0
合计	141	19	9	3 963.77	290.70	39.00	3 426.48	216.70	39.00

数据来源：国家科技成果信息服务平台公开数据。

以许可方式转化科技成果方面，三年来，昆明医科大学通过许可方式签订科技成果转化合同 30 项，位居全省 96 家高校院所首位。排名前五位的依次是昆明医科大学、云南省农业科学院粮食作物研究所、云南省农业科学院经济作物研究所、云南省农业科学院甘蔗研究所、云南省农业科学院茶叶研究所，五家单位共许可转化科技成果 94 项，占三年全省许可科技成果 141 项的 66.67%。以许可方式转化科技成果排名，具体由表 10-7 可见。

表 10-7 2020—2022 年以许可方式转化科技成果合同项目数排名表

排名	单位名称	合同项目 / 项	占比 /%
1	昆明医科大学	30	21.28
2	云南省农业科学院粮食作物研究所	19	13.48
3	云南省农业科学院经济作物研究所	16	11.35
4	云南省农业科学院甘蔗研究所	16	11.35
5	云南省农业科学院茶叶研究所	13	9.22

（续表）

排名	单位名称	合同项目/项	占比/%
6	昆明理工大学	9	6.38
7	云南农业大学	9	6.38
8	云南省标准化研究院	8	5.67
9	云南省林业和草原科学院油茶研究所	3	2.13
10	云南省农业科学院蚕桑蜜蜂研究所	3	2.13
11	云南师范大学	3	2.13
12	昆明学院	2	1.42
13	云南省农业科学院热带亚热带经济作物研究所	2	1.42
14	云南交通职业技术学院	2	1.42
15	西南林业大学	1	0.71
16	云南省热带作物科学研究所	1	0.71
17	云南省林业和草原科学院	1	0.71
18	云南省农业科学院高山经济植物研究所	1	0.71
19	云南省农业科学院药用植物研究所	1	0.71
20	云南国土资源职业学院	1	0.71

数据来源：国家科技成果信息服务平台公开数据。

（3）作价投资方式。作为科技成果转化中风险较大的一种方式，科技成果作价投资在云南起步较晚且较为少见，高校院所多以转让和许可方式转化科技成果。从三年的统计数据看，共有7项成果通过作价投资的方式成立新市场主体进行转化，7项成果作价金额2 208万元。2022年，昆明理工大学以"一种净化煤气中的粉尘和HCN的方法"等6项专利成果作价1 020万元入股成立坤育环境发展（云南）有限公司，将专利成果在生态保护和环境治理领域实施转化，成功实现高质量专利技术转化。该公司是一家以废弃物资源化处置为主业务的新型环境技术开发服务公司，依托昆明理工大学环境科学与工程学院科研技术平台，在乡村农林废弃物炭化资源化、面源污染治理、土壤修复、从电子垃圾提取稀贵金属、煤化工含盐废水及废气治理等领域具有独特技术及非常规设备制造能力，能够为市场提供技术开发、技术咨询及环境设备和环境治理材料，解决环境难题。2020年至2022年云南省高校院所以作价投资方式转化科技成果情况，具体由表10-8可见。

表10-8　2020—2022年以作价投资方式转化科技成果统计表

年份	合同项数/项			作价金额/万元		
	总计	其中财政资助	其中中央财政资助	总计	其中财政资助	其中中央财政资助
2022	5	1	1	1 709	400	400
2021	2	1	1	800	400	400
2020	1	0	0	99	0	0
合计	7	2	2	2 208	800	800

数据来源：国家科技成果信息服务平台公开数据。

以作价投资方式转化科技成果排名方面，昆明理工大学以3项位居第一位，其次为云南大学和云南中医药大学，均为2项。由于风险较高，后期不确定因素多，采用此方式转化科技成果的高校院所较少，具体由表10-9可见。

表 10-9　2020—2022 年以作价投资方式转化科技成果合同项目数排名

排名	单位名称	合同项目数 / 项	占比 /%
1	昆明理工大学	3	42.86
2	云南大学	2	28.57
3	云南中医药大学	2	28.57

数据来源：国家科技成果信息服务平台公开数据。

2. 间接方式转化

从产学研（技术开发、咨询和服务）合作情况看，2020 年至 2022 年，96 家高校院所共签订产学研合作合同 6 606 项，合同金额 211 551.67 万元。其中 2020 年签订合同 1 845 项，合同金额 37 188.09 万元；2021 年签订合同 2 102 项，合同金额 71 961.67 万元；2022 年签订合同 2 659 项，合同金额 102 401.91 万元。具体由表 10-10 可见。

表 10-10　2020—2022 年产学研合作项目统计表

年份	合同项数 / 项	合同金额 / 万元	到账金额 / 万元
2022	2 659	102 401.91	61 382.90
2021	2 102	71 961.67	37 647.01
2020	1 845	37 188.09	23 663.93
合计	6 606	211 551.67	122 693.84

数据来源：国家科技成果信息服务平台公开数据。

从产学研合作项目合同金额排名情况看，合同金额超过亿元的共有五家，昆明理工大学以 57 602.01 万元位居第一，云南农业大学、云南省生态环境科学研究院、云南大学、西南林业大学分别以 39 746.00 万元、23 708.07 万元、23 160.16 万元、15 524.19

万元位列第二名至第五名，合同金额超过千万元的单位有21家，共63家高校院所签订了产学研合同。具体由表10-11可见。

表10-11　2020—2022年产学研合作项目合同总金额排名

排名	单位名称	合同金额/万元	占比/%
1	昆明理工大学	57 602.01	27.23
2	云南农业大学	39 746.00	18.79
3	云南省生态环境科学研究院	23 708.07	11.21
4	云南大学	23 160.16	10.95
5	西南林业大学	15 524.19	7.34
6	云南财经大学	6 984.03	3.30
7	云南省农业科学院农业环境资源研究所	4 385.73	2.07
8	云南师范大学	3 809.66	1.80
9	昆明医科大学	3 468.49	1.64
10	昆明学院	3 038.16	1.44
11	云南中医药大学	3 003.67	1.42
12	大理大学	2 048.84	0.97
13	云南省渔业科学研究院	2 000.70	0.95
14	云南省农业科学院粮食作物研究所	1 988.99	0.94
15	红河学院	1 551.45	0.73
16	云南省农业科学院花卉研究所	1 482.36	0.70
17	云南省林业和草原科学院	1 475.49	0.70
18	云南省农业科学院蚕桑蜜蜂研究所	1 202.03	0.57
19	云南省草地动物科学研究院	1 200.00	0.57
20	云南省农业科学院热带亚热带经济作物研究所	1 193.53	0.56
21	云南省农业科学院生物技术与种质资源研究所	1 183.09	0.56
22	云南省农业科学院质量标准与检测技术研究所	839.88	0.40
23	云南省农业科学院茶叶研究所	818.50	0.39

（续表）

排名	单位名称	合同金额/万元	占比/%
24	云南省农业科学院农产品加工研究所	816.00	0.39
25	玉溪师范学院	801.63	0.38
26	云南林业职业技术学院	780.65	0.37
27	云南省农业科学院农业经济与信息研究所	649.48	0.31
28	云南省农业科学院园艺作物研究所	609.90	0.29
29	云南省农业科学院热区生态农业研究所	547.20	0.26
30	云南省林业和草原科学院漾濞核桃研究院	530.60	0.25
31	云南省热带作物科学研究所	505.80	0.24
32	云南省农业科学院高山经济植物研究所	445.60	0.21
33	云南省高原特色农业产业研究院	441.00	0.21
34	昆明冶金高等专科学校	375.97	0.18
35	云南省农业科学院药用植物研究所	346.47	0.16
36	云南省水利水电科学研究院	340.30	0.16
37	云南省畜牧兽医科学院	305.00	0.14
38	云南省林业和草原科学院热带林业研究所	289.03	0.14
39	曲靖师范学院	285.00	0.13
40	云南开放大学（云南国防工业职业技术学院）	254.06	0.12
41	云南国土资源职业学院	207.63	0.10
42	楚雄师范学院	191.92	0.09
43	滇西应用技术大学	164.00	0.08
44	云南省德宏热带农业科学研究所	151.02	0.07
45	云南省红河热带农业科学研究所	127.25	0.06
46	文山学院	117.00	0.06
47	楚雄医药高等专科学校	113.00	0.05

(续表)

排名	单位名称	合同金额/万元	占比/%
48	云南省农业科学院甘蔗研究所	95.21	0.05
49	云南体育运动职业技术学院	86.50	0.04
50	滇西科技师范学院	63.26	0.03
51	云南交通职业技术学院	63.07	0.03
52	昭通学院	61.00	0.03
53	云南警官学院	61.00	0.03
54	云南省农业科学院国际农业研究所	60.00	0.03
55	云南省标准化研究院	43.00	0.02
56	云南省微生物研究所	40.00	0.02
57	玉溪农业职业技术学院	34.05	0.02
58	昆明铁道职业技术学院	30.02	0.01
59	普洱学院	30.00	0.01
60	云南民族大学	30.00	0.01
61	云南省中医中药研究院	17.82	0.01
62	云南旅游职业学院	17.00	0.01
63	保山中医药高等专科学校	9.20	<0.01

数据来源：国家科技成果信息服务平台公开数据。

3. 四种方式转化科技成果统计分析

从转让、许可、作价投资和产学研（技术开发、咨询、服务）四种方式转化科技成果统计数据看，2020年至2022年，96家高校院所共签订转化合同6 963项，合同金额221 654.12万元。具体由表10-12可见。

表 10-12 2020—2022 年四种方式转化科技成果总体情况

年份	合同项数 / 项			合同金额 / 万元			以转让、许可两种方式当年到账金额 / 万元		
	总计	其中财政资助	其中中央财政资助	总计	其中财政资助	其中中央财政资助	总计	其中财政资助	其中中央财政资助
2022	2 825	41	26	106 199.69	835.70	550.00	1 644.11	356.70	150.00
2021	2 222	19	8	76 913.42	1 528.00	1 528.00	2 996.80	655.00	610.00
2020	1 916	4	2	38 541.01	22.00	22.00	1 357.25	22.00	22.00
合计	6 963	64	36	221 654.12	2 385.70	2 100.00	5 998.16	1 033.70	782.00

数据来源：国家科技成果信息服务平台公开数据。

以转让、许可、作价投资和产学研（技术开发、咨询、服务）四种方式转化科技成果分项数据看，三年共签订转让、许可和作价投资合同 357 项，签订产学研合作合同 6 606 项，分别占四种方式合同数的 5.13%、94.87%；转让、许可和作价投资合同金额 10 102.45 万元，占比 4.56%，产学研合同金额 211 551.67 万元，占比 95.44%。可见，科技成果转化活动中，云南省主要以产学研合作为主。具体合同数、合同金额及占比情况，由表 10-13 可见。

表 10-13 2020—2022 年以科技成果转化四种方式合同及占比情况统计

统计方式	合同项数 / 项	所占比例 /%	合同金额 / 万元	所占比例 /%	当年到账金额 / 万元	所占比例 /%	平均合同金额 / 万元
转让	209	3.00	3 930.68	1.77	2 571.68	2.00	18.81
许可	141	2.02	3 963.77	1.79	3 426.48	2.66	28.11
作价投资	7	0.10	2 208.00	1.00	—	—	315.43
转让、许可、作价投资总和	357	5.13	10 102.45	4.56	—	—	28.30

（续表）

统计方式	合同项数/项	所占比例/%	合同金额/万元	所占比例/%	当年到账金额/万元	所占比例/%	平均合同金额/万元
产学研（技术开发、咨询、服务）	6 606	94.87	211 551.67	95.44	122 693.84	95.34	32.02
转让、许可、作价投资、产学研（技术开发、咨询、服务）总和	6 963	—	221 654.12	—	128 692.00	—	31.83

数据来源：国家科技成果信息服务平台公开数据。

从转让、许可、作价投资和产学研（技术开发、咨询、服务）四种方式转化科技成果合同总数排名情况看，共有13家单位合同数超过100项，超过千项的仅有昆明理工大学，以2 002项位列全省首位，占比达到28.75%，第二至第十位依次是云南大学、西南林业大学、云南省生态环境科学研究院、云南省农业科学院质量标准与检测技术研究所、云南农业大学、昆明医科大学、大理大学、云南财经大学、红河学院。96家高校院所中，有68家签订了科技成果转化合同，占比达70.83%。以四种方式签订科技成果转化合同总数排名，具体由表10-14可见。

表10-14 科技成果转化合同总数排名

排名	单位名称	项目数/项	占比/%
1	昆明理工大学	2 002	28.75
2	云南大学	717	10.30
3	西南林业大学	481	6.91
4	云南省生态环境科学研究院	466	6.69

（续表）

排名	单位名称	项目数/项	占比/%
5	云南省农业科学院质量标准与检测技术研究所	453	6.51
6	云南农业大学	333	4.78
7	昆明医科大学	230	3.30
8	大理大学	220	3.16
9	云南财经大学	213	3.06
10	红河学院	212	3.04
11	云南师范大学	158	2.27
12	昆明学院	154	2.21
13	云南中医药大学	121	1.74
14	云南省农业科学院生物技术与种质资源研究所	82	1.18
15	云南省农业科学院农业环境资源研究所	63	0.90
16	云南省林业和草原科学院	63	0.90
17	玉溪师范学院	58	0.83
18	云南省农业科学院蚕桑蜜蜂研究所	58	0.83
19	云南省农业科学院热带亚热带经济作物研究所	56	0.80
20	云南省农业科学院粮食作物研究所	52	0.75
21	云南省农业科学院茶叶研究所	48	0.69
22	云南省农业科学院园艺作物研究所	46	0.66
23	云南省德宏热带农业科学研究所	44	0.63
24	云南省农业科学院农业经济与信息研究所	37	0.53
25	楚雄师范学院	35	0.50
26	云南省热带作物科学研究所	34	0.49
27	云南国土资源职业学院	34	0.49
28	云南省农业科学院甘蔗研究所	31	0.45
29	云南省畜牧兽医科学院	30	0.43
30	曲靖师范学院	28	0.40
31	云南省农业科学院花卉研究所	27	0.39

（续表）

排名	单位名称	项目数/项	占比/%
32	云南省农业科学院热区生态农业研究所	26	0.37
33	云南省红河热带农业科学研究所	24	0.34
34	云南林业职业技术学院	23	0.33
35	玉溪农业职业技术学院	22	0.32
36	云南省水利水电科学研究院	22	0.32
37	云南省农业科学院农产品加工研究所	20	0.29
38	云南省林业和草原科学院漾濞核桃研究院	19	0.27
39	云南省农业科学院经济作物研究所	18	0.26
40	云南省农业科学院药用植物研究所	17	0.24
41	云南省农业科学院高山经济植物研究所	16	0.23
42	云南开放大学（云南国防工业职业技术学院）	15	0.22
43	云南省标准化研究院	14	0.20
44	昆明冶金高等专科学校	14	0.20
45	滇西应用技术大学	11	0.16
46	云南省微生物研究所	10	0.14
47	云南省中医中药研究院	10	0.14
48	云南省高原特色农业产业研究院	9	0.13
49	云南交通职业技术学院	9	0.13
50	云南省草地动物科学研究院	8	0.11
51	昭通学院	8	0.11
52	云南省粮油科学研究院（云南省粮油产品质量监督检验测试中心）	7	0.10
53	云南警官学院	5	0.07
54	曲靖医学高等专科学校	5	0.07
55	楚雄医药高等专科学校	5	0.07
56	保山中医药高等专科学校	5	0.07

(续表)

排名	单位名称	项目数/项	占比/%
57	大理护理职业学院	5	0.07
58	云南体育运动职业技术学院	4	0.06
59	文山学院	4	0.06
60	云南省林业和草原科学院热带林业研究所	4	0.06
61	云南省林业和草原科学院油茶研究所	3	0.04
62	滇西科技师范学院	3	0.04
63	云南民族大学	3	0.04
64	云南省农业科学院国际农业研究所	3	0.04
65	云南省渔业科学研究院	2	0.03
66	昆明铁道职业技术学院	2	0.03
67	云南旅游职业学院	1	0.01
68	普洱学院	1	0.01

数据来源：国家科技成果信息服务平台公开数据。

（三）资金、平台和人员情况分析

资金、平台和人员是科技成果转化必不可少的要素，目前可以统计到的三个要素，主要是与财政支持有关的资金、平台和人员。

1. 财政资金支持情况

从获得财政资助科技项目情况看，2021年至2022年，全省96家公办高校院所共获立项批复科技项目数7 993项（2020年未采集到相关数据，2021年3 757项，2022年4 236项），其中中央资助项目1 530项，科技项目总金额362 445.08万元（2021年160 664.92万元、2022年201 780.16万元），其中中央资助金额

92 016.06 万元，项目当年到账金额总计 249 016.16 万元，其中中央资助到账金额 70 144.69 万元。具体由表 10-15 可见。

表 10-15　2020—2022 年获得财政资金资助的科技项目统计表

年份	立项批复项目数/项		立项批复总金额/万元			当年到账金额/万元		
	总计	其中中央资助	总计	其中财政资助	其中中央资助	总计	其中财政资助	其中中央资助
2022	4 236	835	201 780.16	189 592.93	51 798.60	143 498.42	139 144.88	39 833.97
2021	3 757	695	160 664.92	143 516.83	40 217.46	105 517.74	94 500.23	30 310.72
2020	—	—	—	—	—	—	—	—
合计	7 993	1 530	362 445.08	333 109.76	92 016.06	249 016.16	233 645.11	70 144.69

数据来源：国家科技成果信息服务平台公开数据。

2. 机构平台和人员情况

从填报统计数据看，截至 2022 年底，全省 96 家公办高校院所中，有 31 家与企业共建了研发机构/技术转移机构/科技成果转化服务平台。昆明理工大学不断深化产学研合作，与企业共建了 32 个研发机构/技术转移机构/科技成果转化服务平台，位居全省首位。具体由表 10-16 可见。

表 10-16　与企业共建研发机构/技术转移机构等数量排名统计

排名	单位名称	数量	占比/%
1	昆明理工大学	32	19.88
2	楚雄师范学院	21	13.04
3	西南林业大学	15	9.32

（续表）

排名	单位名称	数量	占比/%
4	云南省农业科学院农产品加工研究所	13	8.07
5	云南中医药大学	10	6.21
6	云南省德宏热带农业科学研究所	6	3.73
7	云南省农业科学院花卉研究所	6	3.73
8	云南大学	6	3.73
9	云南体育运动职业技术学院	5	3.11
10	文山学院	4	2.48
11	云南省高原特色农业产业研究院	4	2.48
12	玉溪师范学院	3	1.86
13	滇西应用技术大学	3	1.86
14	昭通学院	3	1.86
15	昆明医科大学	3	1.86
16	德宏师范高等专科学校	3	1.86
17	云南财经职业学院	3	1.86
18	云南省农业科学院粮食作物研究所	3	1.86
19	云南省农业科学院农业经济与信息研究所	3	1.86
20	大理大学	2	1.24
21	云南省农业科学院蚕桑蜜蜂研究所	2	1.24
22	云南省农业科学院生物技术与种质资源研究所	2	1.24
23	玉溪农业职业技术学院	1	0.62
24	昆明学院	1	0.62
25	昆明冶金高等专科学校	1	0.62
26	保山中医药高等专科学校	1	0.62
27	云南省标准化研究院	1	0.62
28	云南省林业和草原科学院油茶研究所	1	0.62

（续表）

排名	单位名称	数量	占比/%
29	云南省农业科学院甘蔗研究所	1	0.62
30	云南民族大学	1	0.62
31	云南国土资源职业学院	1	0.62

数据来源：国家科技成果信息服务平台公开数据。

2020年至2022年，96家高校院所与企业共建了161个研发机构、技术转移机构或转化服务平台，创设新公司和参股新公司69个，自建技术转移机构76个，专职从事科技成果转化工作人员671人，在外兼职从事成果转化人员和离岗创业人员523人，与高校院所合作开展科技成果转化的市场化技术转移机构144个。可见，在一系列科技政策的推动和激励下，近年高校院所积极推进自身技术转移机构建设，安排专职人员负责科技成果转化工作，为推动高校院所科技成果转化成现实生产力发挥了积极作用。具体由表10-17可见。

表10-17　2020—2022年共建研发机构、成果转化从业人员等相关指标统计

年度	与企业共建研发机构、转移机构、转化服务平台/个	在外兼职从事成果转化人员和离岗创业人员/人	创设新公司和参股新公司/个	自建技术转移机构数量/个	专职从事科技成果转化工作人数/人	与高校院所合作开展科技成果转化的市场化技术转移机构数量/个
2022	52	252	32	29	329	56
2021	54	106	32	23	177	38
2020	55	165	5	24	165	50
总计	161	523	69	76	671	144

数据来源：国家科技成果信息服务平台公开数据。

（四）科技成果转化收益及奖酬情况

科技成果转化收益及奖酬是科技成果转化活动的核心问题，不仅是体现国家各项政策落实情况的指标之一，还是激发高校院所科研人员动力的核心。

1. 总体情况

从合同项目达成的现金和股权总收入以及奖励情况看，96家高校院所所有转让、许可和作价投资获得的现金及股权收入总计32 551.58万元，留归单位14 382.24万元，占比44.18%，奖励个人18 169.34万元，占比55.82%，奖励个人金额中主要奖给研发与科技成果转化主要贡献人员。具体由表10-18可见。

表10-18　现金和股权总收入及奖励情况统计表

项　目	金额/万元	占比/%
现金及股权的总收入	32 551.58	—
留归单位金额	14 382.24	44.18
奖励个人金额	18 169.34	55.82
研发与科技成果转化主要贡献人员金额	14 832.81	45.57

数据来源：国家科技成果信息服务平台公开数据。

从以转让、许可、作价投资和产学研（技术开发、咨询、服务）转化科技成果合同项目达成的收益对人员奖励的数量情况来看，2020年到2022年三年间，转让、许可和作价投资三种方式转化科技成果中，以现金和股权奖励个人共2 079人，股权奖励仅14人，占比不到1%。以产学研（技术开发、咨询和服务）转化科技成果中现金奖励7 904人，是转化、许可、作价投资三种方式中奖励人数的3.8倍。具体由表10-19可见。

表 10-19　2020—2022 年奖励人员数量统计

年度	转让、许可、作价投资			产学研（技术开发、咨询、服务）
	现金、股权奖励/人	现金奖励/人	股权奖励/人	现金奖励/人
2022	735	728	7	3 165
2021	644	637	7	2 800
2020	700	700	0	1 939
合计	2 079	2 065	14	7 904

数据来源：国家科技成果信息服务平台公开数据。

在以转让、许可、作价投资和产学研（技术开发、咨询、服务）转化科技成果合同项目达成的收益奖励个人现金和股权金额排名情况看，96 家高校院所中，有 41 家高校院所奖励个人通过转让、许可、作价投资和产学研（技术开发、咨询和服务）转化科技成果。获得的现金和股权收入，云南大学以奖励 8 167.06 万元位列第一，占奖励总额的 44.95%；昆明理工大学以 1 478.84 万元位列第二，其他 39 家单位均未超过千万元。具体由表 10-20 可见。

表 10-20　奖励个人科技成果转化现金和股权金额排名

序号	单位名称	金额/万元	占比/%
1	云南大学	8 167.06	44.95
2	昆明理工大学	1 478.84	8.14
3	云南省农业科学院茶叶研究所	803.86	4.42
4	云南省农业科学院蚕桑蜜蜂研究所	795.50	4.38
5	云南省农业科学院经济作物研究所	751.93	4.14
6	云南省农业科学院粮食作物研究所	708.97	3.90
7	云南省农业科学院花卉研究所	567.53	3.12

（续表）

序号	单位名称	金额/万元	占比/%
8	云南省农业科学院甘蔗研究所	504.18	2.77
9	云南农业大学	483.67	2.66
10	昆明学院	423.12	2.33
11	红河学院	378.16	2.08
12	西南林业大学	343.71	1.89
13	云南省农业科学院质量标准与检测技术研究所	333.24	1.83
14	云南省农业科学院热区生态农业研究所	292.96	1.61
15	云南省农业科学院园艺作物研究所	266.50	1.47
16	云南省农业科学院农业经济与信息研究所	259.55	1.43
17	云南中医药大学	244.79	1.35
18	云南省农业科学院热带亚热带经济作物研究所	208.86	1.15
19	云南省农业科学院农产品加工研究所	190.18	1.05
20	云南省农业科学院生物技术与种质资源研究所	186.24	1.03
21	云南省农业科学院药用植物研究所	165.80	0.91
22	云南省农业科学院农业环境资源研究所	118.74	0.65
23	昆明医科大学	69.31	0.38
24	云南民族大学	60.00	0.33
25	云南省热带作物科学研究所	54.42	0.30
26	云南交通职业技术学院	48.11	0.26
27	云南省农业科学院高山经济植物研究所	46.29	0.25
28	云南师范大学	42.00	0.23
29	云南省林业和草原科学院	41.61	0.23
30	大理大学	39.60	0.22

（续表）

序号	单位名称	金额/万元	占比/%
31	云南省林业和草原科学院热带林业研究所	28.40	0.16
32	云南省农业科学院国际农业研究所	23.91	0.13
33	云南省标准化研究院	15.77	0.09
34	云南省生态环境科学研究院	6.00	0.03
35	昆明冶金高等专科学校	4.75	0.03
36	玉溪师范学院	4.00	0.02
37	曲靖医学高等专科学校	3.28	0.02
38	昭通学院	3.00	0.02
39	楚雄医药高等专科学校	2.70	0.01
40	云南国土资源职业学院	1.95	0.01
41	曲靖师范学院	0.85	<0.01

数据来源：国家科技成果信息服务平台公开数据。

2. 现金收入及奖励情况

2020年至2022年，96家高校院所中，通过转让、许可、作价投资和产学研（技术开发、咨询和服务）等方式转化科技成果，获得现金收入总额为30 675.75万元，其中留归单位13 951.43万元，占现金收入总额的45.48%，奖励个人16 724.32万元，占现金收入总额的54.52%。奖励个人金额中，奖励研发与转化主要贡献人员13 387.79万元，占奖励个人金额的80.05%。总体来看，云南省高校院所科技成果转化收入的分配，与国家鼓励将科技成果转化收入分配向科研人员和在科技成果转化过程中做出主要贡献的人员倾斜相吻合。具体由表10-21可见。

表 10-21　2020—2022 年现金收入及奖励情况统计

项　目	金额 / 万元	占比 /%
现金收入总额	30 675.75	—
留归单位金额	13 951.43	45.48
奖励个人金额	16 724.32	54.52
研发与转化主要贡献人员金额	13 387.79	43.64

数据来源：国家科技成果信息服务平台公开数据。

从科技成果转化获取现金收入排名看，96 家高校院所中，共有 46 家单位获得科技成果转化现金收入，云南大学以 9 307.14 万元居于首位，现金收入超过千万元的单位为西南林业大学、云南省农业科学院农业环境资源研究所、云南省农业科学院蚕桑蜜蜂研究所、云南省草地动物科学研究院、昆明医科大学、云南省农业科学院经济作物研究所、云南省农业科学院粮食作物研究所、云南省农业科学院甘蔗研究所。具体由表 10-22 可见。

表 10-22　科技成果转化获取现金总收入排名

序号	单位名称	金额 / 万元	占比 /%
1	云南大学	9 307.14	30.34
2	西南林业大学	2 735.85	8.92
3	云南省农业科学院农业环境资源研究所	1 516.22	4.94
4	云南省农业科学院蚕桑蜜蜂研究所	1 227.07	4.00
5	云南省草地动物科学研究院	1 200.00	3.91
6	昆明医科大学	1 164.64	3.80
7	云南省农业科学院经济作物研究所	1 108.63	3.61
8	云南省农业科学院粮食作物研究所	1 088.82	3.55
9	云南省农业科学院甘蔗研究所	1 069.96	3.49

（续表）

序号	单位名称	金额/万元	占比/%
10	云南省农业科学院茶叶研究所	998.50	3.26
11	云南省农业科学院花卉研究所	917.90	2.99
12	云南省农业科学院热区生态农业研究所	634.54	2.07
13	昆明理工大学	616.52	2.01
14	云南省农业科学院质量标准与检测技术研究所	598.29	1.95
15	云南省农业科学院农产品加工研究所	594.20	1.94
16	云南省农业科学院生物技术与种质资源研究所	581.43	1.90
17	云南省农业科学院农业经济与信息研究所	535.95	1.75
18	云南省农业科学院热带亚热带经济作物研究所	531.54	1.73
19	昆明学院	522.78	1.70
20	云南农业大学	508.07	1.66
21	红河学院	415.74	1.36
22	云南省农业科学院园艺作物研究所	367.49	1.20
23	云南省高原特色农业产业研究院	299.00	0.97
24	云南省林业和草原科学院漾濞核桃研究院	289.50	0.94
25	云南省林业和草原科学院热带林业研究所	289.03	0.94
26	云南省农业科学院高山经济植物研究所	255.35	0.83
27	云南省农业科学院药用植物研究所	188.90	0.62
28	云南中医药大学	176.60	0.58
29	昆明冶金高等专科学校	162.94	0.53
30	云南省热带作物科学研究所	114.25	0.37
31	云南省德宏热带农业科学研究所	107.52	0.35
32	云南省林业和草原科学院	106.71	0.35
33	云南交通职业技术学院	82.93	0.27
34	云南省标准化研究院	77.77	0.25
35	云南民族大学	67.50	0.22

（续表）

序号	单位名称	金额/万元	占比/%
36	云南师范大学	60.00	0.20
37	大理大学	49.50	0.16
38	楚雄医药高等专科学校	37.70	0.12
39	云南省农业科学院国际农业研究所	29.99	0.10
40	云南省林业和草原科学院油茶研究所	12.00	0.04
41	云南省生态环境科学研究院	10.00	0.03
42	曲靖医学高等专科学校	5.46	0.02
43	玉溪师范学院	5.00	0.02
44	昭通学院	3.00	0.01
45	云南国土资源职业学院	2.82	0.01
46	曲靖师范学院	1.00	<0.01

数据来源：国家科技成果信息服务平台公开数据。

3. 股权收入以及奖励情况

三年中，通过将科技成果作价投资入股成立公司获得股权收入共 1 875.83 万元，留归单位 430.81 万元，占比 22.97%；奖励个人 1 445.02 万元，占比 77.03%，奖励个人金额全部用于奖励研发和转化主要贡献人员。具体由表 10-23 可见。

表 10-23　2020—2022 年股权收入及奖励情况统计

项　　目	金额/万元	占比/%
股权收入总额	1 875.83	—
留归单位金额	430.81	22.97
奖励个人金额	1 445.02	77.03
研发与转化主要贡献人员金额	1 445.02	77.03

数据来源：国家科技成果信息服务平台公开数据。

从科技成果转化取得的股权金额排名看，2020年至2022年三年中，仅有昆明理工大学、云南大学、云南中医药大学三所高校共7项科技成果通过作价投资的方式进行转化，其中昆明理工大学3项成果获得股权金额1 311.83万元，云南大学2项成果获得股权现金400万元，云南中医药大学以2项成果获得股权收入164万元。具体由表10-24可见。

表10-24　2020—2022年科技成果转化取得的股份金额排名

序号	单位名称	金额/万元	占比/%
1	昆明理工大学	1 311.83	69.93
2	云南大学	400.00	21.32
3	云南中医药大学	164.00	8.74

数据来源：国家科技成果信息服务平台公开数据。

二、促进高校院所科技成果转化做法

结合上述分析，我们总结了2020年至2022年云南省促进高校院所科技成果转化的特色做法，并搜集了部分高校院所转化案例做进一步分析，为下一步科技成果转移转化示范区建设研究提供依据。

（一）特色做法

科技成果转化是比较个性的科技创新与经济结合的活动，云南省促进高校院所科技成果转化的主要路径是促进供需对接，主要体现出围绕产业和民生需求、发挥财政奖励补贴资金作用、深化科技入滇机制、围绕乡村振兴场景和科技金融五个方面的做法。

1. 围绕产业需求攻关带动转化

近年来,云南省深入推进科技体制机制改革,紧扣生物医药和大健康、新材料、绿色能源等重点产业发展和民生迫切需求领域,从源头上不断增加可转化科技成果,通过将科技成果转化纳入科技计划项目立项评审、纳入绩效评价指标体系,涌现出一批转化应用效果突出的重大科技成果。

2021年,组织实施170余个重大、重点科技项目,策划一批"军令状制"项目,旨在解决主导产业急需紧缺技术"卡脖子"问题。普朗地下矿山成为全国首个实现5G工业应用的有色金属地下矿山,也是高海拔地区首个5G智能矿山。同时实现了花卉"双减"绿色生产;选育的马铃薯新品种"云薯108"刷新西南地区马铃薯最高单产纪录;创新水稻种植模式(杂交粳稻山地旱种),实现"藏粮于地、藏粮于技"的重大突破。推进生物医药产业加快发展,云南省自主研发的科维福新冠灭活疫苗获得国内首个新型冠状病毒mRNA疫苗药品临床注册批件,5个产品获得国家药品生产注册批件。

2022年策划组织34项重大科技项目,支持财政科技经费超2亿元,研发新产品9个,获批上市新药品种6个。沃森新冠mRNA疫苗获得印度尼西亚紧急使用授权,成为中国首个获批海外上市的此类疫苗。中国医学科学院医学生物学研究所研发的宜维福人二倍体细胞EV71灭活疫苗获得泰国药监局批准上市。生物医药领域20余个项目列入2022年度省级重大项目清单,80余个项目纳入国家中长期贷款支持备选项目。4家企业入选中国中药企业百强榜，1家企业入选中国生物医药企业20强。昆明高新区、玉溪高新区入选全国（16个）生物医药新型工业化产业示范基地，昆明高新区在中国生物医药产业园区的综合竞争力排名上升至第38位。

2. 实施财政奖补激励应用转化

针对科技成果转化的堵点、痛点和难点问题，近年来，云南省出台了《云南省促进科技成果转化条例》《云南省科技成果转化奖补资金管理办法》《云南省科技揭榜制实施管理办法》《云南省高校院所科技成果转移转化机构建设实施方案》《创新驱动高质量发展29条措施》《云南省财政科研项目和经费管理改革20条措施》等一系列政策举措，进一步优化科技创新资源配置方式，有效降低科技创新成本，突破制约产业发展的关键核心技术，加快推动科技成果转化。云南省科技厅主动深入省内各州（市）和相关高校、科研院所、企业，广泛宣传解读成果转化奖补政策，力求让各相关方应知尽知、应享尽享、应补尽补。重点围绕打造世界一流的"绿色能源""绿色食品""健康生活目的地"三张牌和"数字云南"建设，以及生物医药和大健康产业、旅游文化产业、信息产业、物流产业、高原特色现代农业、新材料产业、先进装备制造业、食品与消费品加工制造业等重点产业领域，云南省2021年安排财政资金3 385万元，对重点产业领域的23个科技成果转化项目给予奖补；对2021年实施科技成果转化的36个项目给予奖补，补助金额6 232万元；对51个技术合同认定登记奖励项目、19个技术合同认定登记站补助项目以后补助方式奖补资金 1 094 万元。系列科技成果转化奖补措施的实施，进一步激发了科技成果转化各参与方的积极性和主动性，促成了一大批科技成果转化落地，加速了科技与经济的深度融合，为区域经济高质量发展发挥了积极作用。

3. 搭建平台提升创新转化效能

云南省深入推进与中国科学院、中国工程院等的机制性合作，景东 120 米脉冲星射电望远镜建设进展顺利，与此同时中国巨型太阳望远镜选址工作启动；朱有勇院士主导的院地合作项目成果先后获得重要批示。"中农大 4 号"获省陆稻新品种审定，累计推广面积 50 余万亩。中国—南亚技术转移中心、中国—东盟创新中心、金砖国家技术转移中心、云南国际人才交流会等对外科技合作平台，促引科技成果、人才和团队、科技企业等入滇转化落地。2020 年，云南省引进省高层次人才 18 位、高层次创新创业团队 6 个、高端外国专家 20 位，获批发展中国家杰出青年来华工作岗位 25 个。2021 年，启动实施"智汇云南"计划，吸引 14 个国家 44 名青年科学家、企业家来滇创新创业。2022 年通过"智汇云南"计划引进 31 名外籍青年科技人才。

通过科技入滇合作平台，保山市引进代表世界一流技术水平的隆基股份单晶硅棒项目，并带动碳碳、石墨、坩埚、碳毡及氩气 5 个配套材料项目落地保山，完成投资 60 亿元以上，2020 年全市实现工业硅产量17.8 万吨，占全省 40%、全国 10% 左右，居全省第一。昆明理工大学以两院院士为龙头建立院士工作站15个、专家工作站4个,一批顶尖人才团队与学校建立了更为紧密的学术关系,提升了学校基础研究的能力和水平;依托院士/专家工作站开展"卡脖子"关键核心技术攻关,有力推动产业发展,形成科教融合、产教融合、军民融合的良性互动新局面;昆明贵金属研究所建成胡壮麒院士工作站等8个院士工作站,深入开展国际国内科技合作,针对贵金属集团自身的技术需求,联合开展相关研究,解决了稀贵金属产业系列关键技术及瓶颈问题,培养了一批贵金属领域专业人才;与中国科学院郑兰荪院士团队合作,联合开展"重要药物合成用铑、钌不对称加氢催化剂的关键制备技术开发"和"铂族金属催化材料产业化技术开发",突破了手性铑、钌催化剂的实验室制备技术,相关技术成果在国内大型化工和制药企业得到应用,实现新产品年销售近3亿元;引入中国农业大学胡小松教授为首的专家团队,实施"云南特色食品现代制造创新平台建设及产业化关键技术研究示范"项目,多项成果在昆明德和罐头食品有限责任公司得到转化,实现了滇味传统方便食品品类创新;聚焦"绿色能源牌""健康生活目的地",学校依托省部共建复杂有色金属资源清洁利用国家重点实验室、省部共建非人灵长类生物医学国家重点实验室等平台分别组建多位院士组成的专家委员会,为云南全产业链重塑有色金属新优势、做大做强生命医药大健康产业提供了有力的智力支撑。

4. 聚焦乡村振兴助力农科转化

云南省实施科技支撑乡村振兴行动计划,推行一批产业科技示范项目。2020年安排乡村振兴发展科技专项资金5 600万元，助推一批先进适用技术和成果在广大农村转化落地。新认定云南省科技特派员7 474位，新选派"三区"科技人员1 800人次，探索科技特派团服务模式，实现科技特派员对全省8 502个贫困村科技服务和创业带动全覆盖。

2021年，制定出台《云南省科技支撑乡村振兴六大行动（2021—2025年）》，以实施"乡村特色产业技术升级专项行动""乡村生态环境建设科技引领行动""乡村人才振兴科技赋能行动""乡村文化建设科技服务行动""乡村组织建设科技助力行动""乡村振兴科技创新示范县（村）建设行动"为抓手，推进"百团万人"创建"百企百村百品牌"工程，实现乡村产业振兴、生态振兴、人才振兴、文化振兴和组织振兴。2022年共安排乡村振兴发展科技专项资金6 000余万元，助推一批先进适用技术和成果在广大农村转化落地。新选派科技特派员2 003名、科技特派团29个、"三区"科技人才1 800人，服务"一县一业""一村一品"，把农业科技创新成果根植在田间地头。

2022年启动实施乡村产业关键技术集成示范项目32项，组织实施兴边富民产业发展项目25项，促成了食用菌、甘蔗、鲜食玉米、辣椒新品种等一大批科技成果转化落地，带动农民增收致富，为全面推进乡村振兴发挥了有力支撑作用。选派科技特派员、科技特派团以及科技特派队60个、"三区"科技人才1 800名，形成"全覆盖、常在村"工作机制。其中，选派科技特派队44个服务25个边境县现代化边境小康村建设，带动一批实用技术成果在边境县落地转化，进一步巩固拓展了边民安定团结。《云南全覆盖选派科技特派团助力乡村振兴》在中组部《组工信息》第116期获得头条报道。充分发挥科技特派员政策宣传队、科技传播者、致富带头人作用，不断拓宽农业科技成果转化应用路子，通过基地示范带动、技术培训推动、利益捆绑联动、招才引智促动，促进乡村产业发展，带动广大农户增收致富。

5. 推动科技金融协力推进转化

近年来，云南省进一步探索科技金融结合多元发展道路，打造科技金融政策升级版，围绕创新链配置资金链，搭建科技创新与创业投资、融资担保、银行信贷、科技保险等各种金融方式深度结合的模式和机制，激励社会资本加大力度支持创新创业，缓解科技型企业"融资难、融资贵"问题，培育壮大科技型企业，加速科技成果转化及产业化，推动"企业—产业—资本"良性互动，促进科技金融健康发展，着力构建科技金融新生态。2020年，云南省安排科技金融专项资金419.4万元，为13家科技型企业分担分散各类创新创业风险约20亿元。持续推进"风险金池+科创贷"试点工作，向省内科技型企业投放贷款约1.78亿元，使融资成本降至约4.1%。14家科技型企业通过科技创新券购买专业的科技服务，申请创新券141万元。

2021年，云南省科技厅与云南银保监局联合出台《关于加强科技创新金融服务的通知》，打出"业务指引+专项支持"组合拳，引导各银行保险机构针对科技创新企业轻资产、技术含量高、高风险、高成长等特征，建立完善科技创新金融服务体系，为企业持续发展提供金融支持。2021年，云南省安排科技金融专项资金 550 余万元,支持科技型企业融资约 2.87 亿元,为 40 余家科技型企业分担分散各类创新创业风险约 52 亿元。

2022 年,首次在云南省股权交易中心开设新板块,促成 47 家高新技术企业在云南省股权交易中心"科技创新板"挂牌(展示),促成银行对 90 家企业授信 5.4 亿元、贷款 3.6 亿元;通过创新创业大赛,首次引入 32 家投融资担保机构服务参赛企业,促成 7 300 余万元的投融资合作意向,32 家参赛企业与投融资机构现场签订了投融资协议;发布科技成果供需榜单,20 家企业在现场开展科技成果转移转化对接服务;促成 10 家企业及高校在现场就科技成果转化签约,签约金额 1 800 余万元。

（二）云南省高校院所科技成果转化案例

对于科技成果转化这种实践性较强的经济活动,案例研究尤为重要,本部分主要聚焦云南省高校院所科技成果转化的实证分析。

1. 昆明理工大学案例

昆明理工大学研发的新一代粗锡精炼工艺技术装备在全球最大最先进的锡冶炼项目——云锡锡冶炼退城入园搬迁改造项目中实现大规模应用。该冶炼项目投资超过 30 亿元、年产 7 万吨精锡,达产后将超过全球产量 20%。该项目也是云南首个退城进园有色矿冶项目,在世界锡工业领域创造了产能规模最大、工艺设施一流、冶炼技术水平一流、节能一流、智能化自动化程度一流、信息化管理水平一流、绿色环保、安全的多项新纪录,代表了当今世界锡冶炼一流技术和装备水平,有效推动了世界锡冶炼的高端化、智能化、绿色化进程。昆工锂离子电池及材料制备技术研发团队研发的高性能多元氧化物电极材料关键制备技术已在云南能投汇龙科技股份有限公司、深圳市雄韬电源科技股份有限公司等6家省内外企业实现推广应用，生产的NCM111、NCM523、NCM622、NCM811等正极材料也广泛应用于3C数码产品、电动工具、动力电池等领域。近三年来，该技术累计新增销售额近6亿元，显著提高了低镍三元正极材料倍率性能，以及高镍三元正极材料的结构和热稳定性能，整体技术达国内领先水平。

2. 云南农业大学案例

云南农业大学依托朱有勇院士团队历时十余年研发构建的具有自主知识产权的中药材生产新模式，实现林下三七种植技术转化落地，助力边疆少数民族地区脱贫攻坚。林下三七种植技术立足于云南生物多样性资源禀赋，利用生物多样性"相生相克"和"生境耦合"原理，让中药材回归山野林下，不占用农田、不与粮食水果蔬菜争地，以药材品质为导向，实现林下三七种植不施用化肥农药的有机生产模式，从源头解决了中药材质量下滑难题，有效缓解了因中药材连作障碍等问题导致的土地资源匮乏矛盾。依托该成果，云南农业大学与云南滇南本草大养投资有限公司、昆药集团股份有限公司等多家企业签订了战略合作协议，在云南省投资20亿元，合作建设林下中药材标准化种植示范基地10万亩和现代化、数字化加工基地3个。林下三七种植技术成果在云南普洱、曲靖、临沧、昆明等地区开展了多年多点示范和应用，截至2021年11月累计完成1万余亩的示范推广，辐射带动50余个山岭村寨。仅在澜沧县以林下三七为主导产业的农业产值就达

6亿元，带动农户 2 889 户，1.04 万人，户均增收 2.5 万余元，全面带动山区群众脱贫致富，成为利用科技助推脱贫攻坚和乡村振兴的典型案例。

3. 云南省农业科学院案例

云南省农业科学院花卉研究所以"主要球根花卉种质创新与产业化关键技术集成示范"项目为依托，建成球根花卉种质资源保存中心，共完成 1 870 个杂交配组，育成新品种 34 个，其中"龙珠"等 4 个品种为中国首批申报的东方百合与喇叭百合杂种系间杂交新品种，打破了中国百合市场品种一直由国外垄断的产业格局，攻克花卉产业发展中种苗（球）长期依赖进口的核心问题。该院依托"观赏园艺国家专业化众创空间"创新创业平台，与创新型企业组建创新联合体，建立起观赏园艺创新创业生态链，打造"双创"升级版，成为全国双创的"标兵"，加速了科技成果推广应用。在呈贡区斗南建立 4 500 平方米的众创空间，吸引国际及国内顶尖育种商、设备生产商 26 家企业签约入驻，组建观赏园艺细分领域 15 家育种创新联合体，共同提升花卉自主创新能力，加强创新链和产业链对接。2021 年，遴选出一批新品种、新技术和新装备进行推广应用。与金品、云科、北京花木公司等合作，推广应用上百种花坛花卉与花境植物，在昆明举办联合国《生物多样性公约》缔约方大会第十五次会议期间，利用植物雕塑及花境等形式扮靓了昆明都市，充分展示了中国丰富的花卉植物生物多样性，对外彰显了"植物王国""世界花园"及中国的生态文明形象。推选 8 个自育月季品种成为月季联盟评选 100 个品种献礼中国共产党的百年华诞。入选 2021 年云南省农业主推技术 2 项、乡村振兴十大技术1项。举办及协办花卉新品种新技术推介会5次。技术创新与成果转化在新华网、人民网等媒体广泛报道，提高了行业影响力。

三、云南高校院所科技成果转化与示范区建设

作为科技成果的主要供给方，高校院所科技成果的供给和转化对区域科技成果转移转化发挥着十分重要的作用。《国务院办公厅关于印发促进科技成果转移转化行动方案的通知》提出，要支持高校院所开展科技成果转移转化，组织高校院所梳理科技成果资源，发布科技成果目录，建立面向企业的技术服务站点网络，推动科技成果与产业、企业需求有效对接，通过研发合作、技术转让、技术许可、作价投资等多种形式，实现科技成果市场价值。一方面云南高校院所科技成果转化是建设科技成果转移转化示范区的基础，另一方面云南科技成果转移转化示范区正是以政策和示范来促进高校院所科技成果的有效转化。

（一）高校院所科技成果转化对示范区建设的影响

高校院所科技成果转化是科技成果转移转化示范区建设的重要组成部分，对市场主体发展不充分的云南而言，高校院所的科技成果转化对科技成果转移转化示范区建设发挥着十分重要的作用，其科技成果转化直接影响着示范区建设的成效。

1. 对供给端的影响

当前，高校院所正处于从以往的重学术研究向重市场需求、重科技成果转化的转变过程中，这导致高质量可转化科技成果供给不足。"三评"（项目评审、人才评价、机构评估）改革仍需持

续深化,"四唯"(唯论文、唯职称、唯学历、唯奖项)观念仍然存在。据统计,2021年云南省96家高校院所仅有23家成立技术转移机构,专职从事科技成果转化人员共177人。96家高校院所2021年对外签订技术合同2 222项,合同金额约7.7亿元,其中以转让、许可、作价投资方式实施科技成果转化合同120项,合同金额为4 951.75万元,分别占合同项数、合同金额的5.4%、6.44%。大部分高校院所无科技成果转化机构、无科技成果转化人员、无可转化科技成果的"三无"现象依然明显。为课题费而研究、为职称而研究、为研究而研究的情况不同程度存在。可转化的科技成果不足,很大程度上制约着科技成果转移转化示范区的科技成果供给。

2. 对满足需求的影响

科研院所和高校现有的科研评价体系中,在职称晋升、科技成果奖励时,普遍只看第一单位、第一作者,导致科研工作者或缺乏与他人合作的动力,不愿意坐"冷板凳",大都做自己能独立完成的短平快"小"成果。虽常有某一科研领域"点"的突破,但缺乏技术工程化、系统化的平台和供应链整合的能力,难以跨越从技术到商品的鸿沟,导致大部分"高新成果"束之高阁。

(二)示范区建设对高校院所科技成果转化的提升

从国家要求看,建设科技成果转移转化示范区,正是要支持高校院所强化需求导向的科技研发,为科技成果转移转化提供高质量成果供给;鼓励高校院所建立面向企业的技术服务网络,通过研发合作、技术转让、技术许可、作价投资等多种形式,实现科技成果市场价值;鼓励高校院所与机构、企业等构建协同研究网络,加快新技术、新产品应用推广；引导高校院所完善个人奖励分配、横向课题经费管理、兼职或离岗创业等制度。结合云南高校院所科技成果转化的现状，具体工作主要涉及以下三个主要方面。

1. **推进科技成果转化政策落地**

进一步细化现有科技成果转化管理制度，明确各级政府及各有关部门在科技成果转化中的职能职责，确定科技成果转化各方主体的权责，完善科技成果转化管理制度，推动科技成果转化法律法规和政策制度的紧密衔接和协调落实。促进财政、科技、工信、教育、人社、国资等行业主管部门在国有资产管理、收益分配、人事制度改革等领域的协同推进，确保科技成果转移转化相关政策真正落实落地。

2. **创新科技成果转化机制模式**

支持高校院所结合实际，深化科技成果转化和技术转移从业人员（技术经纪人、技术经理人）职称评审改革，有效落实高校院所科技成果转化收益分配政策，探索建立科技成果转化勤勉尽责机制，促进形成符合自身特点的成果转化模式。加大对公益类科技成果转化活动的经费保障，采取政府采购、研发后补助、发放推广经费、奖励等多种方式，支持职务科技成果或非职务科技成果用于公益事业。加快建立财政引导、社会参与的科技成果转化投入机制，支持高校、科研院所技术转移机构与天使投资、创业投资基金以及商业银行合作，通过知识产权质押、应收账款质押、供应链融资等方式促进技术转移转化，为科技成果转化项目提供多元化科技金融服务。

3. 推进分类改革激发科研人员积极性

加快科研院所分类改革，进一步落实和扩大高校院所在学科布局、科研选题、选人用人、成果处置、编制使用、职称评审、薪酬分配、设备采购等方面的自主权。充分激发科技人员创造性的科研管理方式，完善科研项目和资金管理，切实减轻科研人员负担，赋予创新人才团队更大项目立项建议权、技术路线决定权和经费使用权；建立符合科研规律的财政经费预算支出分类管理制度；加快落实以增加知识价值为导向的分配政策和科技人才兼职兼薪规定，强化公益一类事业单位科研人员激励，切实落实科研项目间接费用绩效支出激励政策，实行工资总额浮动管理。

第十一章　云南企业科技成果转化的情况

企业是科技创新活动的主体，企业科技成果转化直接与经济生产相关，是为提高生产力水平而对科技成果所进行的后续试验、开发、应用、推广直至形成新技术、新工艺、新材料、新产品，发展新产业等活动。本章主要对云南企业科技成果转化的情况进行分析。

一、云南企业基本情况

企业需求最贴近市场，以企业需求为牵引的科技成果才能被产业端所接受，了解清楚企业基本情况，才能做好科技成果转化。

（一）企业总体情况

2011—2020年，云南省注册企业占历史累计注册企业数的62.38%。从总体趋势看，云南的注册企业增速相对平缓，整体呈现阶梯状。

1. 经济主体变化情况

市场监督部门数据显示，2011年至2020年，云南省累计注册企业约726.5万家，累计关停（注吊销、停业、清算等）企业328.8万家，占比约45%。截至2021年11月，存续企业有397.7万家，其中昆明市约有102万家。2015年是云南省企业增速最高的一年，增速达到了27.17%，2020年是数量增长最多的年份，当年注册企业数量达到了 67.2 万家。近五年来云南企业按国民经济行业分类的法人数情况由表 11-1 可见。

表 11-1 云南按国民经济行业分类的法人数

单位：个

国民经济行业	2018 年	2019 年	2020 年	2021 年	2022 年
农、林、牧、渔业	84 771	94 033	104 282	101 889	115 316
采矿业	5 434	5 876	6 271	5 905	5 475
制造业	34 606	38 381	43 405	45 803	47 602
电力、燃气及水生产和供应业	2 975	3 116	3 367	3 605	3 973
建筑业	28 058	37 604	52 690	64 515	71 354
批发和零售业	141 696	166 541	203 469	214 253	224 315
交通运输、仓储和邮政业	10 675	13 113	16 717	19 339	21 609
住宿和餐饮业	14 348	15 795	18 052	18 335	19 862
信息传输、软件业和信息技术服务业	15 285	20 258	26 952	30 193	31 377
金融业	2 948	3 016	3 434	3 643	3 482
房地产业	14 998	19 533	24 672	26 317	25 830
租赁和商务服务业	48 736	61 548	79 834	87 882	91 028
科学研究和技术服务业	21 870	26 572	32 954	35 944	37 529
水利、环境和公共设施管理业	4 061	5 279	6 803	7 491	8 032
居民服务、修理和其他服务业	13 888	15 853	18 573	19 347	19 835
教育	15 492	17 045	19 353	19 980	20 046
卫生和社会工作	5 887	6 216	6 964	7 211	7 313
文化、体育和娱乐业	14 315	15 930	18 086	18 353	17 295
公共管理、社会保障和社会组织	52 787	53 609	55 791	52 480	52 584
总计	532 830	619 318	741 669	782 485	823 857

资料来源：历年《云南统计年鉴》。

在企业关停（注吊销、停业、清算等）方面，近10年关停企业约168.9万家，占总关停量约51.36%，平均每年关停约16.9万家。其中2013年关停企业约21.6万家，是关停企业最多的一年。

2. 企业行业分类情况

从企业行业分类情况来看，目前云南省存续在业的企业中批发和零售业企业最多。排名之后的四大行业分类还有住宿与餐饮业、租赁与商业服务业、居民服务业、农林牧渔业。五大行业企业总数占现存企业总数约87.36%。

（二）与其他省区比较

与国内相关省区对比，在注册资本上，云南省注册资本100万元以内的企业有340万家，占比约85.49%，比例高于湖北省约9%。注册资本在100万—500万元的企业有36.2万家，占比约9.12%。在所有存续在业的企业中，76.60%是个体工商户。云南省的上市企业数量与湖北省相差较多。现存各级市场上市企业404家（湖北1 106家），新四板与新三板上市企业占绝大多数，占比约为87.87%，A股上市企业42家（湖北121家）。

另外，云南每千人拥有市场主体80.6户，低于全国平均水平的102.1户，排在全国第26位，西部第9位；民营经济增加值占生产总值的比重连续多年徘徊在47%左右，在西部地区12个省份位列第9位。市场主体一次创业失败率高、群居于批发和零售业创新较低的层级。这导致区域产业链的韧性较为脆弱，对主导产业演进中的共性技术研发体系、能力建设不足，对依靠创新链建设突破产业链发展技术瓶颈的需求不旺盛。

二、云南企业科技成果转化

企业具有实施科技成果转化的迫切需求,企业在市场竞争中需要持续推出新技术、新工艺、新产品。对于企业而言,必须参与更高层次的竞争才能生存,最重要的路径就是推动科技成果从样品到产品再到商品的演化。

(一)科技成果转化情况

企业科技成果转化活动围绕新产品开发,以外购和内部研发为起始,以新产品销售实现转化。

1. 科技成果转化年度情况

在研究企业基本情况后,本节采集 2016—2021 年云南省规模以上企业科技成果转化活动数据(见表 11-2),从企业研发、内设机构、成果产出、技术获取等进行分析。

表 11-2 2016—2021 年云南企业科技成果转化活动情况

指标	2016 年	2017 年	2018 年	2019 年	2020 年	2021 年
1 企业基本情况						
有研发活动企业数 / 个	879	1 003	1 003	1 243	1 206	1 254
有研发活动企业占比 /%	20.98	23.97	22.76	28.47	27.40	27.45
2 研发活动情况						
研发人员全时当量 /(万人·年)	1.72	2.14	2.40	2.94	2.89	2.82
研发经费内部支出 / 亿元	74.18	88.56	107.02	129.77	145.15	176.50
内部支出与主营业务占比 /%	0.73	0.76	0.80	0.91	1.00	1.03
研发项目数 / 项	3 441	4 122	4 216	6 286	6 065	6 811
研发项目内部支出 / 亿元	73.97	88.34	101.13	130.78	151.64	171.00

（续表）

指标	2016年	2017年	2018年	2019年	2020年	2021年
3 企业科技机构情况						
机构数/个	554	648	542	538	488	493
机构人员数/万人	1.46	1.80	1.54	1.61	1.68	1.91
机构经费支出/亿元	36.45	49.06	52.01	66.43	59.07	77.97
4 专利成果产出情况						
专利申请数/件	4 942	5 389	6 190	7 611	9 451	9 467
发明专利/件	1 878	1 891	2 038	2 665	3 131	2 996
有效发明专利数/件	5 880	6 510	6 466	10 131	9 515	11 021
5 技术获取和技术改造情况/亿元						
引进境外技术支出	1.54	1.26	3.12	8.33	0.78	3.58
引进境外技术消化吸收支出	0.22	0.08	0.18	0.10	0.02	—
购买境内技术支出	4.90	4.44	6.90	11.67	7.56	22.89
技术改造支出	28.77	35.35	40.33	70.00	65.01	56.22

数据来源：历年《云南统计年鉴》。

表 11-3 中 2016—2021 年云南省企业新产品开发和销售情况数据，显示了以新产品产出和销售为主的转化情况。

表 11-3　2016—2021 年云南企业新产品开发和销售情况

指标	2016年	2017年	2018年	2019年	2020年	2021年
新产品开发项目数/项	3 834	4 208	4 150	5 661	5 532	5 801
新产品开发经费支出/亿元	88.43	102.67	96.54	122.77	115.37	137.42
新产品销售收入/亿元	628.45	808.62	928.83	939.55	1 216.09	1 205.58
新产品出口/亿元	30.25	36.46	21.59	38.24	16.41	19.46

数据来源：历年《云南统计年鉴》。

近五年来,在云南企业科技成果转化活动中,以取得专利为目的的指标性创新多于以新技术、新组件替代既有产品的生产性创新。新产品开发项目融资时,几乎不从战略、管理、生产、技术、营销、服务等方面综合考量,而是将争取财政引导资金视同为企业生产的账外收益。

2. 与相关省区的对比

进一步采集四川、重庆、湖北、安徽、吉林和河北等6个东北和中西部已建科技成果转移转化示范区的省/市和云南相关数据(见表11-4),在产品工艺创新、创新合作和科技成果转化为销售收入数据情况与云南做横向对比。

表11-4　2021年云南与部分示范区所在省/市企业科技成果转化对比

	云南	四川	重庆	湖北	安徽	吉林	河北
1.产品或工艺创新企业/个	2 993	10 547	6 019	13 111	13 781	1 537	8 062
以内部研发形式占比/%	54.60	55.70	65.90	59.50	64.50	37.00	54.10
以外部研发形式占比/%	11.00	10.60	8.70	7.70	10.90	10.10	6.30
通过获得机器设备软件占比/%	46.80	58.70	54.40	70.90	64.90	62.70	69.70
通过外部获得技术占比/%	4.40	3.80	3.30	2.90	3.30	3.80	2.10
通过相关培训形式占比/%	48.50	41.70	40.80	34.70	45.10	40.10	34.80
通过市场推介形式占比/%	23.30	19.90	18.30	15.80	20.00	16.90	15.60
通过相关设计形式占比/%	20.60	18.50	18.70	15.80	20.00	16.20	14.30

(续表)

	云南	四川	重庆	湖北	安徽	吉林	河北
2.开展创新合作企业/个	3 215	10 769	5 840	11 051	12 127	1 590	6 370
创新合作企业占比/%	26.90	29.30	31.60	32.30	34.00	20.30	22.60
集团内部占比/%	35.40	31.70	33.80	31.30	29.20	35.60	27.50
高等学校和研究机构占比/%	38.20	38.40	32.90	40.70	54.00	47.00	40.50
供应商占比/%	39.80	36.70	39.30	39.30	39.90	31.10	35.80
竞争者或同行占比/%	23.20	23.00	22.20	22.00	19.20	15.70	17.90
3.新产品开发项目数/个	5 801	26 218	19 752	24 783	36 917	4 369	26 766
经费支出/亿元	137.42	572.05	490.42	932.46	908.83	167.77	720.92
销售收入/亿元	1 205.58	6 138.75	6 995.18	13 695.56	15 101.73	2 955.14	9 668.26
出口/亿元	19.46	567.47	1 428.96	7 457.74	2 123.55	78.70	690.33

数据来源：2022年的《中国科技统计年鉴》。

可见，与东北和中西部建设有科技成果转移转化示范区的省/市相比，云南企业更偏好于沿用既定发展路径，对开展产品或工艺创新、创新合作和新产品开发不是非常积极。大多创新源于企业内部。与采用高校院所的科技成果相比，更注重与供应商、竞争者或同行的创新合作。这说明其产品全产业链整合能力较弱，相比于差异化竞争，产品更注重同质化竞争。

（二）特征分析

结合上述的数据分析，根据企业走访采集到的信息，发现云南省企业科技成果转化，因主体不同，所显示的特征不同。

1. 大型（国有）企业

云南现有大型（国有）企业一方面从科技成果产出来看，目前科研课题从申报到形成科技成果的过程较长，大型企业科技管理部门从开始组织课题申报到科研计划的下发，有时要用近半年的时间。同时，大型国有企业科技研发人员大多有本岗位专职工作，基本都是在兼职搞科研。部分技术人员科研的主要目的是攒业绩，晋升职称，缺乏进一步推动科技成果转化的动力。再加上科技成果转化的激励政策不到位，成果实现转化与科技成果研发人员关系不大，这些都造成大量科技成果的寿命就是从申报立项开始，到获得科技奖励而终。

另一方面，从科技成果转化来看，大型企业自主创新开发的科技成果过多关注技术前沿，存在"木桶效应"理论中所谓的短板问题。新科技成果往往采用了新技术、新组件，成本较替代的既有产品要高，在现场长期应用时稳定性差，部分新成果还对使用者提出了较高的要求，现场不适应。同时，对于成熟的科技成果，按照运行体制，大型企业科技成果转化是多个主体协同推进的过程，如果存在业务部门提出现场使用需求时与科技成果的管理部门对接不畅，发展计划部门制订各类计划时考虑不周全，物资采购部门对性价比高且拿到准入资质的科技成果扶持不够等，各部门协同程度不高将制约成果的深度转化。

2. 中小（民营）企业

多数中小（民营）企业对科技创新和科技成果转化认识不足，缺乏长远战略眼光及战略规划能力。一方面，多数中小企业沉浸于当下市场红利带来的短期收益，忽视市场形势未来的走向，对创新需求认识不够,因而对科技成果转化也就无从谈起。中小企业在制定创新战略规划时,往往会偏离实际,或者很难从管理、生产、技术、营销、服务等各层面进行通盘考虑,相当一部分自主研发科技成果(专利)来源于企业争取财政引导资金支持,本来就与企业市场导向的生产贴合度不够强,现实对其需求不是非常迫切,往往不能够被安排列入企业生产计划。

另一方面,中小企业如受让来源于高校院所的科技成果,由于成果的成熟度普遍不高,多数停留在实验室的基础研究阶段,产业化前景不明朗,企业不愿承担中试风险;对于企业自主研发来说,其技术创新更多体现在工艺改良或产品升级方面,而对于新产品、新技术等重大科技成果,受研发周期过长、资金投入过高、研发人员不稳定等因素的影响,中小企业很难自主形成具有较高成熟度的科技成果。

三、助力企业科技成果转化的做法和案例

政府通过适当的政策引导,可以助力企业攻克技术难关,不断推出新技术、新工艺和新产品。

(一)发布需求助力企业创新

云南省科技厅围绕先进制造、现代农业、生物医药、新材料等主导产业、特色优势产业和战略性新兴产业以及民生和社会发展等方面的科技创新需求,向全球发布重大科技需求。在2020年全球技术转移大会上发布云南科技重大需求"揭榜"目录,向全球发布技术需求200余项。构建省、州(市)、县(市、区)三级科技创新管理体系,通过需求征集—梳理凝练—智能分析—发

布需求—精准对接的路径，聚合优势创新资源，形成科技成果从研发到市场的有效通道。深入挖掘省内企业、高校等重大科技需求，2021年，向云南锡业集团等30多家龙头企业征集和梳理形成2021年第一批科技揭榜制项目榜单，共收到榜单建议项目23项，通过专家技术论证，征求相关行业主管部门意见，并借鉴国家揭榜制工作做法和经验后遴选出8项揭榜制科技项目榜单。面向全球"揭榜挂帅"，有效引导和聚集国内外各类创新主体和创新资源参与到创新驱动云南高质量发展进程中来，进一步深化科技体制改革，激发创新活力，为云南高质量发展贡献高水平科技解决方案。遴选的8个项目有：云南锡业锡材有限公司提出的芯片级封装（CSP）用微焊锡球关键技术研发项目、昆明电机厂有限责任公司提出的智能化大中型高效水泵及电机关键技术研发项目、彝良驰宏矿业有限公司提出的复杂地质条件下大涌水矿床防治及开采关键技术研发项目、昆明滇池水务股份有限公司提出的城市污水高标准脱氮除磷关键技术研发项目、昆明创新园科技发展有限公司提出的仿制药研发公共服务平台建设项目、云南植物药业有限公司提出的新4类抗癌仿制药卡铂注射液开发项目、昆明积大制药股份有限公司提出的治疗特发性肺纤维化和肾性贫血高选择性仿制药开发项目、云南皇氏来思尔乳业有限公司提出的高产GABA德氏乳杆菌保加利亚亚种L4产业化关键技术研发项目，对云南省政府8个项目的财政投入总额为2亿元。通过揭榜制项目组织实施，200微米以下微焊锡球成型、筛选技术落实并实现自动化。云南省大中型高效泵站泵与电机高效可靠设计及数字化监控运维关键技术、"德氏乳杆菌保加利亚亚种L4"的体内稳态研究和 GABA 功能因子靶向递送及益生功能测试等关键技术得以解决。该方法为实现国家科技自立自强做出云南贡献。

（二）企业科技成果转化的案例

某医药企业经过多年研发成功打破跨国公司数十项专利保护，攻克了高难度的技术壁垒。自主创新研发的疫苗于 2019 年 12 月获得生产批件，2020 年 3 月获得"生物制品批签发证明"，2020 年单产品销售量达到 286.36 万剂，实现销售收入 16.58 亿元，公司成为全球第二家中国第一家拥有该疫苗产品上市的企业，业绩实现跨越式发展。

某新材料企业通过科技入滇等活动，与国内 21 家高校院所和企业开展联合攻关，建成高通量制备表征平台、贵金属材料基因工程数据库；申请国家专利 78 件，申请软件著作权 4 件，制定标准规范 20 余项；开发新技术、新材料、新产品 20 余个。

某材料企业与中国工程院胡壮麒院士专家团队合作完成省院省校项目"贵金属新型电接触材料制备关键技术及高效应用"，研发出 5 种新型贵金属合金材料，实现研发效率提高 30%、成本降低 20%。依托重大项目开发了具有自主知识产权的高纯金原料制备关键技术、集成电路用高纯金蒸镀材料（水花金）短流程产业化关键制备技术，产品主要指标、性能与国外相当，达到国内领先水平，形成关键核心技术 2 项，并实现了产业化，累计实现产值 3.02 亿元，为国内集成电路产业发展提供了有力支撑。

某美妆企业通过"新型功效性产品关键技术攻关及产业化"和"柔润舒护系列产品研发"项目的实施，获授权的 2 项发明专利"一种美白祛斑复方制剂及其制备方法""一种温和护肤霜及其制备方法"成功应用于光透皙白系列、舒敏保湿特护霜、舒敏保湿修红霜等产品中，2020年科技成果转化实现新增产值36 681.19万元。

某矿冶企业针对公司自主研发的"一种水电硅冶炼低浓度烟气脱硫方法""石灰球团及其制备方法""处理硅液的方法""处理含硅硅渣的方法""一种高效回收硅渣中硅的方法"等五个高价值发明专利完成转化实施和应用，实现了"421工业硅"新产品的开发和新增销售收入7 375.95万元；实现441工业硅粉新增销售收入9 961.25万元；实现"421国""421陶（道）""421星"等工业硅产品新增销售收入12 741.39万元，科技成果转化共计新增销售收入30 078.6万元。

某新材料企业围绕电子锡基焊料制备生产过程中的关键技术问题，通过对微合金化均质改善，发明低飞溅焊锡丝用助焊剂活性剂配方、BGA焊锡球表面处理剂配方及表面处理方法，对四项授权专利进行成果转化，实现高品质低银焊锡条、焊锡粉、焊锡丝、BGA焊锡球及焊锡膏产品的深加工应用。其中"一种SnAgCuNiGeCe低银高可靠性无铅焊料合金"应用于低银系产品，新增销售量837.19吨；"一种BGA焊锡球表面处理剂制备方法及表面处理方法"应用于BGA焊锡球产品生产，新增销售量19.02吨；"高温焊锡膏用助焊剂及其制备方法"应用于相应锡膏产品生产，新增销售量46.49吨；"一种可减少飞溅的焊锡丝助焊剂及其制备方法"应用于焊锡丝产品，新增销售量1135.61吨。2021年，新增销售量2038.33吨，销售收入6.93亿元。整体技术达到国内先进水平，通过国内电子信息企业产品认证，解决了一批电子领域"卡脖子"材料难题，实现了高端电子锡焊料的国产化，提升了中国电子信息材料核心竞争力，保障了中国在该领域的技术安全。

某医药企业借助国家对中医药高质量融入共建"一带一路"的重要政策，重点培育首选品种，通过将其科技成果进行培育及二次开发或应用于产业化，实现企业经济效益大幅增长。相应科技成果还转化到全球市场，2008年首次在海外获得了越南的注册销售，后分别获得印度尼西亚、缅甸、老挝、坦桑尼亚的药品注册许可，具有广阔市场前景。2021年，该集团实现营业收入825 353.25万元，新增营业收入53 644.56万元，增长6.95%，上述科技成果的转化是销售收入和利润增长的最大贡献者。

思考探索篇

第十二章　云南省科技成果转移转化示范区建设的模式和路径

近年来，云南积极深入贯彻落实科技成果转化法律法规，出台《云南省促进科技成果转化条例》《云南省人民政府关于贯彻落实国务院实施〈中华人民共和国促进科技成果转化法〉若干规定的实施意见》《云南省技术转移体系建设实施方案》《关于实行以增加知识价值为导向分配政策的实施意见》《云南省人民政府办公厅关于抓好赋予科研机构和人员更大自主权有关文件贯彻落实工作的通知》《云南省财政支持和促进科技成果转化实施意见》等一系列贯彻落实政策，加大财政科技投入，着力推动科技成果转移转化。这固然转化了一批科技成果，但存在的问题依然突出，迫切需要建设科技成果转移转化示范区，在区域内进行试验示范，推动科技成果转移转化，然后复制推广到区域外。

一、需求分析和战略导向

科技成果转化是一项高度复杂的系统工程，跨时间、跨行业、跨空域，科技成果转移转化示范区建设就是要构建新型运营机制，发现新型需求，创造有效供给，破解科技成果转化有效供给和有效需求不匹配，推动科技成果转移转化。

（一）现状分析

科技成果转化（技术商业化）是一个世界性的难题，需要供给端、需求端、政策端和服务端多元协同。

1. 供给端和承接端

一方面，供给端熟化的成果不足。目前，云南高校院所高质量科技供给不足，如省内科技成果产出最强的是昆明理工大学，该校在 2019 年中国高校知识产权百强榜排名第 29 位，专利申请量、授权量分别有 18 434 件和 12 013 件，但平均维持年限依然不足 3 年，有效量只有 4 895 件，转让许可质押量只有 218 件；又据 2022 年中国高校专利转让排行榜所示，该校在专利转让中排名第 82 位，仅 303 件，不到全部有效专利的 2%。究其原因是云南高校、科研院所科研选题与市场需求结合不紧密，研发过程与市场脱节，科技成果多为实验室阶段成果，缺乏市场价值较高、技术较成熟的科技成果。作为 2020 年技术交易经典案例的云南省热带作物科学研究所和某生物企业人工牛肝菌专利，其交易情况并不简单，前者自 2005—2013 年历经 8 年才取得人工牛肝菌育种和栽培核心技术，后者分别于 2013 年、2016 年和 2017 年投资 0.6 亿元、0.4 亿元和 1.2 亿元进行了初试、中试和工厂化栽培的熟化放大，而到 2019 年才实现双方暗褐网柄牛肝菌三件发明专利 1 000 万元的交易，这个过程说明云南现在以市场需求为导向、以科技成果转化为目标的研发导向仍在探索中，高质量可转化科技成果供给不足。

另一方面，需求端承接能力不足。对于云南省需求主体而言，新兴产业支撑能力不强，规模以上企业、优质企业数量不多。大型企业大多从事矿冶、能源等资源开发，属于资本密集型企业，所以这些企业承接高校院所科技成果，进行产业化开发的意愿不足。如中国科学院昆明动物研究所开发的"金环蛇毒抗菌肽国家1.1 类新药"、中国科学院昆明植物研究所开发的"灯台叶碱治疗呼吸道疾病用药二期临床的批件"均出让到省外，没有在云南省内转化。全省纳入统计调查的规模以上工业企业有研发活动的不足 30%，有研发机构的不足 20%，在与高校、科研院所进行科技成果转化合作中，很难提出具有针对性的有效需求，大多数企业不具备完整表述自身需要解决产业发展技术难题的能力，购买专利或其他成果主要用于项目申报或其他用途，真正用于投入使用、产业化开发的很少。

2. 政策协调和服务端

目前云南省科技成果转化政策协调一致不够。科技成果转化涉及研究、开发、转化、产业化等多个环节，涉及多个主体，涉及资金、技术、人才、信息等多方面要素，这在一定程度上制约了科技成果转化政策落地生效。科技成果转化政策涉及国有资产管理、收入分配政策、人事制度改革等多个领域，政策协调落实仍需持续深入推进。如云南省热带作物科学研究所获得技术出让奖补资金，但按照相关规定该资金"计入当年本单位工资总额，但不受当年本单位工资总额限制、不纳入本单位工资总额基数"，由于没有相关单位出具证明，不能获得人社部门批复，该单位无法处置该笔资金。多数高校院所没有出台相关科技成果奖补资金内部管理办法，对资金分配比例、范围和用途做出规定，这导致即便获得奖补资金，科研人员也不知道如何处置，因而项目申报积极性不高。同时，科技成果转化相关容错机制难建立，职务科技成果定价出让、收益分配等环节决策责任风险大，内部分配难协调、净收益难核算，科研院所负责人不敢实施成果转化收益分配现象仍然突出。

服务体系待完善且中介不发达。目前云南科技成果转化专业化服务机构量少质弱、成果供需脱节、信息不畅，难以满足科技成果转移转化的服务需求，有时成果转化服务、科技成果评价等后奖补没有符合条件的机构申报。云南共有国家级和省级技术转移示范机构不足20家，而广西现已认定的技术转移示范机构就有8批，每批平均17家；云南还未建立起涵盖科技成果价值评估、投资、金融、资产管理、法律、科技和知识产权咨询代理等领域的社会化、市场化的中介服务体系。

（二）需求分析

科技成果转移转化示范区建设主要基于技术生命周期、政府与市场关系两个视角，归根结底源于产业界、企业界的实际需求，因此可以从技术生命周期的角度，考察在技术生命周期不同环节政策导向层面的需求。

1. 技术生命周期分析

在基础研究环节，需求在于科研投入，既涉及财政科技投入的支持方面，如需要加大对科技项目的支持、对国际科技合作的支持、对各类科研设施建设的支持；也涉及财政科技投入的使用方式，如科研经费的科目设置及有关比例、支出方式等。

在共性技术研究环节，不但需要经费投入等资源的支持，还需要不断破解原有体制机制的障碍、优化研发组织模式等。在应用研究环节，高校院所为加速从实验室到商业化的过程，迫切需要建立适合专利成果应用的条件、投入机制及约束机制、保障政策等。

在产品化开发（小试、中试）环节，产学研合作关系中各类主体的需求各异，包括增强科技人员对于由财政资金形成的专利技术收益权、处置权，通过税收优惠等扶持各类孵化机构发展，完善与创新创业促进政策相配套的税收体系等。

2. 政策供给侧需求分析

示范区建设可以说是一种创新政策，是一种由政府提供的公共产品，其供给水平、科学性、时效性从根本上取决于政府与市场各自发挥作用的边界。在现代化经济制度体系中，政府与市场互为补充、互相促进，因此，对区域创新政策评价依据除了政府是否解决市场失灵外，还包括能否有效培育市场。

一是在某一环节是否需要发挥政府作用、安排相应的政策措施。政府作用的发挥应主要侧重在技术生命周期的前端和中端，主要体现公共产品属性和普惠性，针对一定规模、一定成熟度的产业可以适度制定相应的扶持政策，但不宜过度倾斜和支持。

二是在政府应当发挥作用的环节，政府有没有相应的政策手段。政府在建立创新体系、提供共性技术、完善服务体系以及塑造良好环境等方面需要有点、线、面结合的政策手段。

三是在政策制定、实施的环节，其政策制定、实施的过程是否合理、科学；政策制定是否综合考虑了各方面的因素；创新政策是否能够顺利、普适性地实施，达到预期效果。

（三）战略导向

如前所述，根据近年来国家高新区创新能力评价结果可见，云南国家级高新区不论从数量还是创新能力上均不占优势。云南科技成果转移转化示范区建设的模式应该关注于两个方面，一个方面是物理载体是以高新区为载体，还是以现有城市群为载体；另一个方面是物理载体之外的运行模式选取。在此之上，云南科技成果转移转化示范区需关注战略导向问题。

1. **示范区定位**

首先是构建"特殊区"，深化体制机制和职务科技成果赋权改革，为赋予科研人员科技成果所有权或长期使用权开展试验示范。其次是构建"探索区"，营造科技创新的良好氛围，催生原创科技成果、健全知识产权管理制度、联动投融资机构，为科技企业提供全生命周期服务开展试验示范。然后是构建"发展区"，强化高新技术企业、高成长性企业和科技型领军企业培育、引进，引导企业参与国际标准、国家标准和行业标准制定，提升行业话语权。最后是构建"辐射区"，发挥云南现有国家级边境经济合作区占全国总数近1/4的优势，充分做大沿边经济合作，服务和融入国家面向南亚东南亚创新开放，在重要载体平台建设、重大科技成果转化方面探索与南亚东南亚国家共建共享的路径，加快国际国内创新资源双向流动。

2. **建设导向**

一是做东西部科技合作示范区，注重合作。即立足东西部科技合作总体部署，按照《国务院关于坚持和完善东西部协作机制的意见》《科技部关于"十四五"东西部科技合作实施方案》，主动推动与长三角、粤港澳大湾区、京津冀国家战略区域建立科技合作机制，拓展合作领域、丰富合作形式，谋划落地一批技术联合攻关、科技成果转移转化、创新结对合作的重大项目和创新平台，提升区域创新能级。

二是做面向南亚东南亚科技创新枢纽，注重开放。基于发展科学技术必须具有全球视野的理论基础，立足"一带一路"建设，除依托高新区外，还可以依托经开区、边境经济合作区、自贸区等平台，在科技人文交流、共建联合实验室、科技园区合作、技术转移等方面开展合作，积极链接全球高端技术转移机构和要素资源，提升创新资源开放共享水平。

三是做好都市圈与示范区产业协同，注重联动。立足城市一体化建设，统筹高校院所、研发平台、重点企业、产业园区等创新资源，推动企业、高校、科研院所及服务机构的有机联动，打通从基础研究、应用研究、技术研发、产品开发到产业化的链条，推进产业链和创新链融合。

四是做科技成果转化机制改革试验区，注重改革。围绕推动国家科技成果转化不受阻碍，落地生效，营造有利于云南原创成果不断涌现、科技成果有效转化的创新生态环境，推动与区域创新极、国家级新区和工业园区等有机融合、协同联动，着力推进政策创新与先行先试，为全省科技成果转化提供经验。

二、建设模式和路径

云南科技成果转移转化示范区旨在将科技创新、区域创新和产业发展融合，充分利用公共政策供给，结合区域资源、基础设施和开发条件，使政府为示范区的营造创新环境，大学科技界为示范区提供技术创新要素，工商企业界为示范区提供成果转化场景、孵化环境和社会投融资体系。同时，基于云南面向南亚东南亚开放的实际，示范区建设需要充分考虑科研、教育、生产不同社会分工在功能与资源优势上的产学研协同与集成，形成此区域内的信息流、成果流和人员流，创新合作机制和模式，促进创新要素在示范区的集聚、组合、重混，通过试验示范打造样板，助推区域科技产业升级，发展新模式、新业态和新经济，提升面向南亚东南亚开放创新的能力和水平，放大科技创新优势。

（一）模式选择

由前述现状、需求和导向分析可知，云南科技成果转移转化示范区建设已经不再只是一个区域层面的问题，而是包含面向南亚东南亚—全国—云南省区域创新的一个系统集成。从面向南亚东南亚角度来看，需要关注生产要素、国家战略、支撑产业和需求状况，以技术转移服务周边国家和建立良好对外形象为目标；从区域发展维度来看，考量区分不同路径科技成果转化如何实现，涉及降低成本、提升服务和提高效率，以完善建设管理流程和制度为依托。

1. 模式选择分析

模式选择需要综合考虑依托载体和场景，以及市场导向、产业牵引、区位资源、供给推动、跨区域承载等情况，引入的科技创新要素等无形资产，对云南科技成果转移转化示范区的机制创新流程进行再造，以更好地服务本区域和面向南亚东南亚区域科技创新。同时需要考虑公共产品供给、技术转移协调、产业升级促进、对外部环境变化的发现和处理等多重功能的实现，以便助推科技创新高质量赋能区域经济，带来投资回报率的提升和固定资产利用率的提高等,实现经济价值。

基于上述理由,采用平衡计分卡管理工具。简单的平衡计分卡只是搭建了评估的四维框架,这里需要将原有四维框架进行系统和全面的描述,即引入价值链思想,对层级关系进行梳理,绘制平衡计分卡战略地图(见图12-1),建立模式选择的框架。

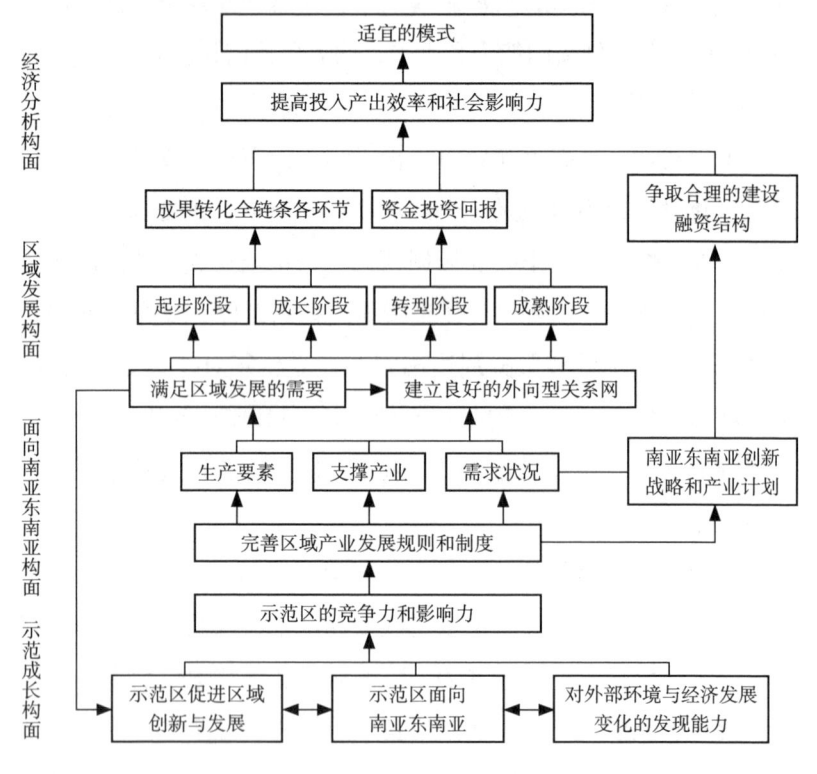

图 12-1 基于平衡计分卡战略地图的分析框架

示范区的建设除了可采取常见的高新技术产业开发区和新型创新区域,还需要充分发挥云南毗邻南亚东南亚的优势促进跨区域技术转移，充分探索西部后发地区科技成果转化政策落实和实务运作的模式。

2. 模式选择

（1）依托现有高新区发展模式。凭借现有昆明、玉溪、楚雄等国家级高新技术开发区，及曲靖、临沧、文山、金山等省级高新技术产业开发区，围绕区域重大产业技术需求，设立产业创新联盟和科技创新奖助基金，共建生产科研联合体，开展联合攻关。园区内的企业、大学、科研院所构成协作，通过委托研究、合作研究、技术转让、信息交流，乃至以高新区园中园形式设立示范区，围绕价值链更高的创新环节如研发分包、检测分包、技术融资、人才引进渠道、公共服务平台等产业环节引入和提供个性化服务。后者为前者提供人才资源、研究成果、研究设施，建设高新技术企业的孵化基地、创新创业人才培养基地和科技信息集散基地，形成具有持续创新能力的区域创新网络，实现生产要素的优化组合，取得"整体大于局部之和"的协同创新效应，开展科技成果转化示范和推广。

（2）依托现有边境经济合作区发展模式。凭借现有畹町、河口、瑞丽和临沧等国家级边境经济合作区，以及麻栗坡（天保）、腾冲（猴桥）、孟连（勐阿）、泸水（片马）、耿马（孟定）和勐腊（磨憨）等省级边境经济合作区，围绕区域、全国和边境合作东道国区域重大产业技术需求，以技术转移为切入进行创新赋能，通过示范区二次产业转移，促使技术溢出，即当境外产业处于萌芽期或尚未形成的阶段，依靠境内示范区乃至通过境内示范区对接全球的科技创新要素，助推产业升级；当境外新技术、新知识、新业态出现，新的网络外生产要素进入网络中，将原有的属于网络内的供应链或配套设施向周边区域雁行转移，从而实现产业转移。

（3）打造创新社区发展模式。引入布鲁金斯学会理念，依托创新社区建设示范区，从城市群协同角度，保持合理的制造业和传统产业比例，为产业融合和对制造业应用、改进有现实需求的创新研发提供产业基础。如在传统工业区成本不断提高、制造业外迁的大背景下，选择性地保留甚至新建资源集约的"母工厂"，将"制造资产"转化为持续改善先进制造技术和现场管理方法的"研发资产"，在人口密集的城市中心，为传统产业打造"产业中心"，为创意手工业、传统工业、批发业等保留经营空间。而"子工厂"可以根据创新链布局在周边区域，发挥"母工厂"在技术支援、开发试制等方面的作用。同时，此类示范区最终承载者是社区，推动社区自行调集配置各种资源，形成由政府、企业和非营利组织等共同参与的社区合作机制，创造科技成果最新供给。塑造创新城区特殊的学习体系，建设学习型社区和知识型社区，推进创新社区"大教育"功能的实现，尽可能做到资源面向全社会开放，在吸引高端创新人才集聚的同时，还要保持合理比例的中端技术人口，切实加强职业培训和技能培训，确保就业结构和人才结构可支持本地产业链可持续发展。

（4）大企业建区开放式创新发展模式。基于大企业拥有丰富的科研资源及行业资源和技术成果，在资源开放共享、科技成果转化和科技企业孵化上具有天然优势，通过依企建区，靠大型企业搭建开放式科技成果转化众包平台建设示范区，可使大企业利用外部创新资源降低创新成本，也可为中小创新企业快速发展提供强支持，包括提供战略投资、为当地初创企业提供孵化空间、为概念验证提供合作平台、为中小型企业提供并购与合作服务。一方面在示范区政策引导下，大企业通过创新机制，吸引众多中小微企业形成创新集群，提高创新效率。这种新模式使大企业与中小微企业不再是简单的上下游配套关系，而是形成优势互补、相互服务、利益共享的产业生态，不仅会对推动企业发展产生乘数效应，也给各类人才实现价值提供更大空间，其激发的巨大社会创新创造潜力难以估量。对行业发展而言，大企业参与科技成果转移转化示范区，推动了产业组织方式的变革，使科技成果转化过程中产业链上下游不同企业在资源、业务和市场上更加紧密协同，改变了行业原有的生产、制造、服务模式。

（二）实现路径

云南科技成果转移转化示范区建设是长期目标与短期目标、外部和内部、结果和过程的平衡，在特定情况下是前文所述四种模式的综合运用。首先推动创新资源集聚，之后是促进区域科技创新，然后才能引导企业融通创新，最后实现技术跨国转移。其创立和建设离不开高校院所、企业主体、专业服务机构和政府协同发力，融通发展。

1. 推进创新资源集聚

在区域科技成果转化政策框架下，示范区改善转化环境，营造创新生态，吸引高端科技人才、企业家和创业者等创新群体集聚，引进跨国企业研发中心、高校科研院所和创投机构等，形成区域性的科技创新企业、科技创新研发机构、投融资平台、科技服务机构等创新资源集聚化发展。

2. 促进区域科技创新

围绕区域科技创新需求和产业发展需求，发挥示范区的创新资源集聚效应，进行本地化的创新能力再造，开展面向区域产业场景和面向东南亚市场的适用专利技术、专有技术、适用工艺等的二次开发，促进创新与产业融合、产业与城市融合，实现科技创新本地化。

3. 引导企业融通创新

围绕本区域和东南亚本地化市场需求，引导中国大型装备制造业、消费品制造业和能源开发大型企业集团承建的以商建园境外产业园，构建融通创新机制，开放供应链，引进新型创新主体，通过技术创新、管理创新和产业促进形成新的竞争优势。而新型创新主体也通过主动融入大型企业集团供应链，形成专业化能力和专精特新优势。

4. 鼓励技术跨国转移

依托创新要素市场化配置，充分释放国内创新资源面向东南亚走出去的红利，聚焦于创新理念物化和产品化、创新企业孵化、新技术产品市场化，积极促进面向南亚东南亚跨国技术贸易、跨国并购、跨国创新适用技术推广、跨国创新人才交流，通过区域性跨国技术转移，为区域创新提供实现路径。

三、实施步骤和方向

云南在区域创新能力排名处于中下游，而区域创新能力排名靠前的广东、北京、江苏、上海等地的发展，伴随粤港澳大湾区、京津冀一体化、长三角一体化相继上升到国家战略层面,对创新资源的流动吸引力增强,虹吸效应日渐增强。国际经济形势也对云南科技成果转移转化示范区建设造成影响。另外,随着产业园区集中建设时代结束,曾经依赖的土地、税收优惠、地理位置等已不具备竞争力,创新浪潮下涌现出的新技术、新理念、新媒介、新模式冲击和颠覆着传统产业,如何充分吸收创新发展带来的多样化资源要素,并将其纳入已经形成的产业集群网络中,是云南建设科技成果转移转化示范区需要重点考虑的问题。

(一)实施步骤

具体实施步骤首先应聚焦科技成果转移转化示范区建设的协同创新,以支撑供给侧结构性改革为主线,选择包含国家级高新区、边境经济合作区、城市更新条件较好区域和具有开放创新意愿的大企业,进行先试,再以加强产业创新、培育创新主体、完善服务体系为重点,以优化科技成果转移转化与创新创业生态为支撑,探索具有地方特色的科技成果转化机制与路径,形成试点、拓展、辐射的实施步骤。

1. 楚雄先期试点

按照创新理论,创新实践中市场配置低效和市场机制缺失下,政府调控需要加强,故云南先期以楚雄国家高新区为试点开展省级科技成果转移转化示范区建设。

2021年,楚雄州政府主动推进,将建设省级科技成果转移转化示范区列入与云南省科技厅的厅州会商议题,初步拟定了主要的建设内容,其中包括:一是推动高校和科研院所科技成果转移转化。建设楚雄州产业科技创新中心,探索"高校+资本+产业"

的模式；推动新型研发机构建设，探索"楚雄州政府—高等院校、科研机构"模式；动态引进专家人才资源，探索"重点企业—高等院校、科研机构"模式。二是建设完善的科技成果转移转化体系。营造良好政策环境，强化县域科技成果转化中心、服务机构和创新主体等科技成果转移转化工作环节建设。三是探索"政府+科研单位+龙头企业+农户"四位一体科技成果转化模式，以技术转移赋能农业发展。四是重点围绕绿色硅光伏、绿色钛、绿色钒钛、生物医药、中药配方颗粒、高原特色现代农业、数字经济等产业，挖掘企业科技需求进行需求分析，推动科技成果转化。

就初步建设思路看，楚雄承接省级科技成果转移转化示范区建设，在政策环境优化、平台搭建、创新资源集聚、科技人才培养和创新主体企业培育等政府调控端都有所发力。

2. 建设滇中核心区

在楚雄先行先试基础上，推广成功经验，以滇中（昆曲玉楚）为核心区，聚焦"改革"和"落地"。发挥滇中创新优势，叠加产业、政策和空间优势，重在机制创新，支撑云南跨越式发展，打造国家级科技成果转移转化示范区核心区。

在昆明主城区、曲靖麒麟区、玉溪红塔区等城市更新规划中，首先为创新城区预留存量空间，包括腾退后的旧有土地、二次转型的科技园区、创新转型发展的传统商业区、大学科教片区及周边住区等。其次，在更新实施初期与大学、研究院以及大型企业进行合作，通过建立大学分校、研究中心、企业总部等机构为片区发展打下创新基础。最后，提倡在局部空间通过合理的用地配比，增加商业、居住、混合使用等用地，实现功能复合。对于周边情况复杂、近期无法确定主要功能和开发主体的地块，采取弹性发展策略，暂不确定具体功能，而只提出未来发展的目标意向和备选功能，未来条件成熟时补充制定详细方案。

吸引落地一批国内外科技成果转移转化机构，推动形成一批高水平、标志性的转移转化项目，推进科技成果转移转化联动创新、全域创新，全面发挥示范引领作用。充分发挥创新要素相对聚集的优势，优化和重构科技创新支撑体系，重点发展以数字经济、电子信息、生物医药、新材料、高端装备制造等为重点的高新技术产业，形成高新技术产业集群。区域覆盖：滇中的昆明市、曲靖市、玉溪市、楚雄州，初步辐射至红河州北部7县市。

3. 建设沿边辐射带

复制推广核心区的成功经验，围绕沿边地区开发开放，聚焦"错位"和"特色"。以面向南亚东南亚科技创新为统领，在沿边不同片区、不同地市坚持差异化发展，有重点和针对性地复制推广核心区创新成果和经验，推动政策互惠、突出自由贸易和边境合作、跨境合作政策平台共享，发挥优势、打通渠道、彰显特色、协同发展，打造特色鲜明的科技成果转移转化示范区的辐射区。

以河口—老街跨境经济合作区、红河综合保税区、孟连边境经济合作区、勐腊（磨憨）重点开发开放试验区、中老磨憨—磨丁经济合作区等开放型平台为依托，以腾冲边境经济合作区、瑞丽国家重点开发开放试验区、瑞丽—木姐跨境经济合作区、临沧边境经济合作区等边境经济合作区、跨境经济合作区建设为依托，打造沿边创新开放新优势，增强前沿窗口的经济活力和服务能力。重点发展基础产业，形成先进装备、现代农业、现代物流、食品消费品制造四大高新技术产业集群和精细化工（含纺织）、新型冶金（含绿色铝、绿色硅）两大基础产业。以沿边开发带动腹地发展，加快建设制造业走廊；以科技成果转化为途径，加强滇中区域与沿边高新技术产业发展的融合互动。区域覆盖文山的马关、富宁、麻栗坡，红河的金平、绿春、河口，版纳的景洪、勐海、勐腊，普洱的孟连、澜沧、西盟、江城，临沧的镇康、耿马、沧源，保山的腾冲、龙陵，德宏的潞西、盈江、陇川、瑞丽，怒江的泸水、福贡、贡山等25个沿边县（市）。

（二）实施方向

云南科技成果转移转化示范区建设，是围绕探索发展和试验示范，形成一个科技特区，在此区域内将落实此前在东中部省区可以落实而在云南无法落实的部分科技成果转化政策；落实此前云南相关高校没有进入的国家职务成果赋权改革试点政策，现实中云南需要本地化探索工作；此区域将试验引进云南没有的创新要素，并进行集成，然后面向南亚东南亚创新开放。

1. 体现"特殊区"的特征

针对云南高校院所落实科技成果转化政策中，国有资产能否增值保值、科研人员无积极性和技术转移专业性强等方面的顾虑，示范区内建立巡视、审计、监督、巡查等结果跨部门互认机制，明确高校院所通过法定程序完成技术交易定价，单位负责人及相关人员在履行勤勉尽责义务、没有牟取非法利益的前提下，免除其在科技成果定价中因科技成果转化后续价值变化产生的决策责任。示范区内云南省高校院所和公立医院作为主要责任人研发具有市场发展前景和应用价值的高新技术并成功实现转化和产业化的，其技术转让项目技术交易额等同省级或国家级项目，专业技术分析报告等同论文论著。示范区内中央驻滇单位、高校院所和公立医院建立技术经纪（经理）人"跟踪服务"和"技术经理聘任"制，相关人员参与项目可行性研究、应用转化、实施管理等关键环节。

2. 体现"探索区"的特征

基于云南省尚无高等学校进入国家科技成果转化赋权改革试点的现状，在示范区内探索高校院所享受同等试点政策，实现职务科技成果所有权赋权改革和职务科技成果单列管理，在相关单位科技创新尽职免责的负面清单报备前提下，国有资产审计、清产核资时不再包括职务科技成果，作价入股形成的国有股权减值及破产清算不纳入国有资产保值增值管理。

3. 体现"发展区"的特征

针对云南企业科技成果转化存在的问题，鼓励大型企业集团在示范区内开放式创新，以空间互换等创新合作方式密切与高校院所的合作。支持有意愿和实力的省外大型企业集团，通过在示范区设立飞地研发机构，参与高层次的分布式创新。充分发挥示范区内科技型中小企业优势，通过科技成果赋智，高效开展科技成果转化活动，提高技术装备的水平和生产效率，提升产品技术含量和附加值。

4. 体现"辐射区"的特征

示范区内科技成果转化与优势产业发展，以实现外向型产业集群整体转移为目标。当示范区新兴产业处于萌芽期或尚未形成集群的规模，发展主要依靠国内技术转移，或通过境内对接、引入全球的产业资金、技术和其他创新要素；当示范区新技术、新知识产生时，则创造条件面向周边南亚东南亚开展合作交流。

第十三章 关于相关政策的建议与思考

云南科技成果转移转化示范区建设的支持政策，首先是学习，根据对已批复 12 个示范区的深入研究，针对建设时间较长的河北·京南、浙江和宁波示范区等，重点学经验、学特色；针对批复时间较短的重庆、合芜蚌和汉襄宜重点学设计、学模式和学落实，通过系统分析，找准云南示范区建设定位、特色和重点任务。其次是优方案，立足全省，结合中长期规划、总体规划和专项规划等，从统筹部署、建设布局、示范任务、组织实施等方面，以高站位分别编制建设方案，形成时间表、路线图。最后是创造条件，先进行省级示范区试验探索，聚焦生物医药、数字经济、先进制造等前沿领域，强化科技创新策源功能和高端产业引领功能，在培育研发载体、建立人才队伍、协同发展等方面发力，为国家级科技成果转移转化示范区建设做好准备。这里着重从创新政策机制、主体融通发展和技术资金联动三个方面进行思考。

一、创新政策机制

示范区机制创新包含区内政策创新和机制创新。

（一）政策创新

包括勤勉尽责豁免、赋权单列管理和职称评审晋级等政策创新。

1. 勤勉尽责豁免

如前所述，示范区内的巡视、审计、监督、巡查等结果跨部门互认，实现省属高校院所通过法定程序完成技术交易定价的，单位负责人及相关人员在履行勤勉尽责义务、没有牟取非法利益的前提下，免除其在科技成果定价中因科技成果转化后续价值变化产生的决策责任。

2. 赋权单列管理

进入示范区内的高校院所享受国家科技成果转化赋权改革试点同等政策，实现职务科技成果所有权赋权改革和职务科技成果单列管理，在相关单位科技创新尽职免责的负面清单报备前提下，国有资产审计、清产核资时不再包括职务科技成果，作价入股形成的国有股权减值及破产清算不纳入国有资产保值增值管理。

3. 职称评审晋级

示范区内建立专门针对完成科技成果转化和提供服务人员的高级职称评委会。对于区内云南省高校、科研院所和公立医院作为主要责任人研发具有市场发展前景和应用价值的高新技术并成功实现转化和产业化的，其技术转让项目技术交易额等同省级或国家级研究项目，专业技术分析报告等同论文论著。主持完成科技成果转化、直接转化收益显著的，在破格晋升时予以倾斜。

（二）机制创新

机制创新包括服务的通联通兑和跨区域的利益共享。

1. 服务通联通兑

支持示范区内相关主体与国内外著名机构、企业、园区的合作共建。借鉴省外科技创新券通用通兑试点做法，推动在示范区核心区和辐射区开展通联通兑，未来沿边企业可利用财政资金向滇中的服务机构购买技术研发、技术转移、检验检测等专业服务，解决跨区域财政资金科技资源共享问题。

2. 成本利益共享

建立示范区核心区和辐射区成果产业化科技创新协同机制，核心区和辐射区坚持"优势互补、互利共赢"，对于涉及税收、规划、土地、环保、生产总值核算等投资建设深层次的成本与利益分配问题，通过会商协调，处理好责任分担与利益分享的问题。示范区建设可依据协议统一制定支持创新发展的各项政策标准和服务规范，在法律、商贸、研发等服务业需求上实现共建共享，在同等基础条件下，可以尝试将相应业务优先介绍或委托给另一方，尽可能增加合作另一方的投资增长点。

二、主体融通发展

示范区推动高校院所、新型研发机构、企业和服务机构融通发展。

（一）夯实创新基础

示范区聚焦于加强高校学科建设、院所设施布局和推动新型研发机构真正发展。

1. 加强学科建设

示范区引导研究型和应用型大学的学科布局向产业倾斜，实现研用融通，实现产学间的有效衔接。积极推进重大科技计划的首席科学家负责制，集中优势团队，加强原始创新和引进消化吸收再创新。积极推动高校向企业进行人才、信息、资源的开放,形成良性发展的合作关系。

2. 引导设施布局

示范区内引导重大科技基础设施、国家（云南）实验室、工程（技术）研究中心、重点实验室、工程试验中心、工程博士后流动站等，围绕"3815"战略开展产业前瞻性的技术本地化，突破关键核心技术，形成持续的应用基础性研究和战略高技术研究能力，成为为产业提供技术源的重要科研基地。

3. 推进新型机构

示范区内围绕技术研发、概念验证、中试熟化、产业开发，引进培育一批优质新型研发机构，坚持不像大学、不像科研机构、不像企业、不像事业单位的"四不像"定位，充分发挥"科技成果育成"作用，积极催生高科技产品，向社会提供技术成果，成为行业共性技术、关键技术的创造者和拥有者。

（二）创新主体共生

示范区内实现大型企业集团开放创新、科技型中小企业赋智创新、服务型制造企业运营创新和大中小企业融通创新的企业共生。

1. 大型企业集团开放创新

示范区内大型企业集团走开放式创新道路，以空间互换等创新合作方式密切与高校、科研机构的对接、合作。一方面借助外部创新资源降低创新成本，另一方面激发内部活力进行项目孵化，提升自主创新能力，使自身成为科技成果转化的中坚力量。同时，示范区支持有意愿和实力的省外大型企业集团，通过在示范区设立飞地研发机构，参与高层次的分布式创新。

2. 科技型中小企业赋智创新

示范区内科技型中小企业充分发挥优势，通过科技成果赋智，高效开展科技成果转化活动，改善技术装备水平，提高生产效率，提升产品技术含量和附加值，逐步发展成为创新活力强、创新效率高、创新质量优的专精特生力军。

3. 服务型制造企业运营创新

示范区内企业由单纯提供产品向供给前端研发设计环节和后端增值服务拓展，建立"数据＋方案""制造＋服务""产品＋服务""融资＋投资＋渠道＋服务"等新模式。充分与科研院所、联合实验室等创新载体在小试、中试等环节进行协同合作，支持定制化和服务化的加工、样品试制微生产、精细生产设备定制和精细现场管理，服务型制造高科技企业要加强"种子实验室"能力建设。

4. 大中小企业融通创新

示范区构建开放创新的生态，通过建立产业技术联系，企业之间合作开发新项目和相互交流新产品信息，使大企业与大企业之间构建技术研发和市场销售的战略联盟，大企业与小企业之间的分工协作；此外，引导不同规模企业之间在产业技术发展和交流项目方面进行分工合作，伴随创新产生和发展的小公司可以为大公司提供专项技术或价值链协作服务，而大公司则可以为小公司提供市场和技术应用场景。

（三）强化专业服务

示范区要强化专业机构、专业人才和专业载体的服务效能。

1. 壮大专业机构

示范区支持科技服务机构承接科技创新券发放等部分政府科技服务职能，鼓励核心区和辐射区在规划编制、政策推送、需求挖掘、企业服务、项目管理等方面，加大政府购买科技服务力度，对成功创建为国家技术转移示范机构的科技服务机构，给予财政资金鼓励。

2. 用好专业人才

示范区激励取得国家技术转移人才培养基地（云南）颁发的中级以上人员深度参与成果转化，区内中央驻滇单位、云南省高校、科研院所和公立医院建立科技经纪人"跟踪服务"和"技术经理聘任"制，支持技术经纪（理）人参与项目可行性研究、应用转化、实施管理等关键环节，根据工作计划给予一定的工作经费支持。进一步拓宽技术经纪（理）人职务、职称、学历和待遇的上升空间，对在技术转移过程中作出突出贡献的技术经纪（理）人，符合条件的可认定为省级以上人才称号。

3. 建设专业载体

示范区进一步加强与省级各部门沟通，打造若干服务能力强、资源配置优、产业辐射广的空间载体。强化研发用房、标准厂房、定制化厂房的供应力度，保障科技成果中试与产业化用地，满足企业科技成果转化需求。

三、技术资金联动

示范区推动技术与金融资本、财政资金联动。

（一）科技金融结合

示范区从风险投资、科技信贷、服务平台等方面推动科技金融结合。

1. 壮大风险投资

示范区以建设为契机，设立云南省科技成果转化引导基金，争取国家科技成果转化基金支持和设立子基金，调整优化市科技成果转移转化基金运营模式，打造覆盖种子投资、天使投资、风险投资、私募股权投资等各阶段的全资本链条的"标杆"天使投资引导基金，引导社会资本共同设立天使投资子基金，并"投早、投小、投科技"；建立容错免责和风险共担机制，引导基金对子基金在项目投资过程中的超额收益全部让渡，同时最高承担子基金在一个具体项目上40%的投资风险。

2. 挖掘信贷潜力

建立示范区科技企业信贷统计机制，把向科技企业放贷情况作为在滇银行考核评价的重要依据，加强科技型中小企业信贷风险补偿资金池等机制与再贷款、再贴现等金融支持政策工具的协同运用，引导金融机构对示范区内承担国家或省级重大科技专项、拥有市场化应用前景的自主科技成果、在科技成果转化中发挥重要作用的科技企业加大信贷投放力度。

3. 搭建服务平台

借鉴广州"大湾区科技成果转化板"和深圳高新投知识产权证券化项目运营方式，推进科技企业自主知识产权资产证券化，依托云南股权交易中心设立科技成果私募股权转让平台，推动设立私募股权二级市场基金，探索联合风控、前置征信、债券联动、远期首购等创新模式，拓宽科技企业风险资产处置退出渠道。

（二）单列财政预算

示范区通过单列财政实施奖补，激励高校院所、科技企业和服务机构。

1. 实施高校院所奖补

示范区内已设立成果转化机构的高校、科研院所，可统筹科技成果转化职责，按年度制定科技成果转移转化实施方案，申请财政项目支持。对新设立科技成果转化机构的，按照《云南省高校和科研院所科技成果转移转化机构建设实施方案》，给予财政经费支持。对科技成果来源于云南省高校、科研院所和公立医院并在示范区转让，或以科技成果作价投资折算股份及出资比例的，给予财政科技资金奖励。支持高校、科研院所和公立医院科研人员携带具有自主知识产权的科技成果在示范区独立或联合创办独立法人的市场主体，对成功运营一年以上者，根据每年业绩、股权投资机构的估值和产值规模综合考评，给予后补助。

2. 实施科技企业奖补

示范区对受让国内外高校、科研院所和公立医院的相关科技成果的企业，或接受高校、科研院所和公立医院以科技成果作价投资折算股份及出资比例的，给予合同成交额一定比例奖补。对开展合作研发、技术转移和成果转化、共性技术研发和开放服务、工程化技术集成、规模化试生产等高端研发服务或生产性服务的企业，连续3年给予补助。支持示范区内企业技术创新成果标准化，对形成国际标准、国家标准、行业标准的给予分档次奖补。

3. 实施服务机构奖补

示范区加大社会化科技成果转化服务机构的培育力度，对新设立科技成果转化服务机构或省外科技成果转化服务机构首次落地示范区的（包括整体迁入、设立分支机构等），科技成果转化及产业化工作绩效突出的给予资金补助。支持在示范区开展由独立法人单位建设运营的中试孵化基地发展，支持聚集中试设施设备、具备专业人才资源、对小试研发成果进行二次放大和熟化研发的企业，为其规模化生产提供成熟、适用、成套的成果转化服务，对升级和改造中产生的试验证研究专用设备费、中试验证设备运营费、中试验证质控检测和产品性能检测费以及其他延伸配套服务等中试服务费用进行奖补。

第十四章　楚雄科技成果转移转化示范区建设思考

自 2015 年《中华人民共和国促进科技成果转化法》修订以来，云南省基本形成了有法制保障、政策支持的转化体系，并配套制定了《云南省促进科技成果转化条例》等法规政策，将科技成果的使用权、处置权、收益权完全下放给成果完成单位，明确提出可以从净收入中提取不低于 70% 的比例对科技成果完成人和转化人员进行奖励。然而，云南省科技成果转移转化工作依然存在可转化科技成果供给不足、科技成果需求不旺、科技成果转化服务机构运营质效不高、转化要素保障需要深入推进等问题和困境。云南省开展省级科技成果转移转化示范区建设，有助于借鉴省外科技成果转移转化示范区有益做法，也有助于加快推动国家和省级科技成果转化政策的落地见效，本章围绕楚雄科技成果转移转化示范区建设展开研究。

一、提出的背景和基础条件

借鉴河北·京南、宁波、浙江、苏南、上海闵行、济青烟、珠三角、成德绵、长吉图、汉襄宜、合芜蚌及重庆等 12 个国家科技成果转移转化示范区，四川、内蒙古、甘肃省级科技成果转移转化示范区建设经验，云南省提出在楚雄建立科技成果转移转化示范区的设想。

（一）提出的背景

近年来，云南省不断推动省级科技成果转移转化示范区建设，楚雄州积极争取先行先试。

1. 云南省级科技成果转移转化示范区的提出

2018年10月24日，云南省人民政府印发《云南省技术转移体系建设实施方案》，在建设目标中提出以加快实现科技成果产业化为目标，建设1—2个省级科技成果转移转化示范区，力争国家科技成果转移转化示范区在云南省落地，同时在推动科技成果跨区域转移扩散条目中提出"开展区域试点示范，鼓励有条件的州、市依托各类园区建设省级科技成果转移转化示范区1—2个，开展体制机制创新与政策先行先试，探索一批可复制、可推广的经验与模式。2020年，云南省委改革办牵头对《云南省技术转移体系建设实施方案》开展专项督察并提出，要主动学习先进经验做法，选择省内1—2个基础条件好的地方，制定建设省级科技成果转移转化示范区实施方案，提交省委、省政府决策参考。2021年8月12日，在省科技厅、楚雄州人民政府举行的2021年厅州会商会议上，建设省级科技成果转移转化示范区被列为十个议题之一，此后厅州持续共同推动此项工作落地。

2. 楚雄州内在需求

楚雄州经济社会发展需要推进科技成果转化及产业化。2021年6月16日至17日，云南省委、省政府召开楚雄现场办公会，强调楚雄州要努力建设成为"一极两区"（滇中崛起增长极、现代农业示范区、民族团结进步示范区）。《楚雄彝族自治州国民经济和社会发展第十四个五年规划和二〇三五年远景目标纲要》在高质量打造创新创业高地中提出"加快科技成果转化",要求大力建设科技成果转移转化平台。《楚雄州人民政府关于印发楚雄州"十四五"科技创新规划的通知》在重点任务中提出促进科技成果转移转化,要求开展增强科技成果源头供给能力、加强科技成果转移转化平台建设,强化科技成果转移转化市场化服务等工作;《楚雄州人民政府关于印发楚雄州"十四五"创新创业高地建设规划的通知》在加快楚雄国家高新区转型升级中提出加速科技成果转移转化,在创建元谋国家农业高新技术产业示范区中提出,强化科技赋能,加大科技成果转移转化,推进产业融合发展。《楚雄高新区支持科技创新推进高质量发展的实施意见(试行)》提出支持新产品、新技术开发及科技成果转化运用;《楚雄州人民政府办公室关于印发楚雄国家农业科技园区建设三年行动计划(2023—2025年)实施方案的通知》在总体目标中提出,要使农业科技成果转化能力不断增强,要求园区年度新增转化科技成果数量18个。可见,楚雄州建设省级科技成果转移转化示范区十分迫切。

(二)条件分析

楚雄州建设省级科技成果转移转化示范区已具备科技投入、产业创新、服务体系和政策保障四重条件。

1. 科技投入

研发经费投入实现较快增长。2021年,楚雄州研发经费支出65 690.13万元,同比增长26.59%,研发经费投入强度为0.41%,较上年提高0.03个百分点;全州财政"科学技术"支出16 822万元，同比增长2.5%，占财政支出的比重为0.57%。研发活动主体不断壮大，2021年，规模以上工业企业中，有研发活动的企业为79家，增长21.54%，企业研发机构42个，增长44.83%；建有国家和地方联合工程研究中心2个，省重点实验室1个，省工程研究中心4个，省级企业技术中心37个，国家知识产权优势企业17个，国家知识产权示范企业2户，中国农业大学云南现代种业研究院等省级新型研发机构在楚雄落地。科技产出不断增长，2021年全州专利授权1279件，较上年增长43.71%；万人发明专利拥有量为1.59件；全州获云南省科学技术奖励4项，其中科技进步奖二等奖2项、三等奖2项。全州技术市场交易共认定登记各类技术合同108项，合同成交额53635.68万元，其中技术交易额8504.09万元。

然而，科技投入方面也存在以下突出问题：一是研发投入总量不足，2021年全州研发经费投入强度为0.41%，不到全省研发经费投入强度1.04%的一半，与省内最高的昆明市1.78%相差甚远。而且，全州10个县（市）中全社会研发经费支出超过亿元的仅有楚雄市、禄丰市。二是本地研发机构少，2021年，全州纳入科技活动调查单位的科研机构和高等院校为54家，仅占调查总数476家的11.34%；规模以上工业企业中，有研发活动的企业为79家，仅占规模以上工业企业355家的22.25%。此外，各类技术创新平台较少，尤其是国家级平台十分匮乏。三是高质量科技成果供给不足，一方面发明专利少，2021年的1279件专利授权中，发明专利为58件，仅占4.5%，同期全省占比达到8.85%；另一方面科技成果获奖少，2021年获云南省科学技术奖励的仅占全省总数 153 项的 2.61%。四是企业技术购买少，在 2021 年各类技术合同中，买方类别为企业法人的技术合同成交额为 6 694.80 万元，仅占总成交额的 12.48%。

2. 产业创新

产业发展载体平台日益壮大。截至 2021 年底，全州已建成国家级高新区 1 个、国家农业科技园区 1 个、国家知识产权强国建设试点园区 1 个，省级可持续发展实验区 3 个、省级农业科技园区 5 个。其中，2018 年楚雄高新技术产业开发区升级为国家高新技术产业开发区，成为继昆明市、玉溪市之后云南省第三个国家高新区；2020 年楚雄市被列为首批国家数字乡试点县；2021 年元谋县入选全国第一批农业现代化示范区，2022 年元谋县获批创建"云南省乡村振兴科技创新示范县"。产业发展创新能力不断提升。自"十三五"以来，围绕产业发展对科技的需求，楚雄州在全国率先实现了宽幅钛带卷的产业化生产，超软钛生产工艺、单晶硅切片生产技术达到世界先进水平；水稻品种选育能力达到省内领先、国内先进水平，全州共育成省审定合格品种 33 个，其中 13 个品种获国家新品种权保护、3 个品种被认定为超级稻品种，成功培育的云南省第三个超级稻"楚粳 37 号"的主要技术经济指标达到高原超级粳稻育种研究国内先进水平；2021 年 8 月，楚雄高新区现代中药与民族药（彝族药）被科技部认定为国家创新型产业集群，成为全州第一个创新型产业集群，也是全省第一个民族药创新型产业集群。科技型企业发展不断壮大。截至 2021 年底，全州高新技术企业 76 家，科技型中小企业 533 家。2021 年，全州高新技术企业营业收入 2 754 008.88 万元，同比增长 40.12%；

高新技术企业产品销售收入 2 668 153.8 万元，同比增长 43.12%；新产品产值 376 934.21 万元，新产品销售收入 289 369.83 万元，分别增长 68.87% 和 38.99%。此外，2019 年在楚雄州成立的宇泽半导体公司入选 2023 年全球独角兽榜。

然而，产业创新区存在以下突出问题：一是全州经济体量偏小。从 2021 年数据看，楚雄州总体经济体量偏小，全年实现地区生产总值 1 608.12 亿元，仅占全省地区生产总值 27 146.76 亿元的 5.92%，不到同期昆明市地区生产总值 7 222.50 亿元的 1/4；同时，园区发展相对较弱，以楚雄高新区为例，2021 年实现地区生产总值 299.54 亿元，占全州的 18.63%，而同期玉溪高新区占比达到 24.30%；此外，民营经济比重偏低，2022 年保山的民营经济增加值占地区生产总值的比重达到 65.8%，而楚雄州仅为 51.6%。二是高新技术产业发展较弱。2021 年，楚雄州生物医药产业实现增加值 50.26 亿元，占同期云南省生物医药产业增加值 834.75 亿元的 6.02%；2022 年，楚雄高新区生物医药产业营业收入为 70 亿元，仅占同期云南省生物医药产业营业收入 3 000 亿元的 2.33%；2022 年，楚雄州新材料产业实现增加值 19.54 亿元，占同期楚雄州全部工业增加值 482.03 亿元的 4.05%。三是科技型企业少而弱。2021 年，楚雄州市场主体总量达 24.3 万户，而高新技术企业数量为 76 家，占全省 2 055 家的 3.70%；科技型中小企业为 533 家，占全省 9 690 户的 5.50%。2021 年，楚雄州高新技术企业的产品销售收入 266.82 亿元，占同期全省高新技术企业产品销售收入 5 225.70 亿元的 5.11%，然而同期楚雄州高新技术企业的新产品产值 37.69 亿元，新产品销售收入 28.94 亿元，仅分别占全省高新技术企业新产品产值1 343.89亿元的2.80%、新产品销售收入1 429.09亿元的2.02%。

3. 服务体系

科技服务载体建设取得新成效。截至2021年底，楚雄州建成国家级众创空间1个、省级众创空间5个、省级科技企业孵化器2个、省级星创天地8个，还与南京大学合作共建南京大学国家大学科技园楚雄国家高新区分园。科技成果转化服务机构不断壮大。一方面楚雄州有4个县市被认定为省级科技成果转化示范县，建立了州级科技成果转化中心，完成了10县（市）科技成果转化中心建设，实现了县域科技成果转化中心建设全覆盖；另一方面建立了国家技术转移东部中心云南楚雄工作站，在楚雄高新区设立了中国创新驿站云南区域站点楚雄高新区基站、国家技术转移人才培养基地（云南）楚雄高新区实训基地、云南省中小企业竞争情报信息公共服务平台楚雄高新区窗口、云南省技术转移公共服务平台楚雄高新区窗口等4个平台，挂牌成立楚雄高新区双创服务工作站，引进培育国科元科技（北京）有限公司、国科新创（楚雄）科技有限公司等专业服务机构落地楚雄发展。科技成果转化工作取得积极进展。通过沪滇合作、教育部对口帮扶、科技入滇等平台，楚雄州依托省内外高校院所、科技型企业、服务机构等优势，大力推动平台、成果、人才、企业、资本等落地楚雄。到2021年为止，通过五届科技入楚46场对接推介会，共与28所高校、34家科研院所合作引进科技人才104名；2021年楚雄州技术合同登记交易额为5.36亿元，位居全省州市的第5位。

然而，楚雄州国家级创新产业平台偏少，专业化管理和服务人才偏少，服务的专业性和精准性有待提升；科技成果转化服务机构量少能弱，全州无本土的国家级技术转移服务机构，高校院所的技术转移机构发展滞后；县域科技成果转化工作弱化，楚雄州一些县从2019年至2021年连续3年没有开展技术合同认定登记工作；各类技术合同中技术交易额偏低，2021年楚雄州技术交易额为8 504.09万元，占合同成交额53 635.68万元的15.86%，远不及同期全省51.46%的平均水平。

4. 政策保障

政策支持措施相继出台，"十三五"以来，楚雄州在认真贯彻落实国家、省级推动创新创业一系列政策措施的同时，先后制定出台了《中共楚雄州委州人民政府关于实施创新驱动发展战略加快创新型楚雄建设的决定》《中共楚雄州委楚雄州人民政府关于深化科技体制改革加快创新驱动发展的实施意见》《楚雄州人民政府关于推进大众创业万众创新的实施意见》《楚雄州推动创新创业高质量发展打造"双创"升级版实施方案》《楚雄州贯彻落实高新技术产业开发区高质量发展18条措施任务清单》《楚雄州中小企业促进实施细则》《楚雄州全社会研发投入提升三年行动方案（2023—2025年）》等一系列政策措施，为加快创新创业和科技成果转化发展提供了政策保障。多渠道资金支持创新发展。2022年楚雄州强化"一把手"招商，创新股权、基金招商模式，入股宇泽公司5.5亿元，加快本土硅光伏企业上市发展，与光明集团设立植物蛋白产业基金；同时，利用州级工业发展专项资金，对龙头骨干民营企业的技术改造、科研成果转化等项目给予重点支持；此外，2021年，云南省首个以企业创新能力为核心指标的科技金融新产品"创指贷"在楚雄高新区全面推广,将企业融资成本降至2%左右。

然而,楚雄州仍需加强政策引领,在相关发展战略和重要规划中更加凸显科技成果转移转化地位,进一步结合全州科技创新实际情况和发展目标进行细节落实,加大对科技成果转化净收益核算、作价入股科技成果的国有资产保值增值等工作的指导,不断完善科技成果转移转化利益分配机制,进一步细化明确容错纠错机制,有效化解职务科技成果定价出让、收益分配等环节的决策责任风险。多元化资金支持科技成果转化合力还未形成,全州民营资本不够活跃,可供科技成果转化的投融资资源尤其是风险投资、天使投资机构和股权投资缺乏;州级科技成果转化专项资金还未设立,高新技术产业和科技型企业创新发展的政府资金助力不够;聚焦科技成果转化的概念验证、中试熟化等中间环节的资金支持缺失。这些制约了省内外科技成果在楚雄的落地应用。

二、建设定位与发展方向

楚雄科技成果转移转化示范区建设是在对标国家科技成果转移转化示范区建设指引下,落实楚雄州"一极两区"发展定位的重要举措,它主要围绕科技成果转移转化的供给、需求、服务、要素等方面展开。

(一)建设定位

楚雄科技成果转移转化示范区应立足于创新驱动发展战略要求,围绕省委省政府楚雄现场办公会对楚雄州"一极两区"发展定位和全州经济社会发展迫切需求，以科技成果转化及产业化为重要抓手，聚焦州内区域创新高地发展，加快推动高校院所、科研机构、龙头骨干企业等科技成果转移转化工作，打造形成西部民族地区特色鲜明的云南首家省级科技成果转移转化示范区。

1. 科技成果高质量供给示范地

建设工作立足开放创新环境，加强与省内外高端优势科技创新资源对接，通过深入开展高新技术项目引进、重大科技项目实施等方式大力推进科技入楚，努力促进更多高质量科技成果在楚雄落地应用。

2. 科技赋能产业高质量发展样板地

围绕地方经济转型升级、社会民生需求加速科技成果转移转化，聚焦楚雄高新区"一心双核四园"和楚雄国家农业科技园"一核四区"战略布局，围绕新材料、新能源、生物医药、绿色食品、现代高原农业等重点产业发展，加快科技型企业创新能力提升，打造若干产业科技成果转化示范基地。

3. 科技成果转化服务聚集地

围绕"内外联动、线上线下结合"科技成果转化体系建设，构建全州科技成果转化信息平台，大力培养和引进科技成果转化服务机构，加快技术创新、中试孵化、成果推广、技术服务等全链条科技成果转化服务发展，通过技术要素市场化配置进一步活跃技术交易，拓展与南亚东南亚科技创新合作空间。

4. 高质量保障先行地

针对科技成果转移转化工作，健全完善科技成果转化工作组织机制和模式，开展科技成果转化政策先试落地。充分发挥财政资金引导杠杆作用，带动产业资本、技术资本、金融资本等多元化资金支持科技成果转移转化。

（二）建设方向

示范区的建设按照以体系化方式推动科技成果转移转化的思路，从成果、需求、主体、服务、要素五个方面构建良好的科技成果转移转化生态体系。

1. 促进高质量成果供给

（1）推动州内高校院所提高成果供给能力。围绕现代种业、生物医药和大健康、绿色能源和绿色制造、高原特色现代农业和绿色食品制造等重点产业的重大科技需求，推动州内高校、科研机构以应用需求为导向建立关键核心技术攻关清单，开展重大关键技术和共性技术的研发工作，不断提升科技成果供给能力。深化与省内外高校院所在技术攻关、成果转化、人才培养、共建研发平台、科研仪器设备共享等方面的产学研合作，建设一批从基础研究、技术开发、工程化研究到产业化的全链条、贯通式创新平台，围绕科技创新需求联合攻关产业发展关键技术，积极开展技术创新与转移转化活动，加快新技术、新成果的转化运用。

（2）促进州外高校院所和企业落地，开展研发工作，借助外部优势科技资源加大先进适用技术供给：一方面吸收先进技术成果，承接州外、省外成果溢出应用；另一方面根据楚雄州产业发展需求，加大有针对性的成果研发。围绕生物医药、绿色能源、绿色食品、新材料、现代农业等重点产业领域，加大新型研发机构培育建设，提升实体化的中国农业大学云南现代种业研究院、楚雄云果产业技术研究院等创新服务能力，加快云南农业大学楚雄有机农业研究院、中国农业科学院农产品加工研究所云南省绿色食品加工产业研究中心、植物蛋白及植物油脂产业创新研究院等培育建设。围绕本地产业发展需求，调动部门、协会、园区等多方资源深挖企业技术需求，以合作研发、技术定制等形式加强成果供需对接。

（3）注重成果中试熟化探索。科技成果转化过程需要概念验证中心、小试平台、中试平台、量产平台等支撑，基于全省、全国的科技创新成果，鼓励以企业、新型研发机构等为主体，与高校院所联合开展科技成果转化中试熟化基地建设，注重应用型技术的研究、熟化和孵化全过程支持，加快科研成果向实用性转化。面向关键共性技术应用，发挥已有技术中心和工程中心作用，引导建设科技成果中试工程化服务平台，加强产学研协同技术攻关与成果转化应用。加强技术成熟度评价、应用和推广探索，支持引导开展成果后续研发和改进，持续提升中小企业科技成果转化水平与成效。

2. 激发产业发展需求

（1）发挥科技园区引领示范作用。围绕州内创新高地建设发展，加快高新技术成果转移转化，加快培育新兴产业和创新型产业集群。聚焦州内主导产业，支持数字化、信息化、智能化技术升级改造，吸引更多主导产业的科技成果落地转化和开展技术交易，不断提升科技创新能力和科技成果转化能力。支持楚雄国家高新技术产业开发区、禄武产业新区等围绕生物医药、绿色能源、绿色制造等主导产业，在国内外先进地区建设人才飞地、飞地科研成果育成平台和飞地园区等，推动开展共性技术研发和成果熟化。围绕楚雄国家农业科技园高端化、集聚化、融合化、绿色化的发展方向，聚焦区域优势特色主导产业，推进农业关键核心技术攻关，着力发展农业高新技术产业，为实现全州农业现代化提供科技支撑和示范引领。

（2）以全域产业发展需求承接科技成果落地。围绕全州产业重大需求，充分发挥政府、园区、企业等应用场景引导作用，推动科技成果转移转化落地，加快科技创新赋能产业发展。围绕生物医药和大健康产业、绿色钛产业、硅光伏产业、高原特色现代农业及绿色食品制造、数字经济等重点产业高质量发展需求，支持省内外高校院所实施一批重大科技项目，实现关键核心技术突破和开发形成重点新产品；尤其是要依托高水平研究机构、高等院校、医疗机构及中彝药创新企业，支持围绕重大疑难疾病开展中彝西医联合科研攻关，加大楚雄州中彝医药研究和科研成果临床转化。以科技成果转化助力现代农业示范区建设，围绕冬早蔬菜、花卉、野生菌、畜牧、核桃特色经济林等优势特色产业，面向生物育种、绿色高效生产、农业安全、智慧农业、现代食品精深加工等领域攻克一批关键核心技术，集成应用一批先进适用成果，促进精深加工产品科技成果研发及转化。

3. 增强企业成果转化活力

（1）培育一批科技成果转化示范性企业。结合科技型中小企业、高新技术企业、领军企业等梯度培育体系建设，培育一批科技成果转化示范企业，助力示范区成为新材料、新装备、新技术、新产品及新业态的主阵地。以重点产业龙头企业成果转化为核心，与高校院所创新成果相结合，支持开展国家科技计划项目成果落地转化，建设覆盖全产业链的产业化基地。加快建设生物医药、先进制造等产业的科技领先、协同创新的创新联合体，引导支持科技型、成长型中小企业开展关键技术成果转化，促进大中小企业融通发展，加速提升创新产业集群的创新能力和水平。

（2）不断促进企业需求与成果对接。从构建开放创新示范区角度出发，优化完善科技成果信息采集、发布和对接机制，分层次、分领域建设科技成果项目库，汇聚科技成果供给信息资源并进行精准推送，了解发布本地企业发展技术需求并及时反馈给研究机构，鼓励企业与高校、科研院所开展创新合作，支持科研单位、高等院校和职业院校科技研发与企业技术创新需求精准有效对接，加快科技成果本地转化。发挥科技企业孵化器、众创空间等双创孵化载体作用，通过专利公开许可方式，支持培育孵化中小微科技型企业，提供研究开发、知识产权、技术转移、检验检测认证、科技咨询、科技金融等专业化服务。

4. 打造成果转化服务体系

（1）建设科技成果转化工作网络。加强与云南省技术转移综合平台对接联动，建设全州线上技术市场和发展行业性线下技术市场，实现线上线下技术市场的有效联动，建立技术交易规则、服务标准和从业信用体系，促进技术要素市场化配置。大力推动楚雄州产业科技创新中心建设，结合现有州县成果转化中心的工作体系，形成本地化区域性的技术转移网络，促进创新平台和新型研发机构链接，强化创新创业平台联动，扎实推动科技成果转化和产业化发展。

（2）提升成果转化服务机构能力。着重建立从实验研究、中试研究到规模化生产的科技成果转化全流程服务机构,发挥州县科技成果转化机构作用,积极培育和提升现有专业服务机构能力,大力引进"大院名校"来楚雄设立研发机构和科技成果转化中心,鼓励支持高校院所设立专业化技术转移机构,培育第三方科技成果转化市场化服务机构,鼓励创建国家级科技成果转移转化机构,探索开展区域性国际技术转移机构建设。发挥楚雄州众创孵化平台战略联盟、八戒(楚雄)产业创新中心等双创孵化载体支撑作用,打造形成集孵化器、众创空间、加速器于一体的创新孵化体系,引导和推进各类创新要素集聚。

(3)发展壮大成果转化人才队伍。统筹推进技术市场管理人才、技术经纪(理)人等从业人员队伍建设,推动科技副总、产业导师、科技特派员、科技专家服务团等参与科技成果转移转化,采取以培训为基础、以实训为重点、以转化成效为目标的培养方式,建立常态化培养机制,加强与国家技术转移人才培训基地合作,积极培养一批技术经纪(理)人队伍。充分发挥技术经纪(理)人在挖掘科技需求中的作用,推动建设一支熟悉楚雄州发展、综合素质较高的成果转化人才队伍,积极围绕产业发展关键技术开展技术研发、技术转让、技术许可、技术咨询和技术服务等活动,不断提高科技成果转化绩效。

5. 提供高标准保障

(1)完善形成科技成果转移转化专项政策体系。发挥示范区政策先行先试优势,从财政科技计划项目、财政科研经费管理、职务科技成果权属、科技人员分类评价等方面进行政策优化,建立教育科技人才联动、成果转化尽职免责、科技成果转化收益激励、科研成果市场化评价、科技成果转化人才职业职称认定、公益性和经营性科技成果融合发展等机制，探索若干可复制、可推广的科技成果转化创新制度。

（2）推动科技成果转化政策落实落细。加大《中华人民共和国促进科技成果转移转化法》《云南省促进科技成果转移转化条例》等国家和云南省政策法规贯彻落实，对国家、云南省出台的科技成果转移转化政策开展先行试点，注重开展改革措施的集成运用落实，结合区域特色针对性地出台科技人才培养引进、科技创新平台能力提升、孵化平台建设、科技成果转化收益分配、科技成果转移支撑乡村振兴建设等方面的实施细则和方案，营造有利于科技成果转移转化的政策环境。

（3）以多元化资金支持成果转化。加大各级政府对科技成果转移转化的财政资金支持力度，积极争取国家、云南省对楚雄州科技创新研究和成果转化的项目支持，推动设立示范区科技成果转移转化专项资金，加快推动科技成果落地转化；全州各级财政加大工作协调，对重大科技成果转化和产业化项目实施给予重点支持，共同支持科技园区、创新创业基地及科技型企业发展；鼓励支持各县市财政根据有关规划自主实施科技成果转移转化项目，支持科技成果转化示范县、县域科技成果转化中心等建设发展。创新政府支持方式，探索综合运用后补助、贷款贴息、风险补助、科技保险、税收优惠等多种方式支持科技成果转移转化，推动设立科技成果转化基金或产业投资基金的成果转化子基金，引导社会资本支持推进全州重点产业的科技成果转化和产业化；加强与云南省科技创新基金联合体的沟通，助力州内的重大科技项目、重点研发项目、产学研融合项目等开展股权融资，推动科技、产业、金融实现良性循环发展。加强金融服务支持，建立健全政府、市场金融机构、政府性融资担保机构合作的风险分担机制，鼓励金融机构为产业技术改造升级、科技成果转化等提供专项贷款服务，支持运用投贷联动、知识产权信用贷款和质押融资等方式建立信贷合作，鼓励州内企业上市融资，特别是支持科技型企业到科创板上市。

三、实施建议

楚雄科技成果转移转化示范区建设工作的实施，依赖于组织领导、试验探索、开放协同、强化监督和宣传引导几方面通力合作。

（一）强化组织领导

示范区具体工作的开展，在决策层，依托已有的楚雄州委科技创新委员会建立示范区领导小组，加强对示范区建设工作的顶层设计和整体部署，将示范区建设纳入地区总体规划和年度工作目标，定期研究示范区建设的重大问题，协调推进示范区建设重大工作。

在组织层，发挥楚雄州科技创新委员会办公室的统筹协调作用，加强州各部门和县市政府的联动推进，及时制定明确示范区建设实施方案，明确目标指标、任务分工及责任主体，提出政策、资金等支撑保障措施。

在实践层，以科技成果转化促进产业、园区等高质量发展为切入点，完善示范区建设工作推进体系，依托州县科技管理部门的科技成果转移转化职能，加强与省级科技主管部门、科技成果转化单位的衔接，形成产学研紧密结合、多主体协同推进的工作合力，实现重点任务统一部署与创新资源统筹配置，支持重大科技成果在楚雄落地转化，推动示范区各项工作取得实效。

（二）探索转化模式

以区位资源驱动和产业发展牵引相结合开展科技成果转移转化，着力打通科技成果向现实生产力转化的通道。围绕现有工作基础，构建"一平台、两基地、N示范"的成果转化实施体系，探索"项目孵化、资本加持、科技服务赋能、产业化运营"的综合性发展模式，推动建设楚雄州科技成果转化平台，加快科技成果转移转化、科技项目管理等公共服务平台和检验、检测、分析等第三方科技服务平台建设；以楚雄高新区等为重点建设科技成果转化示范基地，加快推动技术创新成果落地；针对县域、科研单位、企业机构等不同主体，开展科技成果转移转化试点示范。

围绕区位优势和资源禀赋加速科技成果的落地转化，探索针对重点产业发展的"招、拍、挂"技术交易、重大科技专项成果落地转化、州外研发州内转化、订单式研发转化等模式，探索针对高原特色农业的"政府＋科研机构＋龙头企业或协会＋农户"四位一体科技成果转化模式，探索"州级市场为主政府为辅、市县级政府为主市场为辅"新模式，深入持续推进科技入楚。

（三）深化开放协同

按照构建周边命运共同体、共建"一带一路"、融入长江经济带等国家战略，深入贯彻落实国务院关于支持云南加快建设我国面向南亚东南亚辐射中心的意见，鼓励州内企事业单位积极参与国际科技重大合作项目，推动示范区与国内先进科技资源、周边国家产业发展技术需求的对接，开展面向南亚东南亚和"一带一路"沿线国家的国际技术转移。

立足开放经济发展，依托楚雄高新区等园区加强区域协同创新平台建设，加大示范区与楚雄州外的省内滇中城市、沿边开放区等其他区域的转移转化协同，借助"科技入滇""沪滇协作""教育部对口帮扶""中国国际高新技术成果交易会""长三角科技成果交易博览会"等平台，深入推进科技入楚。

做好示范区与州内其他地方的协调，围绕区域创新体系建设、科技服务业发展等科技创新重点工作，推动示范区开展政策制度先行先试，开展跨地区、跨行业、跨领域的重大技术转移和成果转化推广服务工作，总结和推广科技成果转移转化典型经验和模式。

（四）加强监督评价

建立目标责任制强化目标落实，将示范区建设的主要实施内容和指标纳入县市政府及相关部门绩效考评体系，加强示范区建设工作推进情况的跟踪督促，强化各地、各部门的主体责任，形成一级督一级、层层抓落实、全方位督促检查的发展格局。

采取常态化自评和第三方评估方式，加强对示范区建设指标体系、建设方向和目标任务的考核监督，加大对科技成果转化重点任务、重大项目进展及阶段性目标完成情况的检查力度，确保各项工作的有效落实。

探索开展示范区建设绩效考核激励制度，形成"以考促建、以考促优"的示范区建设推进机制，不断激发各参与主体的能动性和创造性。

（五）做好宣传引导

加强舆论宣传。充分运用各级各类新闻媒体加大对示范区建设工作的宣传力度，广泛宣传示范区成果转移转化政策举措、重大科技成果产业化项目、创新创业人才和创新型企业，发挥示范区科技成果转移转化工作的带动作用。

营造良好环境。广泛开展高校院所成果推介、重点企业精准对接、中介机构牵线搭桥、国际技术交流合作、创新挑战赛等活动，积极组织开展形式多样的科技成果直通车、进园区、进基层、进乡村等活动，宣传以成果转化为主的科技创新在培育新动能、促进地方经济转型升级、服务经济园区等方面的支撑引领作用，营造示范区建设发展的良好氛围。

树立典型形象。广泛宣传示范区成果转化路径与模式的典型案例，对可复制、可推广的经验和模式及时进行总结推广。及时表彰在示范区建设工作中成绩突出的单位和个人，发挥他们的激励引导作用，激发全社会的创新创造活力。

参考文献

1. 曹希敬、袁志彬：《新中国成立 70 年来重要科技政策盘点》，《科技导报》2019 年第 18 期。

2. 常冬、甘祖兵、张维：《中国—东盟创新中心运行模式和机制探析》，《科技成果管理与研究》2017 年第 2 期。

3. 陈秀山、张可云：《区域经济理论》，商务印书馆，2003 年。

4. 程华东、杨剑：《安徽省与江浙沪地区科技成果转化政策比较研究——基于政策文本量化分析》，《常州工学院学报》2022 年第 2 期。

5. 程华东、杨剑：《政策工具视角下安徽省科技创新政策实施效果研究》，《安徽工业大学学报（社会科学版）》2022 年第 2 期。

6. 邓群：《支持中小企业科技成果转化的税收政策研究》，硕士学位论文，江西财经大学财税与公共管理学院，2019 年，第 27 页。

7. 邓志超、孙莉：《辽宁省科技成果转化政策文本的量化分析》，《创新科技》2019 年第 2 期。

8. 董宝奇、王聪、王宏伟：《科技政策效果评估的理论及方法综述》，《科技和产业》2019 年第 12 期。

9. 董红霞、吴寿仁：《2021 年科技成果转化政策述评》，《科技中国》2022 年第 7 期。

10. 杜宝贵、张焕涛：《基于"三维"视角的中国科技成果转化政策体系分析》，《科学学与科学技术管理》2018 年第 9 期。

11. 杜宝贵、张鹏举：《科技成果转化政策效果衡量指标的适用性分析》，《中国高校科技》2020年第6期。

12. 杜宝贵、张鹏举：《科技成果转化政策效果研究——基于人均输出地技术市场合同成交额的分析视角》，《辽宁大学学报（哲学社会科学版）》2020年第3期。

13. 杜伟锦、宋园、李靖等：《科技成果转化政策演进及区域差异分析——以京津冀和长三角为例》，《科学学与科学技术管理》2017年第2期。

14. 范澳、廖翼：《基于NATPI分析框架的湖南省科技成果转化政策演进研究》，《江苏科技信息》2021年第17期。

15. 范瑞泉：《落实并释放科技成果转化政策红利有效推动高校科技成果转化》，《科技管理研究》2020年第15期。

16. 傅家骥：《技术创新学》，清华大学出版社，1998年。

17. 高慧、卢园园：《湖北省科技成果转化政策研究——基于文本分析的视角》，《社会科学动态》2020年第9期。

18. 龚红、孙文晓、李燕萍：《新常态下科技成果当地转化激励政策效果研究》，《科技进步与对策》2015年第21期。

19. 韩宇辉、沈莉莉、郑壮丽等：《河南省科技成果转化政策实施效果评价与分析——基于中部六省比较视角》，《河南科学》2021年第11期。

20. 郝若曦：《湖北省科技创新政策效果评价研究》，硕士学位论文，湖北大学，2021年，第47页。

21. 郝涛、丁堃、林德明等：《高校科技成果转化政策工具的选择偏好与配置研究——36所"双一流"高校政策文本分析》，

《情报杂志》2021年第12期。

22. 贺德方、唐玉立、周华东：《科技创新政策体系构建及实践》，《科学学研究》2019年第1期。

23. 侯景新、尹卫红：《区域经济分析方法》，商务印书馆，2004年。

24. 黄菁：《我国地方科技成果转化政策发展研究——基于239份政策文本的量化分析》，《科技进步与对策》2014年第13期。

25. 黄鲁成、王小丽、吴菲菲等：《国外创新政策研究现状与趋势分析》，《科学学研究》2018年第7期。

26. 黄晓林、谢华、彭富国：《湖南省农业科技政策文本量化分析（2000—2020）》，《中国麻业科学》2022年第1期。

27. 纪国涛、王佳杰：《我国高校科技成果转化政策量化评价研究——以辽宁省10所高校的PMC指数模型分析为例》，《中国高校科技》2022年第11期。

28. 冀宪河：《美国奥斯汀市运用PPP理念打造城市品牌的启示》，《机构与行政》2021年第3期。

29. 贾晓峰、胡志民：《科技创新政策体系框架研究》，《科技管理研究》2022年第15期。

30. 康捷、袁永、胡海鹏：《基于全过程的科技创新政策评价框架体系研究》，《科技管理研究》2019年第2期。

31. 李佳雯：《山西省科技成果转化政策文本分析及实施效果评价》，硕士学位论文，太原理工大学经济管理学院，2022年，第49页。

32. 李进华、耿旭、陈筱淇等：《科技创新型城市科技成果转移转化政策比较研究——基于深圳、宁波政策文本量化分析》,《科技管理研究》2019年第12期。

33. 李琪、王兴杰、武京军:《新时期我国公共政策评估的原则、标准和要点》,《干旱区资源与环境》2019年第10期。

34. 李强、郑海军、李晓轩:《科技政策研究评价方法评析》,《科学学研究》2018年第2期。

35. 李巧莎、刘兢轶:《河北科技成果转化政策实施效果分析——聚类分析视角》,《中国科技产业》2021年第2期。

36. 李宇智、张晓丽:《安徽省生物医药企业科技成果转化政策及成效研究——以安徽亳州医药企业为例》,《产业与科技论坛》2017年第13期。

37. 廖翼、范澳、姚屹浓:《中国科技成果转化政策演变及有效性分析》,《商业经济》2022年第3期。

38. 刘启强、拓晓瑞、孙进:《粤港澳大湾区科技成果转化现状及发展对策》,《广东科技》2021年第11期。

39. 柳卸林:《技术创新经济学》,清华大学出版社,2014年。

40. 卢章平、王晓晶:《基于内容分析法的科技成果转化政策研究》,《科技进步与对策》2013年第11期。

41. 马江娜、李华、王方:《中国科技成果转化政策文本分析——基于政策工具和创新价值链双重视角》,《科技管理研究》2017年第7期。

42. 马江娜:《基于内容分析法的陕西省与国家科技成果转化政策比较研究》,硕士学位论文,西安电子科技大学经济与管理学院,2017年,第46页。

43. 彭靖里、邓艺、李建平：《国内外技术创新理论研究的进展及其发展趋势》，《科技与经济》2006年第4期。

44. 钱学程、赵辉：《科技成果转化政策实施效果评价研究——以北京市为例》，《科技管理研究》2019年第15期。

45. 汝绪伟、李海波：《国家级科技成果转移转化示范区建设管理——以山东省示范区建设为例》，《科技管理研究》2018年第23期。

46. 申佳蕊：《基于SD的辽宁省科技成果转化政策实施效果研究》，硕士学位论文，沈阳建筑大学管理学院，2021年，第65页。

47. 苏林、胡涵清、庄启昕等：《基于LDA和SNA的我国科技创新政策文本计量分析——以科技成果转化政策为例》，《中国高校科技》2022年第3期。

48. 孙久文：《区域经济规划》，商务印书馆，2004年。

49. 孙明慧、徐丰伟、党明静：《辽宁省科技成果转化政策文本分析及优化建议》，《中国科技产业》2022年第11期。

50. 孙昭君：《陕西省科技成果转化政策实施效果评价研究》，硕士学位论文，西安理工大学，2022年，第83页。

51. 唐青青：《基于内容分析法的国家和广西科技成果转化政策对比分析》，《安徽科技》2019年第6期。

52. 汪凯、许露露、朱艳玲：《中国科技创新政策效果评估及其时空差异分析——基于省际面板数据》，《太原师范学院学报（社会科学版）》2019年第4期。

53. 王晶金、刘立、王斐：《高校与国立科研机构科技成果转移转化政策文本量化研究》，《科学管理研究》2017年第4期。

54. 王顺洪、王文怡、刘玉婷等：《科技成果转化激励政策的实施效果评估及对策研究——以四川省为例》，《科技管理研究》2021年第9期。

55. 王文：《中物院某所科技成果转化政策执行情况调查研究》，硕士学位论文，电子科技大学公共管理学院，2022年，第51页。

56. 王小宁：《企业满意度视角的青海省科技创新政策效果评估研究》，《青海师范大学学报（自然科学版）》2023年第1期。

57. 王永杰、张善从：《2009—2016：中国科技成果转化政策文本的定量分析》，《科技管理研究》2018年第2期。

58. 魏玉嫒：《广东省科技成果转化政策文本内容分析研究》，硕士学位论文，华南理工大学公共管理学院，2020年，第69页。

59. 温美荣：《政府推进大众创业万众创新的政策效果评估与提升对策——基于H省的调研分析》，《理论探讨》2018年第4期。

60. 温兴琦、胡继明：《基于内容分析法的科技成果转化政策研究——以中部六个省会城市为例》，《创新科技》2020年第11期。

61. 吴寿仁：《从科技成果转化2021年度报告看科技成果转化政策落实》，《科技中国》2022年第8期。

62. 吴妍妍：《2015—2019年安徽省科技创新政策实施效果评估研究——基于长三角三省一市比较视角》，《中国高校科技》2022年第8期。

63. 武文风、朱桦燕、张崇康：《三维融合视角下山西省科技成果转化政策文本量化分析》，《未来与发展》2020年第9期。

64. 肖秋容：《基于内容分析法的C市中小企业科技成果转化

政策优化研究》，硕士学位论文，西南大学，2022年，第50页。

65. 许晗、杜宁宁：《高校科研人员科技成果转化政策分析——基于政策工具视角下的61份文本研究（1996—2020）》，《中国高校科技》2022年第5期。

66. 薛阳、王健康、胡丽娜：《R＆D经费投入、创新动机与科技成果转化政策实施效果》，《统计与决策》2023年第3期。

67. 阎东彬、赵宁宁、丁利杰：《基于"过程—内容—结果"的科技创新政策评估及优化研究》，《区域经济评论》2021年第6期。

68. 杨芳、苗冠军、郭红侠：《宁夏创建国家科技成果转移转化示范区的思考与建议》，《中国科技成果》2021年第1期。

69. 杨瑞：《内蒙古自治区科技创新政策实施效果研究》，硕士学位论文，内蒙古农业大学，2022年，第48页。

70. 杨拴强、林荣清：《区域创新理论的内涵和要素的分析与研究》，《价值工程》2010年第35期。

71. 杨亚丽：《安徽省科技成果转化政策实施效果研究》，硕士学位论文，安徽大学，2019年，第44页。

72. 余冰清：《湖北省科技成果转化政策实施效果评价研究》，硕士学位论文，华中师范大学公共管理学院，2016年，第37页。

73. 袁永、李妃养、张宏丽：《基于创新过程的科技创新政策体系研究》，《科技进步与对策》2017年第12期。

74. 袁志彬：《党的十八大以来主要科技政策回顾与未来展望》，《科技导报》2022年第20期。

75. 〔奥〕约瑟夫·熊彼特：《经济发展理论》，何畏、易家详等译，商务印书馆，1990年。

76.〔奥〕约瑟夫·熊彼特:《资本主义、社会主义和民主主义》,绛枫译,商务印书馆,1979年。

77. 曾勇杰:《华东地区科技成果转化政策的差异性及其影响研究》,硕士学位论文,福州大学经济与管理学院,2019年,第75页。

78. 张春鹏、张杰、梁玲玲:《国家科技成果转移转化示范区建设发展方向和路径研究》,《中国科技资源导刊》2020年第4期。

79. 张杰、姜大昌、常冬:《科技创新赋能东南亚境外产业园助推产业发展的模式和路径研究》,《中国科技资源导刊》2021年第5期。

80. 张杰、朱星华、武思宏:《国家科技成果转移转化示范区科技成果转化特征研究》,《中国科技资源导刊》2023年第1期。

81. 张静雨、张继彤:《"十二五"以来中国创新政策效果评价与政策启示》,《科技管理研究》2021年第13期。

82. 张丽:《以郑州为主体创建国家科技成果转移转化示范区的对策研究》,《河南科技》2021年第6期。

83. 张素敏:《地方政府在促进科技成果转化过程中的注意力配置——基于15个省域政策文本的NVivo分析》,《河南师范大学学报(自然科学版)》2022年第3期。

84. 张天琳:《支持我国高新技术企业科技成果转化的税收政策研究》,硕士学位论文,河北经贸大学财政税务学院,2021年,第33页。

85. 张维、安道渊等:《云南参与"一带一路"跨境(境外)科技产业建设研究》,云南人民出版社,2019年。

86. 张维、常冬、姜大昌等：《云南国家自主创新示范区建设路径和政策研究》，云南人民出版社，2022年。

87. 张维、余东波、甘祖兵：《云南科技成果转移转化示范区建设研究》，《科技创业月刊》2024年第2期。

88. 张维、余东波：《视界》，云南科技出版社，2018年。

89. 张永安、闫瑾：《基于文本挖掘的科技成果转化政策内部结构关系与宏观布局研究》，《情报杂志》2016年第2期。

90. 章文光、韩明：《区域创新政策差异化的实现路径与策略保障》，《中国行政管理》2016年第8期。

91. 赵建强、石安：《基于内容分析法的科技成果转化政策演进趋势分析》，《河北地质大学学报》2020年第1期。

92. 赵江、李宁：《关于推动建设国家区域科技创新中心和科技成果转移转化示范区的思考与建议》，《新西部》2022年第6期。

93. 朱星华：《我国科技成果转化政策趋势及对粤港澳大湾区的对策建议》，《科技与金融》2020年第11期。

94. Asheim. B. T, Isaksen. A.. "Rgeional Innovation Systems: The Integration of Local 'Sticky' and Global 'Ubiquitous' Knowledge", *The Journal of Technology Transfer*, January, 2002.

95. EEEWORK设计智库：《创新区》，https://www.kancloud.cn/eeework001/a002/2199204，2024-06-05。

96. 李孟：《楚雄州首家国家级科技企业孵化器诞生》，http://kjj.cxz.gov.cn/info/1021/10769.htm，2024-06-05。

97. 李艳花：《楚雄云果产业技术研究院落地楚雄并实体化运行》，http://kjj.cxz.gov.cn/info/1021/10779.htm，2024-06-05。

98. 李艳花:《楚雄州招才引智助力科技创新发展》, http://kjj.cxz.gov.cn/info/1021/9348.htm, 2024-06-05。

99. 刘霞:《省政府新闻办召开新闻发布会"29条措施"推动高质量发展》, http://kjt.yn.gov.cn/html/2021/meitijujiao_1214/4689.html, 2024-06-05。

100. 吴寿仁:《2019年以来科技成果转化政策法规述评》, https://mp.weixin.qq.com/s/WXz50cTk7MNNwbaAT02ZCw, 2024-06-05。

101. 杨彪:《抓实专班工作推动生物医药产业加快发展》, http://kjj.cxz.gov.cn/info/1021/9591.htm, 2024-06-05。

102. 杨振荣:《楚雄州科学技术局及时传达学习省委十一届四次全会和州委十届五次全会精神》, http://kjj.cxz.gov.cn/info/1021/11113.htm, 2024-06-05。

图书在版编目(CIP)数据

云南科技成果转移转化示范区发展研究 / 张维等编著. -- 上海 : 上海社会科学院出版社, 2025. -- ISBN 978-7-5520-4697-7

Ⅰ. F124.3

中国国家版本馆 CIP 数据核字第 2025J8N511 号

云南科技成果转移转化示范区发展研究

编　　著：张　维　余东波　甘祖兵　姜大昌
责任编辑：王　勤
封面设计：朱忠诚
出版发行：上海社会科学院出版社
　　　　　上海顺昌路 622 号　邮编 200025
　　　　　电话总机 021-63315947　销售热线 021-53063735
　　　　　https://cbs.sass.org.cn　E-mail:sassp@sassp.cn
照　　排：南京理工出版信息技术有限公司
印　　刷：上海新文印刷厂有限公司
开　　本：890 毫米×1240 毫米　1/32
印　　张：9.875
字　　数：218 千
版　　次：2025 年 5 月第 1 版　2025 年 5 月第 1 次印刷

ISBN 978-7-5520-4697-7/F·807　　　　　　　　定价：88.00 元

版权所有　翻印必究